Ästhetik und Spiritualität

Günter Rombold

Ästhetik und Spiritualität

Bilder Rituale Theorien

Verlag Katholisches Bibelwerk

Die Deutsche Bibliothek – CIP-Einheitsaufnahme

Rombold, Günter:
Ästhetik und Spiritualität: Bilder – Rituale – Theorien /
von Günter Rombold. – Stuttgart: Verl. Kath. Bibelwerk, 1998
ISBN 3-460-33125-9

1. Auflage 1998

Umschlaggestaltung: Finken & Bumiller, Stuttgart
unter Verwendung einer Bildvorlage von Marc Rothko
Gesamtherstellung: Wilhelm Röck, Weinsberg

INHALTSVERZEICHNIS

VORWORT

Meine neue Publikation knüpft an meine früheren Veröffentlichungen »Christus in der Kunst des 20. Jahrhunderts« (Freiburg 1983) und »Der Streit um das Bild« (Stuttgart 1988) zum Thema Kunst und Religion an. Ich fange dort an, wo ich damals aufgehört habe, nämlich bei jenen Künstlern, die sich in der ersten Hälfte dieses Jahrhunderts mit der religiösen Thematik beschäftigt haben. Dann aber wendet sich die Zielrichtung. Im zweiten Teil geht es um die Transformationen der Kunst seit 1960; es zeigt sich, daß sich das Verhältnis zwischen autonomer Kunst und religiöser Spiritualität gewandelt hat. Das zwingt zur Auseinandersetzung mit den Kunsttheorien, denen der dritte Teil gewidmet ist. Dabei kommt es mir darauf an, Kunst und Religion (in unserem Jahrhundert) schärfer voneinander zu trennen als ich das bisher getan habe, also auf ihrer jeweiligen Autonomie zu beharren, was nicht ausschließt, daß es zu Kontakten zwischen ihnen kommt, die freundschaftlich oder polemisch sein können.

Die Bebilderung soll die Entwicklung der Kunst im 20. Jahrhundert verdeutlichen; sie folgt daher nicht dem Text, sondern ist davon unabhängig chronologisch geordnet. Viele der im Text genannten oder interpretierten Bilder sind in der zitierten Literatur abgebildet, vor allem die Werke der Maler zu Beginn dieses Jahrhunderts.

Dieser Band ist das Ergebnis einer jahrzehntelangen Auseinandersetzung mit der Thematik. Vielen Menschen verdanke ich Anregungen. An erster Stelle nenne ich den Sammler Dr. Max Fischer, Stuttgart, der mich schon in jungen Jahren mit Alfred Kubin und den deutschen Expressionisten bekannt gemacht hat. Durch Monsignore Otto Mauer lernte ich die Künstler der Galerie nächst St. Stephan in Wien kennen, darunter Arnulf Rainer und Walter Pichler. In den zwanzig Jahren meiner Redaktionstätigkeit in der Zeitschrift »Kunst und Kirche« bot sich häufige Gelegenheit zu Gesprächen mit den anderen Redakteuren und Mitarbeitern, unter denen ich Rainer Volp, Friedhelm Mennekes und Wieland Schmied hervorheben möchte. Wichtig waren für mich auch kritische Einwendungen, so durch Kurt Hübner, Gottfried Boehm und Wilfried Skreiner, der leider nicht mehr unter uns weilt. Dank gilt auch Frau Prof. Monika Leisch-Kiesl, meiner Nachfolgerin am Institut für Kunst an der Katholisch-Theologischen Fakultät in Linz. Ich verbinde mit der Publikation die Hoffnung, daß die Diskussion um die schwierige, aber wichtige Problematik des Buches fortgeführt wird.

Juni 1998 *Günter Rombold*

BILDER

Vom Gebrauch der Bilder

Der Titel dieses Buches »Ästhetik und Spiritualität« ist zugegebenermaßen plakativ. Beide Begriffe haben heute Konjunktur. Das ist eher eine Schwierigkeit auf dem Weg zur Lösung des uns beschäftigenden Problems des Verhältnisses von moderner Kunst und Religion. Es kann nicht unsere Aufgabe sein, allen Wandlungen nachzugehen, denen die Begriffe im Laufe der Geschichte unterworfen waren. Wir beschränken uns darauf zu sagen, was wir darunter verstehen. Unter »Ästhetik« verstehen wir die Kunsttheorie unserer Zeit, die vom anschaulichen Befund ausgeht, also von der plural verfaßten Kunst unserer Zeit und die den dahinterstehenden Tendenzen auf den Grund gehen möchte. Spiritualität im religiösen Sinne meint den Bezug des Menschen auf eine transsubjektive, transzendente Wirklichkeit (dazu später mehr). Kunst ist seit der Zeit der Aufklärung autonom geworden und ordnet sich daher nicht einfach der Religion unter. Dadurch ist das Verhältnis zwischen Kunst und Religion vielfach ein gespanntes, zuweilen sogar feindliches geworden. Wer sich in diesem Labyrinth nicht verirren will, braucht einen Ariadnefaden, der ihn wieder herausführt. Da die Religion des Abendlandes bis heute entscheidend vom Christentum geprägt ist, was in der Kunst seinen Niederschlag gefunden hat, schlagen wir vor, die Ikonographie des Christusbildes als Ariadnefaden zu verwenden.

Zahlreiche Ausstellungen und Publikationen der letzten zwanzig Jahre haben bewußt gemacht, daß die Gestalt Jesu in der Kunst des 20. Jahrhunderts eine wichtige Rolle spielt. Allerdings stellt sich die Frage, was das zu bedeuten hat und wie diese Bilder zu interpretieren sind. Sind sie »Christusbilder« im überlieferten Sinn des Wortes, die Jesus als Messias und Sohn Gottes repräsentieren oder ist damit der Mensch Jesus, der Bruder im Leiden, gemeint? Die meisten Jesusbilder unserer Zeit sind ja Passionsbilder. Bietet die Gestalt Jesu die gewünschte Gelegenheit, sich mit der europäischen Kunstgeschichte auseinanderzusetzen oder dienen solche Bilder gar der Infragestellung der christlichen Botschaft? Es steht zu vermuten, daß der Befund in einem pluralistischen Jahrhundert nicht einheitlich ausfällt, sondern daß von Künstler zu Künstler mit einer anderen Antwort zu rechnen ist. In einer ersten Überlegung geht es darum, die Voraussetzungen zu schaffen, daß wir nicht mit Vorurteilen und falschen Annahmen an die Interpretation der Werke herangehen.

Einen entscheidenden Beitrag dazu hat Hans Belting in seinem Werk »Bild und Kult« geliefert. Er hat darin eine neue Methode entwickelt, nämlich eine »Problemgeschichte des Bildes als Geschichte seines Gebrauchs.«[1] Damit wollte er auch einer Gefahr begegnen, der vor allem Theologen immer wieder erlegen sind: »Bilder, die in der Praxis ganz verschiedene Rollen einnahmen, wurden der Theorie zuliebe, auf einen gemeinsamen Nenner gebracht und ihrer Gebrauchsspuren entkleidet.«[2] Man kann, so argumentiert Belting, nicht von Bildern schlechthin reden und von der Verschiedenheit ihres Gebrauchs absehen.

Beltings These lautet: Der Ära der Kunst ging die Ära des Bildes voraus. Die Ära, die Belting in seinem Buch »Bild und Kult« »erstmals in ihrer Einheit darzustellen versucht«[3] ist die Ära des Kultbildes. Sie wird von der Ära der Kunst abgelöst, die eine Krise des Kultbildes und die Neubewertung der Bilder als Kunstwerke in der Renaissance voraussetzt.

Was ist ein Kultbild? Kultbilder sind in den öffentlichen Gottesdienst integriert, sie sind dort Gegenstand der Verehrung. Man kann sie auch »sakrale« Bilder im strengen Sinne nennen, denn das Sakrale ist Ausdruck des kultischen Wesens. Die frühe Kirche kannte solche Kultbilder noch nicht, ja sie lehnte Bilder ganz allgemein ab. Noch wirkte das Bilderverbot des Alten Testamentes (Dtn 5,9 und Ex 20,4), das alle Kultbilder verbot, da hier die Gefahr des Götzendienstes drohte.[4] Christliche Bilder sind erstmals aus dem 3. Jahrhundert überliefert, schon im folgenden Jahrhundert setzt ihre Verehrung ein – lange vor der theologischen Rechtfertigung dieser Verehrung. Es handelt sich um die Übernahme heidnischer Praktiken. Man erwartete von ihnen Hilfe. Klassischer Echtheitsbeweis war das Wunder. Daher mußten solche Bilder, gerade Christusbilder, möglichst authentisch sein. Das waren die

»nicht von Hand gemalten Bilder« (»acheiropoieton«). Das berühmteste unter ihnen war das Mandylion, das Tuchbild aus Edessa, mit dem sich in unserer Zeit Georg Baselitz auseinandergesetzt hat (siehe dort).

Im 8. Jahrhundert geriet die Bilderverehrung ins Kreuzfeuer der Kritik, wobei die Kaiser Leo III. und Konstantin V. an der Spitze der Ikonoklasten standen.[5] Erst jetzt gelang der Theologie eine Rechtfertigung der Bilderverehrung, die überzeugte. Als wichtigster Vertreter ist Johannes Damascenus (um 675–749) zu nennen. Ihm ist durchaus bewußt, daß »der unkörperliche, gestaltlose, unsichtbare und unumschriebene Gott nicht abgebildet werden kann«[6], doch eine Darstellung des Gottmenschen Christus rechtfertigt er unter Berufung auf die Menschwerdung. Seinem Bild gebührt nicht Anbetung, sondern Verehrung, die sich auf das Urbild, also Christus selbst richtet. Nach Beendigung des Bilderstreits (843) wurden die Bilder fest in die Liturgie integriert. Der Priester beweihräucherte die Bilder. »Dadurch wurde die Bilderverehrung einerseits sanktioniert, zum anderen aber auch reglementiert.«[7] In der Ostkirche hat sich dieser Gebrauch der Bilder durchgesetzt und bis heute erhalten. Johannes Panagopoulos von der Universität in Athen sagt: Seit dem 9. Jahrhundert »bildet die Ikone einen fundamentalen Aspekt der orthodoxen Theologie, Liturgie und Frömmigkeit.«[8] Gegenstand der Ikonen ist die Welt im Zustand der Vollendung: »In der Tat zeigt die Ikone die letzte Bestimmung der Materie und der Welt, nämlich ihre Verklärung, an.«[9] Es sei angemerkt, daß sie damit in äußerstem Gegensatz zur Kunst des 20. Jahrhunderts steht.

Jedenfalls kann gesagt werden, daß die Kultbilder der Verehrung des Gottmenschen Christus dienten. Selbstverständlich entzieht sich die Gottheit Christi den künstlerischen Möglichkeiten. Gott ist mit den Mitteln der Malerei nicht darstellbar. Doch ist es möglich, Bilder zu schaffen, die der Verehrung des Gottmenschen dienen. Die neuplatonische Unterscheidung von Abbild und Urbild schuf die Voraussetzung hiefür: während die Augen das Bild betrachten, erhebt sich die Seele zur Verehrung des Gottmenschen Christus. Solche Bilder können daher mit Fug und Recht als »Christusbilder« bezeichnet werden.

Es erhebt sich die Frage, ob sich das nur auf Bilder bezieht, die dem öffentlichen Kult dienen, oder auch auf die »Andachtsbilder«, die im späten Mittelalter im Westen immer größere Bedeutung erlangten, während das öffentliche Kultbild Rückzugsgefechte lieferte. Über das Andachtsbild gibt es eine umfangreiche Literatur, die die Funktions- wie die Formgeschichte betrifft. Das Andachtsbild entspringt einem neuen Bedürfnis, einer neuen Frömmigkeitsform, der Laien- oder Privatandacht, die sich im 13. Jahrhundert entwickelt. Diese Bilder treten in Dialog mit dem Betrachter, sollen von ihm affektiv erlebt und kognitiv kontempliert werden.[10] Der ikonographische Ursprung mancher neuer Bildtypen, wie etwa der »imago pietatis«, des Schmerzensmannes, weist auf Byzanz zurück, andere, wie die Christus-Johannes-Gruppe, sind Neuerfindungen des Westens, in diesem Fall der alemannischen Nonnenklöster. Die letztgenannte Gruppe stellt Christus mit dem Lieblingsjünger dar, der an seiner Brust ruht. Das Bild vergegenwärtigt diese Szene und spricht den Betrachter unmittelbar an. Er kann sich mit Johannes identifizieren und an der Brust Jesu ruhen. Bemerkenswert ist, daß die neue Funktion auch in der Form wirksam wird. Es kommt zu einer Isolierung der Hauptfiguren und zu einer statischen Lesart des Geschehens.[11]

In den Andachtsbildern begegnet Christus als Heiland und Erlöser des einzelnen. Das kam dem Empfinden und Bedürfnis des späten Mittelalters entgegen, das eine Zeit des wachsenden Individualismus war. Man wird auch den Andachtsbildern die Bezeichnung »Christusbilder« nicht absprechen können, weil auch sie Gegenstand der Verehrung waren.

Einen tiefen Einschnitt bedeutet die Reformation. Werner Hofmann hat deutlich gemacht, daß dadurch der Weg zum modernen Bildverständnis beschritten wurde. Alle Reformatoren lehnten das Kultbild als Gegenstand öffentlicher Verehrung ab. Im einzelnen allerdings unterschieden sie sich beträchtlich. Martin Luther sagt, es gebe »zweierlei Bilder«. Die einen sind Kultbilder, auf sie bezieht sich das Bilderverbot des Alten Testamentes; sie setzen sich an Gottes Stelle und die Menschen glauben, ihre Stiftung sei ein gutes, verdienstvolles Werk. Die anderen Bilder dagegen gehören zu den »adiaphora«, den wertneutralen Dingen. Sie sind nicht heilsnotwendig wie der Glaube

1 Alfred Kubin, Gekreuzigter Schlangenmann, 1899

oder die Liebe. Von ihnen sagt Luther: »Die Bilder sind weder sonst noch so, sie sind weder gut noch böse, man kann sie haben oder nicht haben.«[12] Luther gesteht ihnen aber zu, daß sie nützlich zur Belehrung sind, da der Mensch »nichts ohne Bilde verstehen noch denken« könne. Lehrbilder sind auch im Kirchenraum erlaubt – ja er entwickelt sogar im Zusammenwirken mit Lukas Cranach neue Bildformulierungen, die die protestantische Lehre veranschaulichen, wie etwa »Gesetz und Gnade«. Im Gegensatz dazu verbannt Zwingli alle Bilder aus dem Kirchenraum, hat aber nichts gegen Bilder im profanen Bereich einzuwenden. Calvin schließlich beharrt auf der allgemeinen Verbindlichkeit des Bilderverbotes. Alle Gottesbilder – auch außerhalb der Kirchen – werden als »Verbrechen« eingestuft. Außerhalb des religiösen Kontextes mag man Bilder haben und kann sich von ihnen belehren lassen oder sich an ihnen erfreuen. Die damit eingeleitete Entwicklung charakterisiert Werner Hofmann so: Die »Abwertung der Bilder schlug in deren Aufwertung um, die Beschränkung erwies sich als Befreiung.«[13] Denn nun konnte sich eine unreglementierte profane Kunst entwickeln – man denke an die Portraits des 16. und die Stilleben des 17. Jahrhunderts. Diese Entwicklung war nicht aufzuhalten. Hofmann formuliert im Hinblick auf das Wort, Bilder seien weder gut noch böse, man könne sie haben oder nicht haben: »Mit diesem Freibrief beginnt die Moderne.«[14] Besonders bedeutsam ist, daß nun die Rolle des Rezipienten aufgewertet wird. »Luther legt den Grund für die Betrachterästhetik ... Der Betrachter hat das letzte Wort.«[15]

Man wird sich allerdings hüten müssen, den Protestantismus im monokausalen Sinn zur Ursache der Moderne hochstilisieren zu wollen. Denn parallel dazu kommt es in der Renaissance zu einer ästhetischen Neubewertung der Bilder: sie werden jetzt als Kunstwerke betrachtet. Das zeigt sich in dem nun entstehenden umfangreichen Schrifttum, das sich mit der Kunsttheorie befaßt – was es im Mittelalter gar nicht gegeben hatte. Erster bedeutender Vertreter ist Alberti, der Höhepunkt wird mit Leonardo erreicht, der der Malerei den Rang einer Wissenschaft zuerkennt. Sie steht über der Philosophie, ja Leonardo spricht ihr Göttlichkeit zu, weil sie sich »frei in der Hervorbringung der verschiedenartigen Wesenheiten ergeht«.[16]

Auch das Christusbild erfährt eine bemerkenswerte Veränderung. Christus wird nun als nackter Mann dargestellt. Man denke an das Jüngste Gericht Michelangelos in der Sixtina und seine Statue in Sta Maria sopra Minerva. Diese Werke Michelangelos sind nicht isoliert zu sehen. Leo Steinberg hat nachgewiesen, daß es zahlreiche Renaissancebilder gibt, in denen auf den Penis des Jesuskindes hingewiesen oder dieser auf andere Weise hervorgehoben wird: »Wir müssen ein lange unterdrücktes Faktum zugeben: daß die Kunst der Renaissance, sowohl nördlich als auch südlich der Alpen, eine große Anzahl von Andachtsbildern schuf, in denen die Genitalien des Christuskindes oder des toten Christus auf derart demonstrative Weise betont werden, daß man darin eine ostentatio genitalium erkennen muß, die der überlieferten ostentatio vulnerum entspricht, dem Vorweisen der Wundmale. Schon vor 1400 und bis in die Zeit nach der Mitte des 16. Jahrhunderts bildet das augenscheinliche Enthüllen des Geschlechtes des Kindes oder das Berühren, Beschützen oder Präsentieren desselben in vielen hundert von frommen, religiösen Bildern die wichtigste Handlung.«[17] Dahinter stand die theologische Überzeugung, daß Geschlechtlichkeit und Sterblichkeit der Beweis für die wahre Menschheit Christi sei: »Die Präsentation zielt auf eine Zurschaustellung ab, einen offensichtlichen Beweis, der nichts weniger beweist als das, was das Zentrum des Glaubens ist: Gottes Menschwerdung.«[18] Es geht um den Aufweis der Inkarnation, doch nun steht nicht mehr die Gottheit Jesu im Zentrum des Interesses (ohne daß sie geleugnet wird, doch das gibt der optische Befund nicht her), sondern seine Menschheit. Schon damals wurde der theologische Hintergrund nicht immer verstanden, sonst wäre nicht auf vielen dieser Bilder das Geschlecht Christi mit einem Schamtuch verhüllt worden.

Das Barock hat dem Bild Jesu – jedenfalls in den katholischen Kirchen – eine zentrale Stellung eingeräumt, hat ihn im Medium des Lichtes hervorgehoben, hat ihm – oftmals in Dreifaltigkeitsbildern – den wichtigsten Platz in der Kuppel, an der Decke, im Hochaltaraufbau gegeben. Doch verehrt wie in der Ostkirche wurden diese Bilder nicht mehr, auch wenn das Trienter Konzil 1563 diese Verehrung ausdrücklich gebilligt hatte.[19] Die himmlische Welt ist nicht mehr präsent wie in den Ikonen der Ostkirche, sondern wird visionär geschaut und mit illusionistischen Mitteln herbeigezwungen. Der Realitätscharakter dieser Bilder ist ein anderer geworden. Es geht »im Barock um die Realität des seelischen Erlebnisses«.[20] Der Betrachter soll überrascht, verblüfft, hingerissen werden. Die ästhetische Bewunderung spielt dabei eine wesentliche Rolle. Der theologische Anspruch tritt im Verein mit dem ästhetischen Anspruch auf. Gewiß wollen diese Werke nochmals Christusbilder sein, doch tun sie es mit rhetorischen Mitteln. Es geht nicht mehr um Verehrung, sondern um Bewunderung, die dem künstlerischen Werk ebenso gilt wie dem göttlichen Wirken. Die Perspektive der Betrachtung von Kunstwerken gewinnt an Bedeutung. Zwar wird in den kirchlichen Gebäuden damit gerechnet, daß der Betrachter die Bilder mit den Augen des Glaubens sieht. Doch kann er sie auch mit denen des Kunstkenners betrachten. Der Gebrauch der Bilder hängt wesentlich vom Rezipienten ab.

Um 1770/80 werden die letzten süddeutschen Barockkirchen vollendet. Damit gelangt auch dieser, zugegebenermaßen grandiose, Versuch an ein definitives Ende. Die Aufklärung führt zur Reduktion der kirchlichen Aufträge und stürzt die gesamte christlich inspirierte Kunst in eine tiefe Krise. Stattdessen beginnt der Aufstieg des Museums. Der Museumsbesucher tritt den Bildern anders gegenüber wie der Gottesdienstteilnehmer. Sie sind für ihn autonome Kunstwerke, die er als solche beurteilt. Wenn auf einem dieser Bilder Jesus begegnet, so kann er nicht von vornherein annehmen, daß damit der Christus des Glaubens gemeint ist; diese Frage steht für ihn gar nicht im Vordergrund des Interesses. Das muß nicht besagen, daß es ihm ausschließlich um formale Gesichtspunkte geht. Im Hinblick auf diesen Gebrauch der Bilder sollte man nicht mehr unbesehen von Christusbildern sprechen.

Anfang des 19. Jahrhunderts versuchten die Nazarener eine Neubelebung der religiösen Kunst, indem sie auf die Tradition zurückgriffen. Doch zur selben Zeit unternahm Caspar David Friedrich einen völlig neuen Versuch, »die Erfahrung von Göttlichkeit in einer säkularen Welt neu zu beleben, die außerhalb der geheiligten Grenzen christlicher Ikonographie lag.«[21] Er machte diese Erfahrung am Erlebnis der Natur fest und vermittelte auch die Botschaft der Kreuzigung im Tetschener Altar landschaftlich. Um die Mitte des Jahrhunderts führte die auflebende kirchliche Bautätigkeit der Neugotik auch zu einem erhöhten Bedarf an Bildern in diesen Kirchen. Da die allgemeine Kunstszene wenig Ansatzmöglichkeiten zu bieten schien, etablierte sich eine eigene, sich selbst »christlich« nennende Kunst, die diesen Bedarf deckte. Sie wurde von den Kirchen mit großem Aufwand propagiert; zahlreiche christliche Kunstzeitschriften setzten sich für sie ein.[22] Man unterschied die »christliche« von einer »nichtchristlichen« Kunst und machte den Unterschied am Stil fest. Die Gotik galt als der christliche Stil, die Romanik wurde als Alternative zugelassen. So geriet diese Kunst ins Abseits der allgemeinen Kunstentwicklung, die von den genannten Periodica äußerst kritisch und wenig kenntnisreich kommentiert wurde. Das charakterisiert die Situation an der Schwelle zum 20. Jahrhundert, wo die Gestalt Jesu häufiger, aber oft in ungewohnter Auffassung erscheint.

Existentielle Christusbilder

Am Anfang unseres Jahrhunderts steht ein Maler, der Jesus im Medium des Lichtes dargestellt hat: GEORGES ROUAULT (1871–1958). Es geht nun darum, die Qualität dieses Lichtes zu analysieren.

Das Licht hat in der abendländischen Malerei eine besondere Rolle als Transzendenz-Symbol gespielt. Seiner Geschichte ist Wolfgang Schöne in seiner Studie »Über das Licht in der Malerei« nachgegangen. Das Bildlicht des Mittelalters hat sich vom 5. Jahrhundert an entwickelt, gelangt jedoch erst in der Lichtmalerei der ottonischen Zeit zur vollen Ausprägung. Schöne spricht in diesem Zusammenhang vom »Eigenlicht«, das eine unmittelbare Eigenschaft der Bildwelt ist und auch als »Sendelicht« bezeichnet werden kann. Die Farbe ist durchlichtet und »dient dazu, das Licht als das eigentlich Seiende zu veranschaulichen«.[23] Bei dem für das ganze Mittelalter kennzeichnenden Phänomen des Goldgrunds spricht Schöne vom »Eigenglanz«. Schon Jantzen hatte gesagt: »Liuthar«, der Maler des Aachener Ottonenkodex, »hat den Goldgrund in die (im engeren Sinne) abendländische Malerei eingeführt, und damit dem Bildgegenstande jene transzendierende Haltung verliehen, die für das ganze Mittelalter kennzeichnend bleibt«.[24] Der zweite Höhepunkt der Bildgeschichte des Lichtes ist die Glasmalerei des 13. Jahrhunderts. Das edelsteinhafte harte Material des Glases übernimmt auch die Funktion des Eigenglanzes des Goldgrundes, weshalb Schöne von einem »Eigenglanzfarblicht« spricht. Für die Zeit vom 15.–18. Jahrhundert formuliert Schöne: »Das Wesen des neuzeitlichen Bildlichts als eines dominant weltlichen Lichts, in dem ein überweltliches Licht aufleuchtet, hängt für mein Auge entscheidend an dem rätselhaften Faktor der ›Indifferenz‹ und an dem im Grunde nicht minder geheimnisvollen Faktor des sakralen Leuchtlichts.«[25] Das »Eigenlicht« des Mittelalters, bei dem Lichtquelle und dargestellte Bildwelt zusammenfallen, weicht in der Neuzeit dem »Beleuchtungslicht«, bei dem beide geschieden sind. Es kann als natürliches (Sonne, Mond), künstliches (Kerze, Fackel, Feuer) oder sakrales (Glorienschein) auftreten. Den mißverständlichen Ausdruck »indifferentes« Leuchtlicht gebraucht Schöne dort, wo das Bildlicht nicht mit einer der drei genannten Lichtarten zu identifizieren ist. Bei Caravaggio spricht Schöne vom indifferenten Leuchtlicht; die großen Meister des sakralen Leuchtlichts sind Grünewald und Rembrandt. Bei Grünewald – man denke an die Isenheimer »Auferstehung« – ist Christus selbst die Lichtquelle, bei Rembrandt ist er vom Glorienschein umstrahlt. Nach Schöne bricht um 1800 die Tradition des abendländischen Bildlichts ab. An seine Stelle tritt nun das natürliche oder künstliche Licht im Medium der Farbe. War früher die Farbe eine Funktion des Lichtes, so ist nun das Licht eine Funktion der Farbe. »Diese Botschaften der Farbe sind keine Botschaften des Lichtes«.[26] Das Licht ist endgültig säkularisiert.

Wie verhält es sich bei Rouault? Zwei biographische Daten seien vorausgeschickt. Der Vierzehnjährige begann eine Lehre in einer Glasmalerei, die er fünf Jahre lang besuchte. 1890 trat er dann in die Ecole Nationale Supérieure des Beaux-Arts in Paris ein, wo Gustave Moreau sein Lehrer wurde. Dieser machte seine Schüler mit den Großen der europäischen Kunstgeschichte bekannt; er besuchte mit ihnen häufig den Louvre.

Rouault bewunderte in erster Linie Rembrandt. Die Werke

2 Alfred Kubin, Der Gekrönte, 1903

der Frühzeit, z. B. »L'Enfant Jesus parmi les docteurs« (1894) stehen ganz unter dem Eindruck des großen Niederländers. Rouault malt aus dem Braun heraus, der Jesusknabe ist von einer Glorie umstrahlt. Seine Gestalt läßt auch auf den Einfluß von Moreau schließen. 1898 starb Moreau, was für Rouault den Beginn einer Krise bedeutet. Er entdeckte die dunkle Seite von Paris, war zutiefst betroffen davon. 1904 traf ihn die Lektüre eines Buches von Léon Bloy wie ein Blitz. Bloy, der die dunklen Seiten der Welt nur allzugut kannte, war einer der Hauptvertreter der »Renouveau catholique«. Er rebellierte gegen die bestehende Ordnung und wandte sich dem Mittelalter zu. Obwohl es bald zu einer tiefen Verstimmung zwischen dem Maler und dem Schriftsteller kam, blieb die Begegnung für Rouault wichtig. Zugleich lernte er aber auch die neuen Tendenzen in der französischen Malerei kennen.

Der künstlerische Durchbruch zur Eigenständigkeit gelingt 1904. Rouault stellt nun und in den folgenden Jahren die Welt der Armen, der Dirnen, der Gaukler und der Vorstadtexistenzen dar. Rouault gibt aber nicht dem Abscheu, sondern der Trauer Ausdruck. Die Gestalten werden durch eine starke Kontur zeichnerisch fixiert, oft fällt ein grelles künstliches Licht auf das Fleisch der Dirnen, die von düsterem Schwarz förmlich eingekreist werden. Die Welt der Clowns, seit Baudelaire ein bevorzugtes Thema in Literatur und Malerei, gibt der Tristesse dieser Welt ergreifenden Ausdruck. Der »Kopf eines tragischen Clowns«, eine Gouache des Jahres 1904, ausschließlich in dunklem Blau und Braun gehalten, verdüstert das Antlitz durch ein dichtes Strichgefüge. Der verbitterte Mund und der seitwärts gerichtete Blick verleihen dem Antlitz ein schwermütiges Gepräge. Es ist eine der erschütterndsten Darstellungen jener »Fahrenden«, deren Schicksal Rilke in der fünften Duineser Elegie und Picasso in seinem Frühwerk zum Paradigma menschlicher Existenz schlechthin erhoben haben. 1909 entsteht ein ergreifendes Christusbild. Rouault greift auf die Tradition des Schmerzensmannes zurück. Das Gesicht und der schmale Oberkörper des Geschundenen sind ganz in Braun gehalten: er hat »weder Gestalt noch Schönheit« (Jes 53,2).

Einen tiefen Einschnitt bedeutet – nicht nur für Rouault – der Ausbruch des Ersten Weltkrieges. Rouault beginnt die

Arbeit an seinem Radierungszyklus »Miserere«, der ihn bis 1927 beschäftigt hat, allerdings erst 1948 erscheinen konnte, wo er eine ungeheure Wirkung auslöste. Rouault konfrontiert das Geschehen unserer Tage – Krieg und Elend – mit der Passion Christi. Die meisten der 58 Blätter zeigen nur eine Gestalt, die gerade dadurch ausgesetzt und verloren erscheint. Die Aquatintatechnik verdichtet die Schwärzen und verstärkt so den Ernst der Darstellung. »Miserere mei, Domine, secundum magnam misericordiam tuam« ist der Anfang des 51. Psalms, der Aufschrei des Menschen aus Sünde und Not, der sich an den helfenden Gott richtet.

Um 1930 wendet sich Rouault wieder intensiv der Malerei zu. Seine Palette hellt sich auf, das Licht beginnt über das Dunkel zu siegen. Rouault betont die Umrisse der Figuren, »so daß jede Farbfläche von einem breiten Strich eingefaßt wird wie eine farbige Glasfläche von der Bleifassung«.[27] Innerhalb der Einfassung bricht ein helles Blau, Rot oder Gelb hervor und gibt den Bildern einen geradezu festlichen Charakter. Rouault greift vorwiegend religiöse Themen auf. Im Mittelpunkt steht die Gestalt Christi, des Schmerzensmannes. Doch das Rot, das ihn umfließt, hat nichts Düsteres mehr. Es geht um die »beata passio«, um das selige und seligmachende Leiden. Auch in seinen Texten, die dichterische Qualität besitzen, spricht Rouault oftmals von der Gnade. In zahlreichen Bildern wendet sich Christus den Menschen zu, wandelt durch die Vorstädte und heilt Kranke. Seine Landschaften sind nun »Biblische Landschaften«. Die Farbe der Bilder ist kräftig, oft pastos. Zugleich sind sie durchlichtet. Hier dominiert weder die Farbe noch das Licht; man könnte von einem »Farblicht« sprechen. Die Farbe selbst leuchtet.

Als 1950 führende französische Künstler den Auftrag erhielten, für die Sanatoriumskirche in Assy bei Grenoble zu arbeiten, ging der Ruf – neben Germaine Richier, Jean Bazaine und Jean Lurçat auch an den beinahe achtzigjährigen Rouault. Er schuf zwei Glasfenster: eines stellt Veronika dar, das andere den Schmerzensmann. Kopf- und Armhaltung weisen darauf hin, daß dieser Christus das Leiden ergeben annimmt. Doch sein Leib leuchtet hell aus dem dunklen blauen und roten Hintergrund hervor. Dieser Christus nimmt das Leiden auf sich und wird so solidarisch mit allen Benachteiligten, Geschändeten und Ausgebeuteten dieser Welt. Rouault selbst sagt dazu: »Was ich gemacht habe, ist nichts. Messen Sie mir nicht soviel Bedeutung bei. Ein Schrei in der Nacht. Ein verlorenes Schluchzen. Ein ersticktes Lachen. In der Welt sterben unter ihrer Last alle Tage tausend und abertausend unbekannte Bedürftige, die mehr wert sind als ich. Ich bin der schweigsame Freund derer, die in der Ackerfurche arbeiten, ich bin der Efeu des ewigen Elends, der sich an der aussätzigen Mauer emporrankt, hinter der die rebellische Menschheit ihre Laster und ihre Tugenden verbirgt. Als Christ glaube ich in so ungewissen Zeiten nur an Jesus am Kreuz.«[28]

Gerade diese Glasfenster zeigen, wie sehr Rouault einerseits in der Tradition der gotischen Glasmalerei steht, und sich andererseits von ihr unterscheidet. Das Schwarz im Bild des Schmerzensmannes bietet sich in breiten Streifen dar. Es ist viel auffälliger, als das je in einem mittelalterlichen Fenster war. Man erinnert sich an die letzte Zeile eines Gedichtes von Rouault: »Tragisch ist das Licht.«[29] Andererseits ist das Licht durchscheinend und leuchtet so stark wie bei mittelalterlichen Fenstern. Beim Veronikafenster tritt das Schwarz zurück und das Gesicht ist von hellem Licht durchstrahlt. Diese beiden Fenster, mehr noch als das malerische Werk des Künstlers, lassen es doch fraglich erscheinen, ob man in der Kunst nach 1800 durchgängig behaupten kann, das Licht sei eine Funktion der Farbe.

Das Gesagte mag auch die Begründung liefern, daß wir bei Rouault von »Christusbildern« gesprochen haben. Allerdings ist das ein Passionschristus. Das gilt auch für Lovis Corinth und Alexej Jawlensky. Doch zuvor noch zu Emil Nolde.

EMIL NOLDE (1867–1956) war ein Spätentwickler. Lange Zeit blieb er sich im unklaren über seinen eigenen Weg. Er hatte eine merkwürdige Vorliebe für eine karikierende Charakterisierung, personifizierte die Schweizer Berge: Jungfrau, Mönch und wilder Pfaff, und bevölkerte die Natur mit Gnomen und Trollen. Es war eine erdhafte Naturmythologie in dunklen Farben. Erst um 1905 wurde er auf van Gogh, Gauguin und Munch aufmerksam und fand zu einer geradezu entfesselten Farbigkeit. Im Jahr darauf forderten ihn die Brücke-Künstler auf, ihrer Vereinigung beizutreten. Der Rückhalt der Grup-

3 *Alfred Kubin, Dein armer gekreuzigter Alf, 1909*

pe, der er nur kurz angehörte, stärkte sein Selbstvertrauen. In den folgenden Jahren gelang ihm der künstlerische Durchbruch. Es ist kein Zufall, daß es religiöse Sujets waren, die ihm dazu verhalfen: hier fand sein ekstatisches Erleben den gemäßen Ausdruck. 1909 entstanden zwei Schlüsselwerke: das »Abendmahl« und »Pfingsten«.

Beim »Abendmahl« sitzt Christus inmitten seiner Jünger am Abendmahlstisch. Mitte des Bildes ist der Kelch, der von den Händen Jesu umschlossen wird. Christus ist mit geschlossenen Augen in tiefer Ergriffenheit dargestellt, sein weißes Untergewand bildet den hellsten Farbakzent des Bildes, das rote Obergewand den kräftigsten. Die Jünger drängen sich im Halbkreis um den Meister und bilden eine enge Gemeinschaft mit ihm, auch wenn ihre derben Gesichter von der Ergriffenheit Jesu abstechen. Die Farbigkeit des Bildes mit ihrem Grün, Türkis und Blau verstärkt den Eindruck des Visionär-Ekstatischen, der vom Antlitz Jesu ausgeht. Licht scheint von ihm auszustrahlen. Nolde hat mit diesem Bild kein distanziert-objektives Bild geschaffen, wie es der byzantinische Pantokrator war, sondern ein Werk subjektiver Ergriffenheit. Dem hat er auch in seinem Buch »Jahre der Kämpfe« Ausdruck verliehen: »Einem unwiderstehlichen Verlangen nach Darstellung von tiefer Geistigkeit, Religion und Innigkeit, war ich gefolgt, doch ohne viel Wollen und Wissen oder Überlegung. Einige Apostelköpfe nur und einen Christuskopf hatte ich vorher hingezeichnet. – Fast erschrocken stand ich vor dem aufgezeichneten Werk, um mich gar kein Vorbild der Natur, und nun sollte ich malen das geheimnisvollste, tiefinnerlichste Geschehnis der christlichen Religion! Christus mit heilig verklärtem, ganz nach innen gekehrtem Ausdruck, zu beiden Seiten und vor ihm sitzend tiefbewegt der Kranz der Jünger. Ich malte und malte, kaum wissend, ob es Tag oder Nacht sei, ob ich Mensch oder Maler nur war. Beim Schlafengehen sah ich das Bild, in den Nachtstunden sah ich es, und beim Erwachen stand es vor mir. Ich malte glücklich. Das Bild war fertig. Das Abendmahl.«[30]

Im selben Jahr entstand das Pfingstbild. Der Aufbau des Bildes entspricht ganz dem »Abendmahl«, nur daß Petrus an die Stelle Christi getreten ist und seine gefalteten Hände den Platz des Kelches einnehmen. Ergriffen erleben die Jünger die Herabkunft des Geistes, dessen Symbol, die Feuerzungen, über ihren Köpfen flackern. Im Vordergrund schließen zwei Jünger den Kreis, indem sie ihre Hände umfassen, eine Geste, die ihr Vorbild schon im »Abendmahl« hat.

Drei Jahre nach dem »Abendmahl« hat Nolde »Das Leben Christi« gemalt. Das neunteilige Bild hat die Form eines gotischen Flügelaltars. In die Mitte hat er die Kreuzigung gestellt, ein Bild, das doppelt so hoch ist wie Darstellungen der Seitenflügel. Hier dominiert der Farbklang Rot-Grün, der die Mitte auch farblich hervorhebt. Die vier Bilder auf dem linken Flügel sind der »Heiligen Nacht«, der »Anbetung der Hirten«, dem »Zwölfjährigen Jesus im Tempel« und – ikonographisch und in der Gestaltung herausfallend – der Konfrontation von »Christus und Judas« gewidmet. Der rechte Flügel zeigt »Die Frauen am Grabe«, die »Auferstehung«, »Christus und Thomas« und die »Himmelfahrt«.

Bei all diesen Bildern geht es Nolde um das Wunder, sei es der Menschwerdung oder der Verherrlichung Jesu. Im Auferstehungsbild ist Jesus in eine Mandorla aus Licht gehüllt – wieder die alte Lichtsymbolik. Das rechte untere Bild nimmt die Farbigkeit der Kreuzigung auf: rote und grüne Farbstreifen heben die Begegnung des Auferstandenen mit Thomas hervor.

Der »Altar«, wie er bald genannt wurde, stieß auf Mißverständnis. Osthaus, der Direktor des Folkwangmuseums in Hagen, wollte ihn zum Zentrum der religiösen Abteilung der Weltausstellung in Brüssel 1912 machen. »Doch alles kam anders, als es vorgesehen war. Die katholische Geistlichkeit erhob Einspruch. Das Werk sollte entfernt werden, und insoweit mit Erfolg, daß, als der König bei der Eröffnung zu dieser Abteilung kam, Osthaus vorher den Schlüssel umgedreht hatte und fortgereist war. ›Wenn dies nicht gezeigt werden soll‹, sagte er, ›ist mir an der ganzen Ausstellung nichts gelegen!‹«[31]

Was war der Stein des Anstoßes? Nolde hatte »die Menschentypen als Juden, Christus und die Apostel auch, die Apostel als einfache jüdische Land- und Fischermenschen« gemalt.[32] Man wollte den überlieferten Christustypus, auf keinen Fall aber, in einer Zeit des in ganz Europa grassierenden Antisemitismus, einen Juden.

Nolde ist seinem Gefühl gefolgt, wollte seinem subjektiven

Empfinden Ausdruck verleihen: »Falls ich am Bibelbuchstaben und am erstarrten Dogma gebunden gewesen wäre, ich habe den Glauben, daß ich dann diese tiefsinnig empfundenen Bilder, Abendmahl und Pfingsten, so stark nicht hätte malen können. Ich mußte künstlerisch frei sein, – nicht Gott vor mir haben, wie einen stahlharten assyrischen Herrscher, sondern Gott in mir, heiß und heilig wie die Liebe Christi.«[33]

Nolde hat in der Folge noch zahlreiche Bilder zu biblischen Themen gemalt. Immer war sein Ausdrucksmittel die Farbe. Wo das Licht hinzutritt, da kann man mit Wolfgang Schöne sagen, ist es eine Funktion der Farbe. Wie bei allen Expressionisten spielt dabei der Komplementärkontrast eine entscheidende Rolle, wie etwa Rot und Grün bei der »Kreuzigung«. Nebeneinander gesetzte Komplementärfarben steigern die Wirkung. Die Bilder leben aus der Macht der Farben. Sie geben dem starken Gefühl unmittelbaren Ausdruck.

Anders war der Ausgangspunkt bei ALEXEJ JAWLENSKY (1864–1941), dem seit 1896 in München lebenden Russen. Schon in seinen frühen Portraits, Stilleben und Landschaften ging es ihm um die Entbindung der Leuchtkraft der Farbe. Wichtig war eine Frankreichreise im Jahr 1905, ebenso die beginnende Freundschaft mit dem Malermönch Willibrord Verkade im selben Jahr, der seine Aufmerksamkeit auf Gauguin und die Nabis lenkte. Immer stärker und suggestiver tritt die Farbe hervor; gleichzeitig bemüht sich Jawlensky um ihre Bändigung durch strenge formale Gestaltung. Neben der Auseinandersetzung mit der französischen Malerei war der Umgang mit der Werefkin, mit Kandinsky und Marc befruchtend. Jawlensky wurde Mitglied der »Neuen Künstlervereinigung« und des »Blauen Reiter« und trat in Ausstellungen mit den Freunden hervor.

Bei Kriegsbeginn 1914 wurde Jawlensky in die Schweiz abgeschoben. In den Kriegsjahren setzte er sich vorwiegend mit einem einzigen Motiv auseinander, dem Blick aus seinem Zimmer in St. Prex am Genfer See in den Garten. Mit großer Disziplin, einem Wesenszug des Künstlers, erarbeitete er ein immer abstrakter werdendes Vokabular für diese relativ kleinen Bilder: eine schmale hohe Form (angeregt durch eine Tanne) setzte er in Bezug zu einer Kugelform (angeregt durch eine Kastanie).

Diese Bilder, Variationen über ein Thema, lösen sich immer mehr vom Naturvorbild ab, reifen zu einer freien Komposition aus reinen Farben in reinen Formen heran.

Gegen Ende des Krieges beginnt eine erneute Auseinandersetzung mit dem Portrait. Dieses wird jetzt auf das Gesicht reduziert, wobei um 1917/18 ein hoher Abstraktionsgrad erreicht wird. 1918 entsteht der erste rein konstruktive abstrakte Kopf, dem Jawlensky den Titel »Urform« gab. Das U-förmige Gesicht wird durch einen senkrechten Strich, der für die Nase steht, in zwei Hälften geteilt, eine dunklere links und eine hellere rechts. Über dem rechten Auge wölbt sich ein halbkreisförmiger Bogen, dem über dem linken eine Dreiecksform entspricht. Über der Nase ist ein Punkt markiert. Der waagrechte Mund wiederholt mit der Lippe die Bogenform des Kinns. Links und rechts von dem Gesicht betonen zwei Striche die vertikale Grundstruktur des Bildes. In Bildern wie diesem geht es Jawlensky offenbar nicht nur um abstrakte Formulierungen des Portraitmotivs, sondern um die Grundstrukturen der Wirklichkeit. Daher auch die Reduktion auf geometrische Formen wie Halbkreis, Dreieck und Rechteck.

Manchen dieser Bilder gab Jawlensky auch Titel wie »Stilles Leuchten« oder »Heilandsgesicht«. Das Bild »Dornenkrone« (1918) weist eine reiche Farbpalette von Smaragdgrün und Ultramarin bis Orange und Weiß auf. Die dornenartigen Formen spielen auf die Dornenkrönung Christi an. Offenbar sah Jawlensky in Christus ein Urbild des Menschen. Schon immer hatte er sich intensiv mit religiösen Schriften beschäftigt, wobei christliche, theosophische und östliche Gedanken ineinandertraten. Malen wurde für ihn ein meditativer Vorgang, ein Weg zur Einigung mit dem Göttlichen. Er selbst sagt: »Dann war mir notwendig, eine Form für das Gesicht zu finden, da ich verstanden hatte, daß die große Kunst nur mit religiösem Gefühl gemalt werden soll. Und das konnte ich nur in das menschliche Antlitz bringen. Ich verstand, daß der Künstler mit seiner Kunst durch Formen und Farben sagen muß, was in ihm Göttliches ist. Darum ist das Kunstwerk ein sichtbarer Gott, und die Kunst ist ›Sehnsucht zu Gott‹.«[34]

Auch nach seiner Übersiedlung nach Wiesbaden 1922 verfolgte er konsequent den einmal eingeschlagenen Weg. Er hielt

Kontakt mit den Freunden am Bauhaus und stellte mehrmals unter dem Titel »Die blaue Vier« zusammen mit Feininger, Kandkinsky und Klee aus. Vom Jahr 1929 an litt er unter Arthritis deformans, was allmählich zu Lähmungserscheinungen führte. Ab 1934 konnte er die Hände nur noch mühsam bewegen und schuf daher ganz kleine Bilder, etwa 18 x 12 cm groß. Sie sind ganz auf ein Achsenkreuz reduziert: eine Senkrechte und drei Waagrechte, die die Stirn, die Augen und den Mund andeuten. Die dahinterliegende Grundstruktur wird von senkrechten Pinselstrichen gebildet. Manche dieser Bilder ertrinken fast im Dunkel, doch in anderen – etwa in »Karfreitag« (1937) – glühen aus der Tiefe blaue und rote Töne hervor. Der Titel legt nahe, daß Jawlensky zeigen wollte, wie hinter dem Karfreitag bereits Ostern aufleuchtet, oder – auf ihn selbst bezogen – eine Hoffnung über den Tod hinaus.

Jawlensky hat, anders als Nolde, sein starkes und leidenschaftliches religiöses Gefühl in eine strenge Form gefaßt. Die Konsequenz seiner künstlerischen Entwicklung ist vergleichbar dem paradigmatischen Prozeß der Formfindung, den Cézanne verfolgt hat. Das Ergebnis war freilich ein ganz anderes; während Cézanne aus der mediterranen Tradition kam, bleibt Jawlensky immer seiner russischen Herkunft verpflichtet.

Auf die Rückseite eines der späten Bilder hat Jawlensky die Worte geschrieben:

»Was denke ich?
Was fühle ich?
Ich schaue in mich.
O! wie möchte ich
etwas Göttliches
sagen.«[35]

Jawlensky, der ein gläubiger griechisch-orthodoxer Christ war, arbeitete in den letzten Jahren wie ein Mönch: »Mir war genug, wenn ich mich in mich selbst vertiefte, betete und meine Seele vorbereitete in einen religiösen Zustand.«[36]

4 Emil Nolde, Abendmahl, 1909

Die ungebrochene Gläubigkeit Jawlenskys ist in der Kunst unseres Jahrhunderts – dort, wo sie hohen Rang erreicht – die Ausnahme. Für viele Künstler ist Jesus eine Chiffre für die eigene existentielle Not. Sie sehen im Menschen Jesus einen Bruder im Leiden und identifizieren sich mit ihm. Damit kann die eigene künstlerische Existenz gemeint sein oder aber das Leiden der Menschheit. Jesus ist dann Metapher für die conditio humana.

Schon vor Beginn unseres Jahrhunderts geschieht das bei JAMES ENSOR (1860–1949), worauf bereits mehrfach hingewiesen wurde.[37] Ensor fühlt sich verkannt und von den Kritikern verspottet. Auf einer Farbstiftzeichnung des Jahres 1886, die die Kreuzigung darstellt, trägt die Tafel über dem Kopf Jesu, die sonst nach biblischem Bericht das INRI zeigt, die Abkürzung für »Jesus Nazarenus rex Judaeorum«, nun den Namen ENSOR. Noch deutlicher wird das Ölbild »Ecce homo oder Christus und die Kritiker« (1891). Jesus trägt die Züge Ensors. Die beiden Kritiker zu seiner Seite lassen sich ebenfalls identifizieren: der rechte ist Max Sulzberger, der linke mit dem Zylinderhut Edouard Fétis. Er trägt eine verdorrte Blume, um sie dem Künstler zu überreichen. »Fétis hat mich mit seinen alten Drecksklauen zerkratzt«, schreibt Ensor dazu.[38]

In ganz ähnlicher Weise wie Ensor identifiziert sich auch ALFRED KUBIN (1877–1959) mit dem leidenden Jesus. Das geschieht schon im Frühwerk (1899–1904), das seit der Ausstellung in Baden-Baden 1977 auf große Beachtung gestoßen ist. Kubin hat in dieser Zeit eine düstere, höllische Welt, wo der Mensch dunklen Mächten und der eigenen Triebhaftigkeit ausgeliefert ist, zum Gegenstand seiner oft angsterfüllten Visionen gemacht.[39] Dem entspricht auch die Technik, die Kubin gewählt hat: es handelt sich um lavierte und gespritzte Federzeichnungen, meist nur in schwarz-weißen Tönen, erst gegen Ende der Periode auch in düsteren Farben: dunkles Grün oder Braun.

Einige Male hat Kubin sich selbst dargestellt. So sieht er sich etwa in der Zeichnung »Der Schwächling« (um 1901–02): »übergroß, überfeinert, blaß, müde und dumpf grübelnd folgt er in einer öden Landschaft seinem Weg.«[40] Ganz ähnlich begegnet er auch in der Zeichnung »Der Gekrönte«, die mit 22. 10. 03

datiert ist: blaß, überfeinert, nachdenklich.[41] In der Hand hält er Zeichenstift und Zeichenblock, über die Schultern ist ein Hermelinmantel gelegt. Die Dornenkrone auf dem Haupt stellt einen Bezug zu Jesus dar. Wie Ensor sieht er sich als verkanntes Genie und Opfer seiner Umgebung.

Noch deutlicher wird Kubin am Ende eines Briefes an seinen Freund Fritz von Herzmanovsky-Orlando vom 6. 8. 1909. Er signiert als »Dein armer gekreuzigter Alf« und fügt die Zeichnung eines liegenden Gekreuzigten mit ausgespannten Armen hinzu. Der Grund: er hatte sich beim Arbeiten überanstrengt und »war seit vier Wochen nicht imstande, auch nur einen wohlgelungenen Strich zu machen. Eine wahre Selbstmörderlaune, – alles grau, schwarz u.s.w.«[42]

Diese Zeichnungen verraten Selbstbezüglichkeit und Selbstmitleid. Eine Reihe von Zeichnungen beweist, wie fern Kubin damals dem christlichen Glauben stand. Auf einer ganz frühen Zeichnung aus dem Jahr 1899 mit dem Titel »Der liebe Gott« ist dieser als riesige Vogelscheuche dargestellt, ein Fetisch, der über der Landschaft thront. »Zugleich jedoch wird in der monumentalen Größe, zu der Prozessionszüge winziger Menschen pilgern, die Übermacht erkennbar, der Kubin in ambivalenter Weise in seinen Ohnmachts- und Machtphantasien immer wieder huldigt.«[43]

Aus demselben Jahr stammt die aquarellierte Tuschfederzeichnung »Gekreuzigter Schlangenmann«. Das nur 11 x 8 cm große Blatt zeigt Christus als Schlangengott. Annegret Hoberg schreibt dazu: »Im vorliegenden Fall ist der Bezug auf Christus durch die Kreuzigung eindeutig. Die Blasphemie liegt in der völligen Unbeugsamkeit, der geschlechtlichen Kraft und Ausstrahlung dieses Schlangenmannes, der mit seinem Schwanz eine junge, langhaarige Frau, Nachfolgerin der büßenden Maria Magdalena, umfaßt.«[44] Kubin, der oft als rückwärtsgerichteter Nostalgiker interpretiert wird und auch selbst seine Verbundenheit mit der Vergangenheit immer wieder betont, wovon sein Roman »Die andere Seite« (1909) ein sprechendes Zeugnis ablegt, nimmt hier Werke viel späterer Künstler wie Picasso oder Saura vorweg, die auch die Kreuzigungsdarstellung völlig verfremden.

Ein dritter Beleg für Kubins Entfernung vom christlichen

Glauben ist die Zeichnung »Es ist vollbracht«, die auf 1903 datiert wird.[45] Jesus ist ein geschundener und entstellter Mensch, der an einem vornüberhängenden Kreuz dargestellt wird. Das Gesicht ist verzerrt, die Augäpfel verdreht, die Hose geöffnet, so daß die Schamteile hervortreten, die ganze Gestalt so gedehnt, daß sie in die Knie zu brechen scheint. Der Boden, aus dem das Kreuz hervorwächst, ist gewölbt, so daß er die Weltkugel suggeriert, einige Knochen liegen herum. Der ganze Hintergrund ist in düsterem Schwarz gehalten. Eine verwandte Fassung findet sich nochmals als Textzeichnung zu »Samalio Pardulus« von Otto Julius Bierbaum (1911). Der Text dazu lautet: »Es graute mir, als ich sah, daß er sich selbst als den Gekreuzigten gemalt hat, aber, so dies möglich, noch scheusäliger, als er wahrlich ist.«[46]

Um 1908 findet Kubin seinen endgültigen Zeichenstil: die reine Federzeichnung. Die folgenden Jahre stellen einen Höhepunkt seines Schaffens dar. Er bringt nun nicht mehr wie im Frühwerk einige wenige lapidare Gestalten ins Bild, sondern ein ganzes Gewimmel von Personen, die mit zartem Strich über die Blätter verteilt sind. Die schönsten dieser Zeichnungen wurden in der »Sansara«-Mappe (1911) zusammengefaßt. »Sansara« – das ist die Vielfalt und Widersprüchlichkeit der Welt, wie sie die indische Philosophie betrachtet, der ewige Kreislauf von Werden und Vergehen und damit auch der Gleichgültigkeit der menschlichen Welt in der doppelten Bedeutung des Wortes.

In derselben Zeit, also zwischen 1908 und 1911, zeichnet Kubin auch eine »Verspottung Christi«, ein Blatt, das allerdings nicht in die Mappe aufgenommen wurde.[47] Im Vordergrund ist eine Reihe grotesker Figuren aufgefädelt, Menschen mit karikaturhaft verzerrten Gesichtern und mit Turbanen, Mützen und Zylindern auf dem Kopf. In der oberen Hälfte des Bildes sieht man Christus in einem langen weißen Gewand, hinter dem eine Menge von Soldaten mit Lanzen und Fahnen zusammengedrängt erscheint. Eine der Figuren im Vordergrund weist auf Christus; dasselbe tut die orientalisch gekleidete Gestalt, die den Soldatenhaufen anführt. Die ganze Szene entspricht dem Eindruck, den Kubin – nach seiner der »Sansara«-Mappe beigegebenen Lebensbeschreibung – vom Religionsunterricht seiner Kindheit behielt: »Wenn ich mir die Eindrücke zurückrufe, die mich erfüllten, als uns der geistliche Herr in der Karwoche das Leiden und Sterben Christi erzählte, bleibt mir auch heute noch eine gewaltige Sensation.«[48]

In der Zeichnung »Golgatha« aus der Zeit zwischen 1915 und 1920 werden ähnliche phantastische Zusammenhänge hergestellt.[49] Das Kreuz steht hoch aufgerichtet auf einem Felsen vor dunklem Gewitterhimmel. Im Mittelgrund sieht man ein großes, nacktes Weib als Rückenakt, vorn einen Schweinehirten mit seiner Herde. Das Weib ist – wie aus dem Vergleich mit anderen Zeichnungen hervorgeht – als Anspielung auf »Frau Welt« zu verstehen; die Verworfenheit der Welt, für die »der da droben« stirbt, wird durch die Schweineherde symbolisiert. Nur zwei arme Narren reiten hinauf zum Kreuzesfelsen; durch die Kleidung sind sie als Don Quichote und Sancho Pansa charakterisiert. Der dem Betrachter zugewandte, aus dem Bild herausschauende Schweinehirt trägt Gesichtszüge, die denen Kubins ähneln. Die Gestalt kann als Darstellung des Künstlers verstanden werden, der dem Betrachter das Bild – und die damit verbundene pessimistische Weltanschauung – vor Augen stellt.

In der 1924 erschienenen Folge »20 Bilder zur Bibel« setzt sich Kubin wiederum mit »Golgatha« auseinander. Das vorletzte Blatt zeigt aber nur die beiden Schächer, in ebenso grotesker Verzerrung wie es auf den übrigen Zeichnungen des Buches geschieht. Das Kreuz Christi ist noch nicht aufgerichtet und liegt am Boden.

Einige Bleistiftzeichnungen der 30er Jahre behandeln das Kreuzigungsthema respektvoller, aber auch konventioneller. Man kann dies verschieden deuten. Entweder sagt man, daß der Zeichner seinen »Biß« verloren habe, oder man erkennt darin eine positivere Sicht der Glaubensüberlieferung, wie es mündliche Äußerungen von Alois Samhaber, dem Pfarrer von Wernstein, nahelegen.

Das Schaffen von LOVIS CORINTH (1858–1925) umfaßt nahezu ein halbes Jahrhundert. In dieser Zeit spiegelt sein Schaffen einen ungewöhnlichen Wandel. Zunächst erhielt er die übliche akademische Ausbildung in Königsberg, München und Paris. Er trat zunächst als vitaler, sinnlicher Maler in

Erscheinung, ein richtiger Kraftprotz. Wichtigstes Sujet war der weibliche Akt, der in allen Stellungen dargeboten und verherrlicht wurde. Zweiter bedeutsamer Themenkreis war die Figurenmalerei, in der historische und mythologische Themen ganz im Stile des späten 19. Jahrhunderts dominierten. Seine ersten größeren Erfolge erzielte er mit biblischen Themen. Für die »Pietà« (1889) erhielt er die heiß erstrebte »Mention honorable«.[50] Der Leichnam Jesu liegt in der Diagonale ausgestreckt am Boden und ist dem Blick von schräg oben preisgegeben. Neben ihm kniet eine trauernde und weinende Frau, die kaum als Maria, sondern eher als Maria Magdalena anzusprechen ist. Wie wichtig dieses Erfolgsbild, das 1945 in Magdeburg verbrannte, Corinth war, sieht man daraus, daß er es 1920 als Radierung wiederholt hat. Ein zweites religiöses Werk, das ebenfalls starke Beachtung fand, entstand 1895: die »Kreuzabnahme«. Der tote Christus wird von Maria gehalten, die dominant in der Mitte plaziert ist. Links und rechts von ihr Joseph von Arimathaea, Nikodemus und Johannes. Im Vordergrund Maria Magdalena, die seinen Leib empfängt. Da auch die Arme Jesu weit geöffnet sind, entsteht der Eindruck einer großen, pathetischen Umarmungsgeste.

In den beiden folgenden Jahren ließ sich Corinth stark vom Jugendstil beeinflussen, was aber eine Episode blieb. In dieser Zeit (noch 1895) entstand das aufschlußreiche Aquarell »Dir ist bestimmt, zu wandern auf Erden ...« nach einem Gedicht von Max Halbe.[51] Es bezeugt den Einfluß von Friedrich Nietzsches Idee des Übermenschen, der damals in deutschen Künstlerkreisen übermächtig war. Corinth stellt sich in der Mitte des Bildes als idealisierter Jüngling dar, der eine Dornenkrone vorweist. Links und rechts von ihm metaphorische Frauengestalten, die den schweren mühevollen Weg des Ruhmes und den leichten des sinnlichen Lebensgenusses repräsentieren. Corinth steht am Scheideweg, er wird natürlich den mühevollen Weg wählen, der durch die Dornenkrone verdeutlicht wird. Das gedanklich überfrachtete Bild kombiniert in eklektizistischer Weise die griechische (Herkules am Scheideweg) und christliche Gedankenwelt (Dornenkrone) mit den Ideen Nietzsches.

1897 schuf Corinth eine große Kreuzigung: der Gekreuzigte, auf den schräges Seitenlicht fällt, zwischen Johannes und

5 Max Beckmann, Die Bergpredigt, 1911

Maria auf der einen, Maria Magdalena und einer der frommen Frauen auf der anderen Seite. Nach mehreren Ausstellungen wurde dieses perfekt gemalte Bild in die Evangelische Kirche in Bad Tölz gestiftet, wo es bis heute eher den Eindruck eines Ausstellungsstückes als eines Altarbildes macht.

Für Tapiau in Ostpreußen, den Heimatort Corinths, entstand 1904 eine Kreuzabnahme und 1910 für die Kirche daselbst eine Kreuzigung, nun eine bewußt repräsentative Darstellung des Gekreuzigten ohne Assistenzfiguren in einer heroischen Landschaft. Beide Bilder wurden in den Kriegswirren zerstört. 1907 entstand »Das große Martyrium«, das Extrem einer naturalistischen Kreuzigungsszene (heute in der Ostdeutschen Galerie in Regensburg). Corinth, der nach Modellen zu arbeiten pflegte, ließ in seinem Atelier eines seiner Opfer so lange mit Stricken an einem Kreuz emporziehen, wie dieses es aushielt. Die drei Knechte sind dem nackten, von hellem Licht getroffenen Leib Jesu zugewandt, der eine mit einem Zeigegestus, der zweite höhnisch zuschauend, der dritte hebt den Hammer, um seine Füße anzunageln.[52]

Im Dezember 1911 erlitt der Künstler einen Schlaganfall, der ihn dem Tode nahebrachte. Es war ein tiefer Einschnitt in seinem Leben, von nun an war er auch körperlich gezeichnet. Doch Corinth begriff das als Wink des Schicksals und als Herausforderung. Etwa die Hälfte seines Werkes, das rund 1000 Ölgemälde und über 900 Druckgraphiken umfaßt, entstand in den verbleibenden vierzehn Lebensjahren. Doch nicht nur die Quantität ist erstaunlich, viel bedeutsamer ist der künstlerische Wandel, der Corinth zu einer neuen Freiheit des Ausdrucks geführt hat. Er, der in der Theorie ein Gegner des Expressionismus war, wurde nun »Espressionist malgré lui«.[53] Schon um 1913 macht sich der stilistische Wandel bemerkbar. Bevorzugtes Feld des Experimentierens mit den neuen Ausdrucksmitteln wurden nun Zeichnung, Aquarell und Druckgraphik. Die Genauigkeit der Naturwiedergabe wird abgelöst durch eine neue Kühnheit und Freiheit der Gestaltung. Die frühesten Zeugnisse des neuen Stils sind die beiden Aquarelle »Ecce homo« (1913) und »Der gekreuzigte Christus« (1917), ebenso wie die Zeichnung und die beiden Lithographien und die Radierung zum Thema »Kreuztragung« (1916). »Der gekreuzigte Christus« ist ein wahrhaft schreckenerregendes Bild: die das ganze Blatt ausfüllende Gestalt Jesu dringt unmittelbar auf den Betrachter ein und scheint ihn mit den Krallen seiner Hände packen zu wollen. Die Ausdruckskraft dieses Blattes wird nur noch vom »Roten Christus« (1922) übertroffen. Die Blätter zur Kreuztragung fassen die Personengruppe zu einem Ganzen zusammen, so daß die Einzelheiten verschwimmen. Nur das Antlitz Christi in der Bildmitte wendet sich dem Betrachter zu und spricht ihn unmittelbar an. Horst Uhr macht die wichtige Bemerkung, daß nun die Graphik auf die nachfolgenden Gemälde wirkt, während zuvor die Graphiken den Gemälden nachgeordnet waren. Die Graphik wird zum Experimentierfeld neuer Entwicklungen. Damit ist der Weg beschritten, der Corinth dazu führte, daß er Jahre später (1925) in seiner »Selbstbiographie« schreiben konnte: »Zeichnen heißt auslassen! Ein Neues habe ich gefunden: die wahre Kunst ist Unwirklichkeit üben. Das Höchste!«[54]

Corinth tastet sich allmählich in diese Richtung vor. Zuweilen gibt es Rückgriffe auf frühere naturalistische Gestaltungsmöglichkeiten. Doch um 1920 erreicht der Spätstil seine Vollendung. Drei Themengruppen sind es, in denen er seinen überzeugendsten Ausdruck findet: die Walchenseelandschaften, die Selbstbildnisse und die biblischen Themen. Die Landschaften bilden eine große »Hommage« an die Natur, an ihre Ganzheit und Einheit, ihre überwältigende Faszination. In den Selbstbildnissen kommt immer mehr die Vergänglichkeit und Hinfälligkeit des Menschen zum Ausdruck. Corinth war um diese Zeit, wie Zeugen berichten, bereits ein »Wrack«, der mit zitternden Händen, aber ungebrochener Energie malte.[55]

Höhepunkt der biblischen Bilder ist der »Rote Christus« (1922), die wohl erschütterndste Formulierung des Themas seit Grünewalds Isenheimer Altar. Der Gekreuzigte ist mit den Armen förmlich ausgespannt bis zu den äußersten Enden des Bildes. Die Knie sind angewinkelt. Longinus stößt Jesus die Lanze ins Herz. Die Lanze, der linke Oberschenkel und die Arme bilden zwei überkreuzte Diagonalen, die das formale Gerüst des Bildes darstellen und seinen dramatischen Charakter betonen. Auf der anderen Seite reicht Stephaton den Schwamm. Im Hintergrund sieht man Johannes, der die zurückstürzende Mutter Jesu in seinen Armen auffängt. Aus der Seitenwunde spritzt das Blut heraus, ein Motiv, das Corinth vom Epitaph für Herzog Johann Friedrich von Sachsen vom jüngeren Lukas Cranach (1555) übernommen hat. Was das Bild jedoch am stärksten kennzeichnet, ist die Dominanz des Rot: im Blut, das am Leib Christi herabströmt, im Gewand des Johannes wiederkehrt und den ganzen Himmel beherrscht. Die Schenkel Jesu und das Schamtuch leuchten weiß hervor, das Gewand Mariens setzt einen blauen Akzent. Der Kreuzesstamm ist nur unten angedeutet, der Oberkörper Jesu scheint in der Luft zu hängen. Im Hintergrund sind noch die beiden Schächer angedeutet, der eine en face, der (vom Betrachter aus) linke im Profil, mit angewinkelten Beinen.

Corinth hat in diesem Bild Motive früherer Bilder aufgenommen, z.B. die Sonnenstrahlen im Hintergrund von einem Holzschnitt des Jahres 1919 oder die angewinkelten Knie vom »Großen Martyrium«.[56] Und doch ist aus dem Bild etwas ganz Neues geworden, ein Bild tiefster Anteilnahme, ja der Identifikation des Künstlers mit dem Leidenden. Es ist ein Schrei »de profundis« eines Menschen, der täglich die Minderung seiner Kräfte spürt. Corinth hebt das Unmenschliche dieses Geopfertwerdens hervor. Horst Schwebel schreibt: »Christus wird gesehen als Kreatur, die wie ein Tier beim Tötungsvorgang Blut verspritzt und deren Gesicht bereits tierähnliche Züge angenommen hat. Corinth stellt Christi Sterben als Brutalität hin, die nahezu außerhalb der menschlichen Dimension steht und die Christus bis zum Tier erniedrigt.«[57]

Wie wichtig das Bild Corinth war, sieht man daraus, daß Corinth es in einer Zeichnung mit Lithographiekreide wiederholt hat, die sich jetzt in Berlin befindet (1923). Deutlicher als beim Gemälde ist hervorgehoben, daß Christus nach oben blickt, zur Sonne, zum Vater, daß es also noch immer Hoffnung gibt. Aus demselben Jahr stammt auch eine Lithographie, die die Figuren um den berittenen Hauptmann erweitert. Formal arbeitet Corinth hier mit den Mitteln der Tonalität. Gewischte Flächen verleihen dem Bild etwas Visionäres. Es ist eine der bedeutendsten Druckgraphiken des Künstlers.

1925, wenige Monate vor seinem Tod, hat Corinth die Konzeption des Aquarells aus dem Jahr 1913 aufgenommen und einen »Ecce homo« geschaffen (heute in Basel). Der gefesselte Christus wird von Pontius Pilatus, der auf ihn weist, und von einem Kriegsknecht der Menge – und damit auch uns – vor Augen gestellt. Das Bild wendet sich unmittelbar an den Betrachter; Horst Uhr spricht davon, daß es in einen »Dialog« mit ihm tritt.[58] Christus wird durch das blutrote Gewand hervorgehoben, während die beiden anderen Gestalten, Pilatus im weißen Kittel und der Ritter in weiß gehöhter grauer Rüstung zurücktreten. Die fahrige Pinselführung des Bildes ist Kennzeichen der allerletzten Werkphase. Auch dieses Bild hat Corinth in einer Radierung wiederholt.

Aus den letzten Lebensmonaten stammt ein Pastell des Schmerzensmannes bzw. seines Antlitzes in Rot vor einem blauen Hintergrund. Darunter hat Corinth die Anfangsworte des Liedes geschrieben:

»O Haupt voll Blut und Wunden,
voll Schmerz und voller Hohn!«

Darunter: »Lovis Corinth 1925.«

Charlotte Behrend Corinth, die Frau des Künstlers, hat das Bild bei der Herausgabe der Selbstbiographie als letztes Bild publiziert. Das Buch enthält ausschließlich Bildbeigaben mit Selbstbildnissen. Im Vorwort spricht sie von dem »erschütternden Selbstbildnis – das letzte – das merkwürdigerweise sich mit dem Schlußdatum seiner Aufzeichnung berührt.«[59]

Eine ganz verwandte Pastellzeichnung des Schmerzensmannes aus derselben Zeit tauchte vor einigen Jahren im Münchner Kunsthandel auf. Sie zeigt den Oberkörper eines Gekreuzigten in Rot, Braun und Türkis und ist signiert und mit »Mai 1925« datiert. Corinth hat sich ganz auf das Antlitz des Schmerzensmannes konzentriert, der Oberkörper ist nur angedeutet, die Arme sind wie bei einem jansenistischen Kreuz fast senkrecht erhoben. Ein paar Striche stehen für den Querbalken des Kreuzes; von den Händen fallen Blutstropfen auf das Haupt Jesu.[60]

Diese beiden Bilder bestätigen nochmals, wie sehr sich der späte Corinth im leidenden Jesus wiedererkennt. Das darf nicht als Glaubenszeugnis mißverstanden werden. Sicher war Corinth ein Leben lang, vor allem in der Spätzeit von der Bibel berührt. So heißt es in der Selbstbiographie anläßlich des späten »Ecce homo«: »Ich stehe vor einem großen Bilde. Es wird ein Ecce homo. Ich will es ausführen, die Osterzeit hat meine Spannkraft erhöht. Ich hänge künstlerisch mit den Geschehnissen der Bibel und ihren Feiertagen zusammen.«[61] In demselben Buch finden sich aber auch die Worte, die sich – am 11. November 1918 geschrieben – auf die Niederlage Deutschlands im Ersten Weltkrieg beziehen, die in Corinth geradezu eine Weltuntergangsstimmung auslöst: »Wäre ich gläubig, könnte ich mich trösten, daß wir zuviel gesündigt haben.«[62] Corinth war einer, der im Passionschristus einen Bruder im Leiden gesehen hat.

Der Mechanik des Schreckens ausgeliefert

Ernst Barlach (1870–1938) war Bildhauer, Zeichner und Schriftsteller. Ein Schlüsselerlebnis für ihn wurde die Reise nach Rußland 1906: die Weite der Landschaft, die einfachen Menschen, Bäuerinnen, Bettler, Vagabunden beeindruckten ihn tief und beflügelten seine Gestaltungskraft. Er ward sich seiner Möglichkeiten bewußt und gewann seinen eigenen Stil, der seinen Ausdruck in kraftvoll-gedrungenen Einzelfiguren und Gruppen fand. Dem entsprachen die breit hingesetzten Kohlezeichnungen.

1914 wurde Barlach von einer Woge nationaler Begeisterung mitgerissen. Er wollte sich »nützlich machen« und schuf Zeichnungen für die von Paul Cassirer zuerst wöchentlich, dann vierzehntäglich herausgegebenen Kriegsflugblätter, die dort als Lithos erschienen: »Heiliger Krieg« – ein stürmender Berserker, »Erst Sieg, dann Frieden« – eine ins Übermenschliche hinauswachsende Gestalt wehrt einen Flehenden ab, »Sturmangriff« usw. Auf dem Blatt »Und wenn die Welt voll Teufel wär« ist Luther groß ins Bild gesetzt, neben ihm der Versucher, der auf eine Vergewaltigungsszene im Hintergrund weist. Doch bereits im Verlaufe des Jahres 1915 verflog die Begeisterung angesichts der Schrecken des Krieges. Zeugnis davon legen Barlachs Tagebücher ab, die man »ein Dokument entscheidender innerer Wandlung« genannt hat.[63] Ab 1916 gab Cassirer die Folge von Lithographien »Der Bildermann« heraus. Ein Blatt zeigt eine von Schwertern bedrohte weibliche Figur: »Dona nobis pacem«.

6 Karl Schmidt-Rottluff, Christus verflucht den Feigenbaum, 1918

In diesen Kriegsjahren wird die Gestalt Christi für Barlach wichtig. Am 15. Mai 1915 zeichnet er einen »Christus am schrägen Kreuz«. Am 20. Oktober 1916, dem Jahr, in dem in Verdun Hunderttausende sinnlos abgeschlachtet wurden, erschien im »Bildermann« die Lithographie: »Anno Domini MCMXVI post Christum natum«. Der Versucher zeigt Christus das Meer von Kreuzen auf den Hügeln des Schlachtfelds. Seine massige Gestalt drängt sich gegen Christus vor, der schmal, gebeugt, mit hilflosem Gesichtsausdruck und verkrampften Händen vor ihm steht. Das ist kein siegreicher Christus, sondern einer, der der Not der Menschen ohnmächtig begegnet. Am 3. Oktober notiert Barlach in seinem Tagebuch: »Ich habe heute ... eine Zeichnung dem Bildermann geschickt – Christus wird vom Teufel auf einen Berg geführt, und er zeigt ihm die Reiche der Welt und ihre Herrlichkeit (lauter Kreuze, soweit das Auge blickt). Im Mittelgrund ragt Golgatha mit drei leeren Kreuzen. Text: ›1916 nach Christi Geburt.‹ Der Teufel sagt: ›Deine lieben Christen sind doch teufelsmäßig gelehrig‹.«

1918 schuf Barlach seine ersten Holzschnitte. Im folgenden Jahr entstand »Christus in Gethsemane«. Christus ist kniend, mit aufgestützten Armen und übereinandergelegten Händen dargestellt. Sein Gesicht ist von Angst gezeichnet, es ähnelt dem Antlitz des Christus auf der Lithographie des Jahres 1916. Die Ölbäume im Hintergrund sind vom Sturm erfaßt, sie biegen sich über den vereinzelt schlafenden Jüngern.

1918 beauftragte das Preußische Kultusministerium Barlach mit der Schaffung eines Kruzifixes für Sammelgräber im Osten. Friedrich Schult schreibt dazu: »Zwei Entwürfe, Gips, entstanden 1918. Die Kommission, der auch der Generalquartiermeister von Stein angehörte, entschied sich für den ersten, strengeren Entwurf; da die letzte Entscheidung jedoch bei der Kaiserin stand, bat man den Künstler vorbeugend um eine gemilderte zweite Fassung. Die Angelegenheit verlief bei den schnell gewandelten Zeitläufen im Sande.« Schult bezieht sich auch auf ein Gespräch im Kultusministerium, an das sich Barlach erinnert: »Man gab mir zu bedenken, es wäre schließlich doch zu fragen, wie sich mein Christus mit dem Begriffe seiner göttlichen Herkunft schlechterdings vertrage. Ich antwortete: Ich habe noch keinen Gott gesehen!«[64]

Das Gipsmodell hat sich erhalten.[65] Nach diesem Modell sind später 5 Bronzegüsse entstanden. Vier davon sind in der Zeit der Weimarer Republik im Dom von Güstrow, in der Rembertikirche in Bremen, in der Vicelinkirche in Lübeck und in der Elisabethkirche zu Marburg aufgestellt worden. Das Marburger Kruzifix hatte eine merkwürdige Geschichte: es mußte in der Ära des Nationalsozialismus – trotz des Protestes der Kirchengemeinde – entfernt werden, wurde aber von einem jungen Baurat versteckt und gelangte so nach dem Krieg wieder in die Kirche.[66]

Das Bronzekruzifix, nach der »gemilderten, zweiten Fassung« gegossen, ist ein stilles Werk. Der Corpus ist frontal gegeben, nur die Beine sind leicht seitlich angewinkelt, die Arme weit ausgespannt, das Antlitz gefaßt und unbewegt vom Schmerz. »Die Darstellung bleibt abweisend, herb und würdig ihres Gegenstands.«[67] Das Hoheitsvolle des Barlachschen Kruzifixes ruft Erinnerungen an romanische Großkreuze wach, wo auch der verhaltene Gesichtsausdruck, die Frontalität des Oberkörpers und die seitlich angewinkelten Beine des öfteren begegnen (z.B. beim Kreuz des Klosters Nonntal in Salzburg).

Einen Höhepunkt im Schaffen Barlachs markiert die Plastik »Das Wiedersehen (Christus und Thomas)« aus dem Jahr 1926, die in zwei Fassungen, in Holz und Bronze, existiert. Christus umarmt den Jünger, der ihm prüfend ins Auge blickt: »Bist du es wirklich?« Dieser Christus ist nicht mehr hilflos, sondern stützt den Jünger, gibt ihm Halt.

Ab 1927 erhielt Barlach große öffentliche, auch kirchliche Aufträge: 1927 entstand das Ehrenmal im Güstrower Dom, 1928 »Der Geistkämpfer« vor der Nikolaikirche in Kiel, 1929 die Gruppe in Magdeburg, 1931 das Hamburger Ehrenmal, dann der Entwurf für die Nischenfiguren von S. Katharinen in Lübeck, von denen allerdings nur drei ausgeführt wurden. Von Anfang an stießen diese Werke auf den Widerstand rechtsgerichteter Kreise, sie mußten allesamt in der Zeit der nationalsozialistischen Herrschaft entfernt werden. Barlach, der das alles noch erleben mußte, starb 1938.

Wie ist die Christusgestalt bei Barlach zu deuten? Sicher ist er nicht der Sieger über Tod und Teufel; er ist vielmehr ganz eingegangen in die menschliche Not, kennt Anfechtung und Zweifel. Barlach selbst notiert 1921: »Ich kann mir vorstellen, daß Christus am Kreuz hängt und im Angesicht der Erde fliegt und leiden muß, solange die Menschen bleiben, wie sie sind. Er wartet in seiner Pein, bis seine lieben Christen sich entschließen, ihn, ihren Erlöser, ihrerseits zu erlösen, indem sie anders werden als sie sind. Aber sie werden eher meinen, daß er sich endlich davonmachen möge, denn sie feiern bald ihr zweitausendjähriges Jubiläum, und das feiert sich ohne Zweifel bequemer ohne Christus als in seiner Gegenwart.«[68]

Barlach hat »noch keinen Gott gesehen«. Er ist sich zutiefst der Undarstellbarkeit, ja Unbenennbarkeit Gottes bewußt. Am klarsten hat er das in seinem Drama »Die Sündflut« (1924) formuliert: »Ich schäme mich von Gott zu sprechen und auch sonst sprach ich nie von ihm. Das Wort ist zu groß für meinen Mund. Ich begreife, daß er nicht zu begreifen ist, das ist all mein Wissen von ihm.«[69] Der Glaube Barlachs ist »von einer Art, die sich immer weniger formulieren läßt, der es unabweisbares Bedürfnis ist, sich in solcher Freiheit zu bewegen, daß sie Andersgewohnten, nach beglückender Begrenzung und Sicherheit Verlangenden als schlechter Glaube, ja als Ungläubigkeit erscheinen muß.«[70]

In eindrucksvoller Weise hat Barlach solchen Grundhaltungen Ausdruck verliehen. 1931 entstand »Der Zweifler«, ein Bronzeguß nach einem Gipsmodell: ein kniender Mann, die Arme vor dem Körper verschränkt, mit gramvoller Miene. Ein ganz ähnlicher »Zweifler«, nun in Teakholz, entstand 1937.

Für den »Fries der Lauschenden« schuf er 1934 das Eichenholzrelief »Der Gläubige«, ein stehender Mann, in ebenmäßig herabfallenden Gewand, die Hände zum Orantengestus geöffnet, mit verzückt nach oben blickendem Antlitz. Die Figur reiht sich ganz selbstverständlich in den Fries ein, der ursprünglich für ein Beethovendenkmal konzipiert war, doch später – als es zu dessen Ausführung nicht kam – von Hermann Reemtsma in Auftrag gegeben und in Eiche ausgeführt wurde. Zu den neun Figuren gehören so eindrucksvolle Figuren wie »Die Tänzerin«, »Die Träumende«, »Die Pilgerin« oder »Der Empfindsame«. Es sind Darstellungen menschlicher Grundbefindlichkeiten und Existenzmöglichkeiten. In diesen späten Jahren entstanden auch ein »Lehrender Christus« (1931) und eine »Pietà«,

7 Georges Rouault, Seigneur c'est vous, 1918/27

Figuren, die ebenso in eine Kirche hätten gelangen können wie der Kruzifixus. Doch dafür waren die Gemeinden damals nicht reif.

Im Frühwerk von MAX BECKMANN (1886–1950) spielt die Gestalt Jesu eine wichtige Rolle. Schon 1906 stellt er das »Drama« der Kreuzigung dar, ein Bild, das verloren ist. Erhalten hat sich der Entwurf, eine kraftvolle Bleistiftzeichnung. Die drei Kreuze sind hoch aufgerichtet, darunter spielt sich eine dramatische, aber undurchsichtige Szene ab. Es sind vier Aktfiguren. Zwei Personen scheinen eine Frau, die sich genau unter dem Kreuz befindet, wegzuzerren (ist sie Maria Magdalena?), am rechten Bildrand steht ein junger Mann mit gekreuzten Beinen und zurückgeworfenem Kopf, offensichtlich ein Klagender (Johannes?). Schon hier fällt auf, daß Beckmann die überlieferte Ikonographie aufgibt. 1908 malt er eine »Auferstehung«, deren dichtes Gedränge von Leibern an Bilder von Rubens erinnert. Die nackten Leiber der Auferweckten streben nach oben. Unten auf der Erde betrachten Beckmann und seine Angehörigen – seine Frau und seine Schwiegermutter, die Pfarrersfrau – das Wunder, er selbst skeptisch, die Schwiegermutter in hingerissenem Staunen. In der »Kreuztragung« von 1911 trägt Jesus das Kreuz nicht, sondern es wird ihm auferlegt, seine Arme hängen herunter. Er wird vom Pöbel verspottet. Das eindrucksvollste Passionsbild dieser Zeit ist eine »Kreuzigung«, in der Jesus mit den beiden Schächern zu ebener Erde gekreuzigt ist, so daß der Betrachter unmittelbar mit ihm konfrontiert ist. Im Jahr 1911 entstehen auch sechs Lithographien zum Neuen Testament, u. a. »Die Bergpredigt«.

Auch wenn all diese Bilder Malerei im besten Sinne des Wortes sind, verlassen sie nicht den üblichen Rahmen von Historienbildern. Das Schockerlebnis, das Beckmann aus seiner bürgerlichen Selbstsicherheit reißt, ist der Erste Weltkrieg, den er anfangs als Sanitäter miterlebt. Von einer Kriegsbegeisterung wie bei Barlach ist bei ihm nicht die Spur zu bemerken. Schon am 24. September 1914 schreibt er in einem Briefe: »Es ist ein wildes Leben, was ich heute führe, nirgends ist mir der unsagbare Widersinn des Lebens deutlicher geworden«.[71] Oder am 18. April 1915: »Und überall das Heulen der Geschütze. Es handelt sich um irgendeine Revanche, da der Gegner uns irgend etwas, eine Höhe abgenommen hat. In Wirklichkeit handelt es sich darum, die schon so kurze Lebensdauer einiger hundert Menschen endgültig zu regeln.«[72]

Auf den Verbandsplätzen wurde er Zeuge schrecklicher Verwundungen, was ihn psychisch aufs äußerste belastete, so daß er schließlich entlassen wurde. Die Erlebnisse des Krieges führten ab 1916 auch in seiner Malerei zu einem markanten Wandel: sein Stil wurde härter, eckiger. Noch im Krieg entstanden zwei Christusbilder, die für lange Zeit die letzten blieben. Da ist einmal »Christus und die Sünderin«. Christus füllt die ganze Höhe des Bildes, die Mittelachse bildend. Er schirmt die neben ihm knieende Sünderin, deren rotes Kopftuch den stärksten Farbakzent bildet, gegen die Soldaten ab, die schon auf ihre Verhaftung warten. Ihnen entspricht auf der anderen Seite ein höhnender Mann mit einer Spottgeste, die an Deutlichkeit nichts zu wünschen übrigläßt.

Während auf diesem Bild Christus eine beschützende Gestalt ist, konfrontiert uns die »Kreuzabnahme« (ebenfalls 1917) auf bedrängende Weise mit einem Leichnam. Zwei Männer nehmen den toten Leib Christi, der als mächtige Diagonale das ganze Bild ausfüllt, vom Kreuzesholz ab. Scheinbar wird er – wie auf Bildern des späten Mittelalters, mit denen Beckmann sich immer wieder auseinandersetzte – zur Verehrung dargeboten. Zwei kniende Frauen, deren eine entsetzt abwehrend die Hand erhebt, bilden das Pendant zu den Männern. Die Farbigkeit ist aufs äußerste reduziert: es dominiert die fahle Leichenfarbe des toten Leibes, der Hintergrund ist hell, das Gewand der einen Knienden weiß, während die andere Frau eine rote Bluse und einer der Männer ein schwarzes Gewand trägt. Der Leichnam Christi ist in Totenstarre gegeben, eine seiner Hände durchstößt die schwarze, blutrot umrandete Sonnenscheibe. Der Gesamteindruck ist ein gespenstischer. Der Betrachter wird sicher nicht zu frommer Verehrung gestimmt, sondern eher – mit der einen der Frauen – zu einem entsetzten Abwehrgestus gegenüber dem Grauen und dem Tod.

Zur selben Zeit arbeitet Beckmann an einer riesigen »Auferstehung«, womit die Auferstehung der Toten und nicht die Christi gemeint ist.[73] Es handelt sich um ein Katastrophenbild, das an einen Weltuntergang gemahnt. Das Bild wurde nicht vollendet. Beckmann konnte mit den bisherigen künstlerischen Mitteln nicht mehr weiterarbeiten. Das Bild blieb aber eingerollt immer in seinem Atelier gegenwärtig.

Zeugnis des endgültigen Stilbruchs, der nun erfolgt, ist die 1918 während der letzten Kriegsmonate entstandene »Nacht«, eines der entsetzlichsten Bilder unseres Jahrhunderts. Eine Verbrecherbande hat eine hilflose Familie in einer engen Dachkammer überfallen und massakriert sie auf sadistische Weise. Die Unheimlichkeit des Geschehens wird – und das ist das Neue an diesem Bild – durch die Undurchschaubarkeit der räumlichen Situation bis an die Grenzen des Erträglichen gesteigert. Die Komposition wird durch Schrägen und Diagonalen bestimmt – seit jeher Momente der Destabilisierung. Nach unten fällt der Boden steil ab, wodurch die ganze Szene in den Abgrund zu stürzen scheint. Der rätselhafte Raum erhält den Charakter eines Käfigs, der sich nach unten öffnet. Die Vermutung drängt sich auf, daß es sich hier um ein Existenzbild handelt, um eine Gesamtauffassung des menschlichen Lebens. Es geht um seine Schrecken, seine Rätselhaftigkeit, seine Bedrohtheit. Der Mensch ist einer Mechanik des Schreckens ausgesetzt, die er nicht durchschaut.

Was hat dieses Bild, dem in den nächsten Jahren ähnliche folgen, mit unserem Thema zu tun? Sehr viel! Beckmann ist zutiefst vom »unlösbaren Widersinn« des Lebens betroffen.[74] Es scheint keinen Ausweg aus dieser Situation zu geben. Dunkle Mächte bestimmen das Schicksal des Menschen. Mit dieser Weltsicht dürfte es zusammenhängen, daß nun das Christusthema für 25 Jahre aus Beckmanns Schaffen verschwindet. Konventionelle Historienbilder genügten dem Künstler nicht mehr. Wohl gibt es Ende der zwanziger Jahre Bilder, die die Schönheit der Welt verherrlichen. Doch 1933 verdüstert sich der Horizont wieder. Max Beckmann wird als einer der ersten nichtjüdischen Künstler seiner Professur enthoben. Er gilt nun als »entarteter Künstler« und emigriert wenige Jahre später nach Amsterdam. Das alles tut seinem Schaffen keinen Abbruch, ganz im Gegenteil. Die neun Triptychen seiner beiden letzten Lebensjahrzehnte stellen einen Höhepunkt nicht nur in seinem Werk, sondern in der ganzen Malerei unseres Jahrhunderts dar. Das Triptychon geht als Form auf den mittelalterlichen Flügelaltar zurück. Klaus Lankheit nennt es eine »Pathosformel«; Beckmann wählte diese Form dann, wenn er einem Bild einen besonderen Rang geben wollte.

Auf einem dieser Triptychen mit dem Titel »Schauspieler« aus dem Jahr 1942 taucht nun nach so langen Jahren wieder die Gestalt Christi auf. Die Mitteltafel versetzt uns in die Situation einer Theaterprobe. Im Mittelpunkt steht ein Schauspieler mit einer Königskrone als Verkörperung der künstlerischen Existenz. Er spielt seine Rolle mit großem Ernst: er hat sich mit einem Schwert eine Wunde zugefügt, die heftig blutet. Von seinem Ernst sticht die Haltung der Mitspieler ab, die zum Teil noch Alltagskleidung tragen und ihr Rollenmanuskript in Händen halten. Sie nehmen die Sache nicht so tragisch. Ein häßlicher Zwerg feixt eher befremdet am linken Rand der Bühne. Friedhelm Fischer deutet die Szene so: »Das Ganze läßt sich als ein Gleichnis auffassen, in dem die verzweifelte Rolle des engagierten Künstlers dargestellt wird. Gerade weil es ihm ernst ist, gerät er in einen tödlichen Widerspruch zu seiner Umgebung. Eine solche Parabel ließe sich sehr gut auf das Selbstverständnis Beckmanns beziehen.«[75] Fischer hebt auch Analogien zu anderen Königsdarstellungen Beckmanns hervor, wo dieser immer als tragische Figur erscheint. Darin sieht er auch eine Beziehung zur Ecce homo-Thematik: »Die verborgene Königswürde ist für Beckmann zugleich ein Stigma, sie bedeutet Leiden.«[76]

Auf dem linken Flügel des Bildes ist Christus hoheitsvoll, mit lehrender Geste einem Krieger mit Hellebarde gegenübergestellt. Seine Gestalt ist auf die Hauptfigur der Mitteltafel bezogen, auf den Schauspieler, der mit letztem Engagement seine Rolle spielt: sein Leben einzusetzen für die Kunst. So wird der Einsatz der ganzen Existenz, den er leistet, mit dem Einsatz Christi in Beziehung gesetzt.

Wenige Jahre später entsteht die Lithographie »Christus und Pilatus« (1946). Das große Blatt ist ganz auf das Gegenüber der beiden Gesichter konzentriert. Christus, der Leidensmann mit der Dornenkrone, ganz in sich gekehrt, en face, und der brutale Vertreter der Macht, im Profil. Auffällig ist, daß Beckmann dem Pilatus seine eigenen Züge geliehen hat. Horst Schwebel hat für viele Werke unseres Jahrhunderts eine treffende Begriffsprägung gefunden, wenn er von einer Ich-Identifikation (z. B. Ensor) oder einer Du-Identifikation (z. B. Hrdlicka) des Künstlers mit Christus spricht.[77] Hier haben wir es weder mit dem einen noch mit dem anderen zu tun, vielmehr identifiziert sich der Künstler mit dem Schuldigen, der Mitverantwortung für dieses Leiden trägt. Im Hintergrund ist eine Leiter angedeutet: bei Beckmann häufig ein Transzendenz-Symbol.

Zwei Jahre vor Beckmanns Tod entsteht »Christus in der Vorhölle« (1948). Christus wird im Profil gezeigt, mit apollinisch schönen Zügen, die Dornenkrone wie eine Königskrone tragend, die Hand weisend erhoben. Hinter ihm ein Kopf mit schreiendem Mund, vor ihm die flackernde Kerze als Symbol des Lebens, dahinter eine Frau mit erhobenen Armen und zwei kleine Männerköpfe – die Menschen in der »Vorhölle«. Zur Rechten – als Gegenfigur zu Christus – ein grimmiger Wächter mit dem Schwert, der den Ausgang bewacht und verstellt. Die »Vorhölle«, so darf man annehmen, ist für Beckmann Chiffre der Situation des Menschen auf Erden, die ihm immer als Kerker und Gefängnis erschienen ist – wenn auch mit »fabelhaften« Verlockungen, die zugleich tiefer ins Elend stürzen.

Christus erscheint auf diesen späten Bildern als autoritative Gestalt. Er ist das Gegenbild zu den Mächten dieser Welt. Man darf ihn wohl als Zeichen der Hoffnung deuten. Diese Hoffnung blieb Beckmann allerdings bis zuletzt fragwürdig. Noch am 17. Juli 1950, wenige Monate vor seinem Tod, kritzelte er in sein Tagebuch: »Gewiß, etwas wirklich Erderlösendes ist kaum zu erhoffen, aber wenigstens blieb uns der Protest gegen den ›scheinbaren‹ Wahnsinn des Cosmos. – Das war das Letzte, womit man seine Existenz noch einigermaßen rechtfertigen, mit dem man noch leben konnte ...«[78]

Symbol des jüdischen Schicksals

Marc Chagall (1887–1985) stellt uns eine Welt innerer Gesichte, eine erträumte, paradiesische Welt vor Augen. Sie erscheint nicht, wie sie sich dem Auge darbietet. Das Unten und das Oben kommuniziert miteinander: Fische schwimmen im Himmel, Häuser stehen auf dem Kopf. Auch der wandernde

8 Ernst Barlach, Christus in Gethsemane, 1919

Jude mit seinem Sack auf dem Rücken schwebt über der Stadt (»Über Witebsk«, 1922). Und das Liebespaar fliegt engumschlungen durch das Fenster aus dem Zimmer.

Das ist die Bildwelt Chagalls, wie sie uns spätestens seit den zwanziger Jahren begegnet. Das Mittel, dessen er sich bedient, um sie aufzubauen, sind Bildsymbole. Für Witebsk, sein russisches Heimatstädtchen, stehen die Holzhäuser und die orthodoxe Kirche, für Paris die Kathedrale Notre Dame oder der Eiffelturm. Sehr häufig finden sich Tiere: der Hahn, der Fisch, die Kuh, der Esel, die Ziege. Merkwürdig: oft spielen Tiere auf einer Geige. Gerade das mag uns den Sinn dieser Bildsymbole erschließen: »Das Tier, die Kreatur, steht für Chagalls Empfinden noch in reinem Einklang mit dem Grundakkord der Schöpfung – um dieses reinen Einklangs willen die Geige.«[79] Chagalls Tiere stammen aus dem Paradies, sie verkörpern eine heile Welt. Vielleicht ist Chagall deshalb so populär, weil er der tiefen Sehnsucht des heutigen angstgeschüttelten und tief verunsicherten Menschen nach der heilen Welt entgegenkommt. Dadurch unterscheidet er sich von den zahlreichen Künstlern der Gegenwart, die sich mit den Schrecken unseres Jahrhunderts auseinandersetzen.

Chagall kommt aus einer ganz anderen Welt wie die meisten Künstler unseres Jahrhunderts. Es ist die damals noch sehr geschlossene Welt der jüdischen Gemeinde von Witebsk. In seiner Autobiographie erinnert er sich: »Um mich her kommen und gehen, drehen und wenden sich oder trotten gemächlich alle Arten von Juden, alte und junge, die Jawitschs, die Bejlins.«[80] Zur Welt der Kindheit gehören die Feste des jüdischen Jahres. Am Tage des Versöhnungsfestes kommt der Vater, der sich sonst als einfacher Arbeiter plagen und Heringsfässer rollen muß, dem Kind vor wie der Prophet Elias. Am Abend gehen sie alle in den Tempel, wie hier die Synagoge genannt wird: »Langsam, feierlich entfalten die Juden ihre heiligen Mäntel, voll von den Tränen des ganzen Gebetstages. Ihre Kleider breiten sie aus wie Fächer. Das Murmeln ihrer Stimmen dringt in die Bundeslade hinein, deren Pforten bald geöffnet, bald geschlossen sind. Ich ersticke, ich rühre mich nicht. Endloser Tag! Nimm mich hin, laß mich Dir näher sein. Sag ein Wort, erklär Dich! Wenn es Dich gibt, entrücke, entflamme mich, mach mich mondtrunken, schließ mich neben der Thora in den Altar, tu irgendetwas, Gott, in meinem, in unser aller Namen!«[81]

Die religiöse Welt der Kindheit war geprägt vom Chassidismus, der jüdischen Erneuerungsbewegung, die uns Martin Buber erschlossen hat. Diese Bewegung, von Baalschem-tow anfangs des 18. Jahrhunderts gegründet, ist eines der erstaunlichsten Phänomene der Religionsgeschichte. »Das, was die Eigentümlichkeit und die Größe des Chassidismus ausmacht, ist nicht eine Lehre, sondern eine Lebenshaltung, und zwar eine gemeindebildende und ihrem Wesen nach gemeindemäßige Lebenshaltung.«[82] Das Leben, das er lehrt, ist nicht Askese, sondern Freude in Gott. Sie stammt aus der Begegnung mit Gott, die an jedem Ort und zu jeder Zeit möglich ist. Die Grundhaltung, die aus der Überzeugung dieser Frommen stammt, daß Freude allein wahrer Gottesdienst sei, hat wohl auch Chagall geprägt. Er braucht dazu keine religiösen Motive; im Chassidismus gibt es ja auch keine Trennung einer »profanen« und einer »sakralen« Welt. Das brüderliche Verhältnis zu allen Dingen und allen Wesen, das aus Chagalls Werk spricht, hat er in seiner Kindheit mitbekommen.

Chagall ist allerdings kein chassidischer Frommer mehr, er ist der Enge der Welt von Witebsk entwachsen, ist Weltbürger geworden, und doch ist er der Grundhaltung zur Welt treu geblieben, die ihm in der Kindheit vermittelt wurde. Er selbst sagt dazu: »Es stimmt, daß meine ganze Familie einer chassidischen Gemeinde angehört hat. In Witebsk gab es sogar einen der berühmten Rabbis. Ich denke aber nicht, daß meine Malerei im wesentlichen ein mystisches oder auch nur ein religiöses Glaubensbekenntnis ist. Mystik und Religion haben in der Welt meiner Kinderzeit eine große Rolle gespielt und haben Spuren in meiner Kunst hinterlassen, wie alles, was zu dieser Welt gehörte. Immerhin habe ich seit meinem Aufbruch aus Witebsk auch andere geistige Welten kennengelernt.«[83]

Dieser »Aufbruch aus Witebsk« geschah 1910, als Chagall nach Paris, dem Mekka der damaligen Kunst, aufbrach, um vier Jahre dort zu bleiben. Das wichtigste Ereignis dieser Zeit war die Befreiung zur Farbe. Den Umgang mit ihr hat er bei den Vertretern des Fauvismus und des Orphismus, bei Matisse, Derain und

Delaunay, kennengelernt. In Paris hat sich seine zuvor dunkle Palette aufgehellt. Das verdankt er Paris und dem künstlerischen Aufbruch vor dem Ersten Weltkrieg. Doch schon mit dem Kubismus hat er seine Schwierigkeiten gehabt. Er hat sich zwar einige Male darin versucht, doch letztlich blieb ihm der Kubismus fremd. Er war ihm zu rational. Seine Kunst wurzelt im Emotionalen. Man kann auch von einer »naiven« Kunst sprechen, was nicht negativ gemeint ist. Daher ist Chagall auch nur mit Einschränkungen als »moderner« Künstler zu bezeichnen.

In der Pariser Zeit (1912) setzt sich Chagall zum erstenmal mit dem Christusthema auseinander. »Golgotha« (ursprünglich hieß es: »Christus gewidmet«) ist ein rätselvolles Bild jenseits aller überlieferten Ikonographie. Bestimmend ist der kraftvolle Farbklang Rot-Grün. Im grünen Himmel, hinterfangen durch einen riesengroßen ins Gelb übergehenden Sonnenkreis schwebt ein blaues, gekreuzigtes Kind in der Luft. Unter dem Gekreuzigten ein bärtiger Mann (also offenbar kein Jünger Johannes) und eine Frau. Vom rechten Bildrand her kommt ein Mann mit einer Leiter, im Hintergrund ein Segelboot. Man hat viel über dieses Bild gerätselt; unübersehbar ist die freie Umsetzung des Themas in die eigene künstlerische Problematik. Dabei geht es – so ist zu vermuten – um den Zusammenschluß der farblichen und formalen Gegensätze im Bild und um das Symbol des Kindes als Versöhnung der Gegensätze von Mann und Frau.

1914 kehrt Chagall für einige Jahre nach Rußland zurück. Er begrüßt zunächst die Revolution, wird sogar Kunstkommissar und Leiter der Kunstschule in Witebsk, doch kommt es bald zu Konflikten, und Chagall kehrt 1923 nach Frankreich zurück. Immer stärker wendet er sich nun seinem zentralen Thema zu: dem Eros. Es gibt kaum einen Künstler, der den Eros so sehr in Helle, Freudige zu verwandeln vermochte. Immer wieder sind die Liebespaare in traumhafter Versunkenheit und Hingegebenheit dargestellt. Überall dominieren die warmen, leuchtenden Farben, vor allem Orange und Rot. Das Brautpaar in den Bildern ist Chagall selbst und seine Frau Bella, aber es ist zugleich mehr: Bild der Versöhnung der Gegensätze von Mann und Frau, Mensch und Natur, Mensch und Gott. Dahinter steht zweifellos auch die bis auf das Hohe Lied des Alten Testaments zurückreichende Tradition des Judentums, nach der das Mysterium der Geschlechter Gleichnis aller Wirklichkeit ist, Sinnbild auch der Einheit von Gott und Mensch. In dem Bild »Beim Hahnenschrei« (1944) stellt Chagall eine Kuh mit dem Doppelgesicht eines Mannes und einer Frau dar; auf dem Leib des Tieres steht »BALCH« – ein Hinweis auf Baalschem-tow und seine Lehre, daß die Einheit der Liebenden Symbol der Einheit mit Gott ist.

1931 besuchte Chagall mit seiner Frau Bella und seiner Tochter Ida Palästina und blieb zwei Monate dort. Er bezeichnete diese Reise später als den stärksten Eindruck seines Lebens: »Fast unerwartet entdeckte ich die Welt der Bibel und darin einen Teil meines wahren Seins.«[84] In den folgenden Jahren entstanden zahlreiche Gouachen zur Bibel und die Folge der Radierungen, die allerdings erst 1957 veröffentlicht wurde. Thema der Folge ist der Mensch, der in Verbindung mit Gott steht. Er tritt uns entgegen in den Gestalten der Patriarchen und Propheten: Abraham, Mose, David, Jeremia. Gott selbst wird nicht dargestellt. Das Bilderverbot des Alten Testamentes wirkt nach (in der Umgebung Chagalls in Witebsk hielten viele Malen für eine Sünde). Er wird vertreten durch die Engel, die dem Menschen schützend und segnend nahe sind.

Auch Chagall und seine bejahend-freudige Bildwelt konnte nicht unberührt bleiben von der jüdischen Tragödie, die sich in den dreißiger Jahren anbahnte. Symbol für das Leiden seines Volkes wird der Gekreuzigte. 1938, im Jahr der Reichskristallnacht in Deutschland, entsteht die erste einer langen Reihe von Kreuzigungsdarstellungen: »Die weiße Kreuzigung«. Der Gekreuzigte, in der Mitte des Bildes, spannt seine Arme weit aus über dem Geschehen dieser Tage. Rechts oben brennt eine Synagoge; ein Mann in Uniform wirft eine Fackel hinein. Genau unter dem Kreuz leuchtet der vielarmige Leuchter, die Menora. Rechts davon trägt der »ewige Jude« ein paar Habseligkeiten in einem Sack, zur Linken rettet einer das Wertvollste, was er hat: die Thora, während ein Greis mit einem Schild, auf dem ursprünglich stand »Ich bin Jude«, was Chagall dann wieder entfernte, weil es im Bild störte, als Jude gebrandmarkt wird. Auf der linken Seite des Bildes stürmt eine wilde Soldateska ein Dorf, aus dem sich ein paar Leute in einem Boot retten. Über dem Gekreuzigten schweben die Ahnen der Verfolgten, die in Wehklagen ausbrechen. Von oben bricht Licht ein; die helle Farbigkeit des Bildes ist auffällig. Sie verhindert, daß die Katastrophe ausweglos erscheint: im Gekreuzigten ist Sinngebung präsent. Es wäre allerdings voreilig, das Bild christlich zu deuten. Christus trägt einen jüdischen Gebetsschal als Lendenschurz und ist so eindeutig als Jude gekennzeichnet.

Ein Blick auf andere Bilder Chagalls kann die Richtung einer möglichen Interpretation weisen. »Die Gekreuzigten« (1944) zeigt die Straße eines russischen Dorfes, wo vor den Häusern zahlreiche Juden am Kreuze hängen. »Die Kreuzigung in Gelb« (1943) stellt uns Schreckensszenen unserer Tage vor Augen, über denen der Gekreuzigte mit den Tefillin an der Stirn und am Arm und neben ihm die aufgerollte Thora als ein Mahnmal und Versprechen hoch aufgerichtet sind. Die Kreuzigung wird hier nicht als die einmalige Heilstat Christi verstanden; sie ist Symbol für das Leiden als fortdauerndes Schicksal des jüdischen Volkes. Darüber hinaus meint Chagall den leidenden Menschen schlechthin. Leiden ist eine äußerste Möglichkeit menschlicher Existenz. Jesus als der »Mensch mit der tiefsten Leidenserfahrung« (Chagall) ist ein bleibendes Zeichen dafür, daß der Mensch auch im Leiden an der Sinnhaftigkeit des Seins festhalten kann.

In diesen Jahren (1937/48) entstand auch das Triptychon »Widerstand–Auferstehung–Befreiung«. Es hat eine merkwürdige Geschichte: 1937 malte Chagall ein 2 x 3 m großes Bild »Revolution«. Links die kriegerischen Massen, in der Mitte Lenin, der auf einem Tisch einen Handstand macht, rechts Bilder des Friedens: ein Liebespaar, der Künstler vor der Staffelei, ein Flötenspieler, der in einem Kreis herumgeschleudert wird. Dieses Bild hat Chagall wieder vernichtet, erhalten blieb nur eine farbige Ölskizze. Doch alsbald ging Chagall an die Ausführung eines dreiteiligen Bildes, in dem er die Grundkomposition der »Revolution« aufnahm. Allerdings ersetzte er Lenin durch ein Bild des Gekreuzigten. Es mag sein, daß Chagall durch das Triptychon, das erst nach dem Krieg vollendet wurde, sagen will: der Übergang zu einer neuen Welt (wie sie der rechte Flügel darstellt) kann nicht durch äußere Gewalt, sondern nur durch eine innere Revolution geschehen.

9 Lovis Corinth, Pietà, 1920

Um dieselbe Zeit wurde auch »Der Engelssturz« vollendet, ein Hauptwerk Chagalls und zugleich ein Schicksalsbild unseres Jahrhunderts.[85] Chagall hat von 1923 bis 1947 daran gearbeitet, wobei er es allerdings sehr stark verändert hat. Die kompositorische Achse ist eine Diagonale, die von dem Feuerengel, der von rechts oben herabstürzt und dem Rabbiner links unten, der auf die Thora weist, gebildet wird. Mitte des Bildes ist das entsetzt aufgerissene Auge des Engels. Er bringt alles in Bewegung: sein Flügel umloht die Uhr als Sinnbild der Zeit, dann setzt sich die Bewegung in dem Mann fort, der in die Luft geschleudert wird, führt zu dem Rabbiner hinab und über den zweiten Engelsflügel zum Ausgangspunkt zurück. Im Zentrum der kreisförmigen Bewegung steht eine von Düsternis umgebene Sonne. Das Ganze spielt sich vor einem nachtdunklen Himmel ab, unter dem ein winterlich verschneites russisches Dorf liegt. Am unteren Rand sieht man den ruhelos wandernden Juden. Das Bild kündet von einer Katastrophe. Lediglich auf der rechten Seite breitet sich eine Zone der Ruhe aus: in ihr schweben die Mutter mit dem Kind, der Leuchter und der Gekreuzigte.

Die beiden großen Bewegungen, die stürzende Diagonale und die Kreisbewegung, bilden das formale Pendant zur inhaltlichen Aussage, die nicht so leicht zu entschlüsseln ist und sicher auch eine offene Interpretation fordert. Der Diagonale entspricht der Antagonismus: stürzender Engel – aufrecht stehender Rabbiner. Der stürzende Engel nimmt ein biblisches Motiv auf; er ist ein Unheilsengel, wo sein Flügel die Erde berührt, gerät die Welt in Flammen. Demgegenüber verkörpert der Rabbiner die in der Thora gegründete Welt der Ordnung und Sicherheit. Die große Dynamik der Kreisbewegung scheint Unheil zu verkünden. Die Zeit ist aus dem Lot, das Untere wird zuoberst gekehrt. Und doch: auch der Spazierstock des in die Luft geschleuderten Mannes weist auf die Thora; im Rabbiner verfestigt sich die Bewegung und wird unten gar vom »guten« Tier und der Geige, als Sinnbild der Einklang stiftenden Macht der Musik durchbrochen. Merkwürdig ist, daß die Mutter mit dem Kind im Feuerflügel des Engels wie geborgen erscheint. Geht es in dem Bild – über alle zeitgenössischen Bezüge hinaus – auch um eine Deutung der Polarität der Geschlechter?

Der Engel ist als Frau dargestellt, der Rabbiner als Mann. Liegt das Unheil im unversöhnten Gegensatz des männlichen und weiblichen Prinzips? Und verkörpert die Mutter mit dem Kind die Einheit? Wenn diese Deutung richtig ist, erschließt sich uns vielleicht auch der Sinn der Zone des Friedens hinter dem Flügel des Engels. Hier taucht visionär das Gegenbild der zur Katastrophe führenden Trennung auf: die Mutter mit dem Kind, also die Frau als das liebende Wesen, und der Gekreuzigte; zwischen beiden strahlt das ruhige Licht der Kerze.

Im doppelten Liebessymbol der Mutter mit dem Kind und des Gekreuzigten, der das Leiden angenommen hat, ist jene Einheit wiederhergestellt, die Voraussetzung ist für die Überwindung des unheilvollen Gegensatzes, der die Welt zerstört.

In einer eigenen Werkgruppe verbindet Chagall das Christusmotiv mit seiner eigenen Existenz als Maler. Im »Selbstbildnis mit Wanduhr« (1947) – einem Bild von berauschend schöner Farbigkeit – zeigt sich der Maler in seiner Doppelnatur: mit jugendlichem Antlitz in Ultramarin und Türkis und mit einem Eselskopf (Symbol des Unbewußten?) in Rot. Vor ihm auf der Staffelei das Bild eines grünen Christus, dem sich die weiße Braut tröstend zuneigt. Über dem ganzen eine in wilde Bewegung geratene Uhr, aus der zwei Hände herausschauen – ein frappanter Gegensatz zur meditativen Ruhe des übrigen Bildes. Die Einbeziehung des erotischen Momentes in die Kreuzigungsdarstellung mag überraschen, ist aber auf dem Hintergrund der mystischen Tradition des Judentums verständlich. Der bedeutendste Interpret Chagalls, Franz Meyer, schreibt: »Wie jedes Symbol besitzt Christus für Chagall nicht nur einen Sinn. Er ist der jüdische Märtyrer und der jüdische Prophet, er ist der ›Revolutionär‹, der menschliches Schicksal seiner äußersten Möglichkeit nach zu Ende lebt. Er ist der schöpferische Mensch, der jeden Gewinn mit Leiden bezahlt ... Ihm neigt sich das zarte Mädchen zu, die Braut, die Seele ... Christus ist darum auch der Geliebte, dem eine junge Frau zu mystischer Hochzeit entgegenstürzt. Diese Motive sind auf eigenartig verschränkte Weise mit den Selbstbildnissen verbunden. Denn die Figur des Malers und die Figur Christi stehen einander nah. In beiden erkennt sich Chagall selbst, er, der im

Gedicht ›An Bella‹ schrieb: ›Wie Christus bin ich gekreuzigt, mit Nägeln an die Staffelei geschlagen.‹«[86]

Im Krieg emigrierte Chagall in die USA, besuchte aber 1947 Frankreich und kehrte im folgenden Jahr endgültig dorthin zurück. Er fand im südfranzösischen Vence seine endgültige Heimat. Jetzt wagte er sich an große Formate. In dem erstaunlich umfangreichen Spätwerk spielt die Bibel eine zentrale Rolle. Es entstand der Zyklus der »Biblischen Botschaft«, der heute in einem eigenen Museum in Nizza zu sehen ist.

Nach 1956 schuf Chagall auch eine Reihe von Glasfenstern in Kirchen und Synagogen. Ehe er daran ging, studierte er die gotischen Glasfenster in Chartres. Als er den ersten Glasfensterauftrag für die Kirche in Assy übernahm, mußte er erst mit seinen Bedenken fertig werden, ob er als Jude einen Auftrag für eine christliche Kirche übernehmen dürfe. Um jeder Vereinnahmung zu entgehen, setzte er in ein Keramikbild in derselben Kirche die Worte: »Au nom de la liberté de toutes les religions«.[87]

Die bedeutendsten Glasfenster entstanden in der Synagoge der Hadassah-Klinik in Jerusalem. Sie sind den zwölf Stämmen Israels gewidmet. Da das Bild des Menschen in der Synagoge verboten ist, symbolisierte Chagall die Stämme durch die Tiere, die im Jakobssegen genannt sind. Andere Glasfenster entstanden in den Kathedralen von Metz und Reims, in der Fraumünsterkirche in Zürich und in der Stephanskirche in Mainz. Immer wieder begegnen dort dieselben Symbole, die wie Kürzel wirken: David und Jeremia, Maria und der Gekreuzigte. Es muß ausgesprochen werden, daß diese Glasfenster nicht immer dieselbe Überzeugungskraft haben wie sein früheres Werk.

Religionskritik im Bild

Religionskritik spielt in der europäischen Geistesgeschichte seit der Aufklärung eine zentrale Rolle. Schon im 18. Jahrhundert haben französische Denker Kirche und Christentum angegriffen. In Deutschland waren Schopenhauer, Feuerbach, Marx und Nietzsche deklarierte Atheisten, dasselbe gilt für viele Literaten seit Georg Büchner und Heinrich Heine. Es wäre verwunderlich, wenn diese Ideen in der Bildenden Kunst keinen Niederschlag gefunden hätten. Allerdings gibt es eine umfangreiche, kaum mehr zu übersehende Literatur zur Religionskritik in Philosophie und Literatur, während dieser Aspekt in der Bildenden Kunst völlig unbeachtet blieb. Die Forschung steht hier ganz am Anfang, wofür im folgenden einige Hinweise gegeben werden sollen.

Die Religionskritik dieser Zeit ist integrierender Teil der Gesellschaftskritik. Albert Camus hat das so formuliert: »Beinahe alles, was im Händler-Europa des 19. und 20. Jahrhunderts an Wertvollem, zum Beispiel in der Literatur entstand, wurde gegen die Gesellschaft der Zeit geschaffen. Man kann sagen, daß bis etwa zur Französischen Revolution die vorherrschende Literatur im großen und ganzen eine Literatur der Zustimmung war. Vom Augenblick an, da die aus der Revolution hervorgegangene bürgerliche Gesellschaft gefestigt ist, entwickelt sich jedoch eine Literatur der Auflehnung.«[88] Seit der Aufklärung beansprucht Kunst eine »Autonomie«, d.h. sie versteht sich als Selbstzweck, will nicht mehr im Dienst anderer Mächte, sei es des Staates oder der Kirche stehen. Ganz davon abgesehen, daß dieser Anspruch nicht immer realisiert werden konnte – man denke an die staatlich gegängelte Kunst im Dritten Reich oder im kommunistischen Machtbereich – besagt das zwar, daß die Kunst ihren eigenen formalen Gesetzen und Qualitätsansprüchen verpflichtet ist, schließt aber nicht aus, sondern ein, daß sie als autonome Kunst die Gesellschaft kritisiert. Theodor W. Adorno hat das immer wieder betont, wobei er hervorhebt, daß »die Form der Ort des gesellschaftlichen Gehalts« sei.[89] Das sei nicht bestritten, jedoch eingeworfen, daß auch Semantisches als Gesellschaftskritik hinzutreten kann. Form und Inhalt lassen sich nicht trennen.

Unter den genannten Voraussetzungen seien hier einige Anmerkungen zu diesem Problem gemacht, sozusagen Prolegomena zu einem Thema, dem sich die Forschung nicht länger entziehen kann.

Besondere Reibungspunkte zwischen Kunst und Religion, was im europäischen Kontext christliche Religion meint, sind die Blasphemie, das Obszöne und das Aggressive. Für jeden dieser Bereiche sollen hier Beispiele genannt werden, denn Kunst ist konkret.

Das griechische Wort Blasphemie bedeutet »Schmähung«, »Lästerung«. In der griechischen Literatur ist damit sowohl die stärkste Form der persönlichen Verspottung von Menschen als auch die Lästerung der Gottheit gemeint. Im Alten und Neuen Testament und in der Folge bei den Kirchenvätern wird das Wort fast ausschließlich für die Gotteslästerung verwendet.[90] Die Gotteslästerung wirft einige theologische Probleme auf. Zunächst fragt sich, ob Gott sich durch Worte oder Bilder überhaupt beleidigen läßt. Hinter dieser Meinung stehen doch wohl menschlich-allzumenschliche Vorstellungen von Gott. Vielmehr wird man sagen müssen, daß die Lästerung soziogen ist, sich also gegen die Gesellschaft richtet. Durch die Blasphemie sind Menschen betroffen, deren »religiöse Gefühle« verletzt werden, was allerdings ein sehr subjektives Kriterium ist.

Ein Künstler, bei dem man das Problem überdeutlich und auf hohem Niveau studieren kann, ist MAX ERNST (1891–1976). Großes Aufsehen hat seinerzeit sein Bild »Die heilige Jungfrau züchtigt das Jesuskind vor drei Zeugen« (1926) erregt. Seit einigen Jahren befindet es sich im Ludwig-Museum in Köln, wo es nach wie vor für Aufregung sorgt.

Eine Interpretation des Bildes wird beachten müssen, daß es auf vielerlei anspielt. Ich möchte auf drei Bedeutungsschichten hinweisen. Erstens setzt sich Max Ernst als Künstler mit der Kunstgeschichte auseinander, mit der Geschichte des Motivs, das er gewählt hat. Maria wird als mächtige Frau und Mutter dargestellt; ihr Gewand trägt die überlieferten Marienfarben Rot und Blau, die in der Tradition Symbole für Liebe und Reinheit bildeten. Im besonderen aber gilt sein Interesse den Marienbildern des 16. Jahrhunderts, speziell des Parmigianino (1505–1540). Bei ihm begegnet das übergroße, nackte Jesuskind, das bereits einige Jahre alt sein muß. Von ihm her kommt auch die starke erotische Note der Darstellung, wie es die »Madonna dal Collo Lungo« (mit dem langen Hals) in den Uffizien bezeugt. Bei diesem Bild blicken die Engel neugierig auf das Geschlecht des Kindes, das seit der Renaissance als Beweis der Menschwerdung galt[91], was im Manierismus allerdings ins Laszive hinüberspielt.

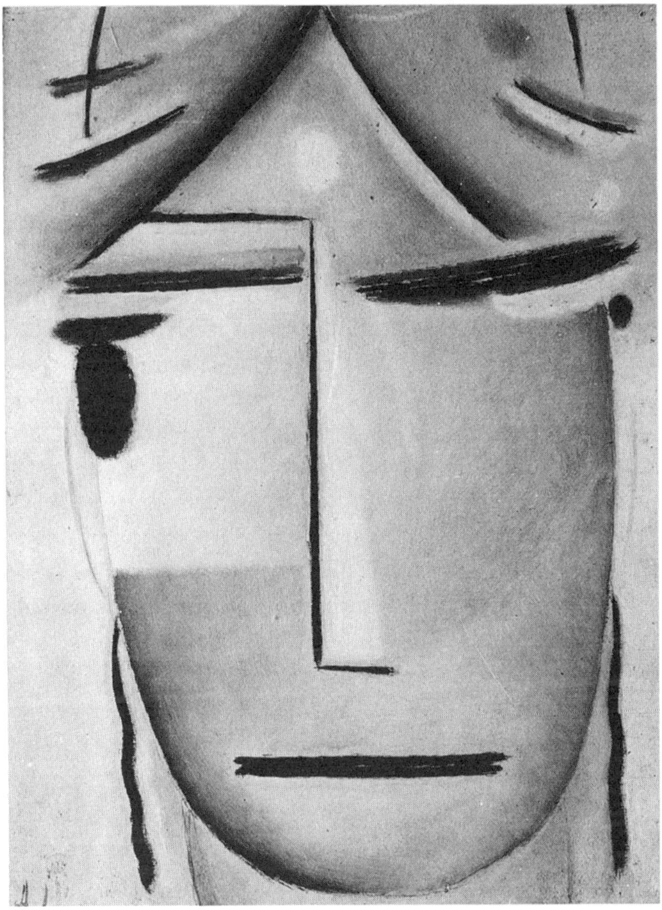

10 Alexej Jawlensky, Stilles Leuchten, 1921

Auf einer zweiten Ebene ist das Bild sicher religionskritisch und blasphemisch. Maria versohlt ihrem Sprößling den Hintern – so respektlos muß man das wohl ausdrücken. Nicht zu übersehen ist, daß dem Kind der Heiligenschein abhanden gekommen ist – er ist zu Boden gefallen. Also ein Moment von Ironie, das für Max Ernst charakteristisch ist. Verstärkt wird das religionskritische Moment durch die arroganten Gesichter von drei Herren, die die Szene mit blasierten Gesichtern betrachten. Es sind die Portraits dreier führender Surrealisten: Andre Bréton, Paul Elouard und Max Ernst.

Doch das Bild hat noch eine dritte Ebene. Die Blasphemie verwandelt sich in Gesellschaftskritik. Der Künstler kritisiert Erziehungsmethoden, die mit angeblich christlichen Motiven gerechtfertigt wurden: »Wer seinen Sohn liebt, züchtigt ihn.« Dagegen protestiert Max Ernst als einer der Betroffenen. Denn einer der Betroffenen war er. Er hatte einen sehr katholischen, sehr strengen und autoritären Vater. Der wollte einen braven Sohn haben; so malte er auch sein Wunschsöhnchen: als blauäugiges und blondgelocktes Jesuskind, in ein rötliches Nachthemdchen gekleidet und mit einem Kreuz in der linken Hand, mit der Rechten die Welt segnend.[92] Doch Max Ernst war kein braves Kind. Es entstand der klassische ödipale Konflikt. Max Ernst, der im Ersten Weltkrieg einrücken mußte, entwickelte sich zum radikalen Kriegsgegner. 1919 gründete dieser Revoluzzer die Kölner Dada-Gruppe. Eine Ausstellung im folgenden Jahr führte zum endgültigen Bruch mit dem Vater. »Ich verfluche dich!« waren die letzten Worte, die der Vater an ihn richtete – fortan hatten sie sich nichts mehr zu sagen.[93]

Das Bild – eines der Hauptwerke des Künstlers – ist für mehrere Deutungen offen, was für die moderne Kunst charakteristisch ist.[94] Man kann es als interessierter Kunsthistoriker betrachten, kann sich als Gläubiger empört abwenden oder auf die Kritik an falschen Erziehungsmethoden betroffen reagieren. Es hängt also weitgehend vom Rezipienten ab, wie er das Bild interpretiert.

Während in diesem Bild die Gesellschaftskritik stark akzentuiert wird, verhält es sich in den drei Collage-Romanen, die in den Jahren 1929–33 entstanden, anders. Hier wird die zweite, weitaus radikalere Form der Religionskritik ins Bild gesetzt, die

Kritik an der Weltordnung, wie sie ist: gekennzeichnet von Unheil und Gewalt. Diese Kritik wendet sich direkt gegen den Gottesglauben, der dafür keine Erklärung bereit hat. Denn – so hatte es schon Pierre Bayle formuliert – entweder kann Gott das Leiden nicht verhindern oder er will es nicht. Im einen Fall ist er nicht allmächtig, im anderen nicht allgütig. Max Ernst stellt sich in die Tradition der Religionskritik der Aufklärung.

Zuerst ein Wort zur Methode, mit der der Künstler arbeitet. Er setzt die Collage auf besondere Weise ein, um bestimmte Wirkungen zu erzielen. Er durchstöbert triviale Romane des 19. Jahrhunderts und schneidet die zugehörigen Holzstichvorlagen auseinander, um sie in neuer und verfremdender Weise zusammenzukleben, wobei absurde Wirkungen entstehen. Er selbst definiert diese von ihm erfundene Form der Collage als »die systematische Ausbeutung des zufälligen oder künstlich provozierten Zusammentreffens von zwei oder mehr wesensfremden Realitäten auf einer augenscheinlich dazu ungeeigneten Ebene«, wobei ein Funke Poesie überspringt.[95]

Hier sei nur auf ein einziges Bild hingewiesen, wir könnten eine ganze Anzahl anführen.[96] Es findet sich in dem Collage-Roman »Une semaine de bonté« (»Eine Woche der Güte«) aus dem Jahr 1933. Der Roman spielt nicht nur auf die politische Situation in Deutschland an, sondern bildet durch die Darstellung überall begegnender Gewalt eine Kritik der »besten aller möglichen Welten« von Leibniz im Stil von Voltaires »Candide«. Gegen Ende des Romans zeigt sich nochmals der Gottvater-Komplex von Max Ernst, die Übertragung seines Vater-Konfliktes auf den himmlischen Vater. Auf der Erde unten, vor dem Panorama einer Berglandschaft, liegen zwei Hände auf einem Blatt Papier. Vom Himmel blickt ein suffisant grinsendes Greisengesicht herab, von dem Lichtstrahlen ausgehen. Während Max Ernst in dieser Folge sonst auf Texte verzichtet, hat er neben diese Darstellung zwei blasphemische Gebete gesetzt. Das eine stammt von Lautréamont (1846–70), jenem französischen Dichter, den die Surrealisten als ihren Vorläufer ansahen: »O schöpfer des weltalls, heute werde ich nicht versäumen, dir den kindlichen weihrauch des morgengebets zu opfern. Manchmal vergesse ichs, und ich habe bemerkt, daß ich mich an diesen tagen außergewöhnlich glücklich fühle; meine brust wird leicht und weit, von jedem zwang befreit. Und ich atme mit wohlbehagen die luft und den duft der fluren.«

Das andere ist eine Persiflage des Gebets des Herrn von Jacques Prévert:

»Vater unser, der du bist im himmel, bleibe dort!

Und wir bleiben hier auf der erde, welche manchmal wunderschön sein kann.«

Ende der zwanziger und Anfang der dreißiger Jahre stand auch PABLO PICASSO (1881–1973) in freundschaftlichem Kontakt mit den Surrealisten, ohne je selbst Surrealist zu werden. In diese Zeit fällt auch seine Auseinandersetzung mit dem Kreuzigungsthema. Zu nennen ist zunächst einmal eine Gruppe von Zeichnungen aus den Jahren 1926, 1927 und 1929. Auffällig ist, daß dabei der Gekreuzigte nicht die Hauptperson ist, oftmals sind nur seine Beine zu sehen. Vielmehr »richtet Picasso seine Aufmerksamkeit auf die Handlungen und Gefühle der Zuschauer.«[97] Die ganze Szene scheint Picasso Gelegenheit zu geben, alle möglichen Linienverschlingungen in ihrer formalen Wirkung zu erproben. Am meisten interessiert er sich für den Hauptmann auf dem Pferd und für Maria Magdalena, auf einigen Zeichnungen werden auch die Gesichter von Zuschauern gezeigt. Auffällig ist das erotische Gebaren der Maria Magdalena. Sie liegt zurückgebeugt unter dem Kreuz und streckt ihre Arme zu ihm empor. Diese zunächst unerklärliche Haltung der Maria Magdalena kehrt in veränderter Weise auf einer späteren Zeichnung aus dem Jahr 1938 wieder, wobei das erotische Moment auf drastische Weise gesteigert wird. Die zurückgebeugte Frau nähert nun ihr Geschlecht dem Gekreuzigten. Sie umfaßt mit den Händen sein Geschlecht und bringt ihn zum Orgasmus. Der Same verspritzt ins Leere. Der Todesschrei Jesu ist zugleich ein Lustschrei. Zur Linken ist eine aggressive Frau zu sehen, die mit den Zähnen an der Nabelschnur Christi reißt. Zur Rechten ist der Hauptmann auf dem Pferd dargestellt. Ganz links ist eine rhomboide Form mit einem schwarzen Klecks in der Mitte zu sehen; von den Ecken gehen drei oder vier Linien – Strahlen – aus. Man hat sie bisher immer als abstrakte Form gedeutet. Doch ist meines Erachtens die Anspielung auf eine alte Symbolik des weiblichen Genitals unübersehbar.

Wie ist diese merkwürdige Zeichnung zu deuten? Zwei Aspekte seien hier hervorgehoben. Zum ersten spielt hier die enge Beziehung von Eros und Tod eine Rolle, die eines der zentralen Themen Picassos bildet. Dabei ist der Tod als einmaliges Ereignis am Ende des Lebens gemeint, aber auch der Tod als sich mehrfach ereignendes Krisenereignis, vor allem in der Tragödie von Liebesbeziehungen.[98] Der Tod bedroht die Liebe, das Bewußtsein seiner Unabwendbarkeit steigert aber auch ihre Intensität.

Zum zweiten ist in diesen Zeichnungen das Verhältnis der Geschlechter zueinander thematisiert. Dieses erfährt im Leben Picassos mehrere Wandlungen. Um 1920, als sein Verhältnis zu Olga Kochlova noch ungetrübt war und ihm sein Sohn Paolo geboren wurde, dominieren die fülligen, archaischen Muttergestalten. Als diese Beziehung in eine Krise kam, findet das auch seinen Niederschlag in der Kunst: es beginnen die Verfremdungen und Verstörungen im Bild einer Frau. Das Verhältnis der Geschlechter wird einerseits als sexuelle Anziehung und andererseits als Kampf dargestellt. Das Motiv des Stierkampfs wird zur Metapher dafür. Im Spätwerk konfrontiert Picasso das strahlend schöne junge Mädchen mit dem häßlichen alten Gnom. Jedenfalls wird man sagen müssen, daß die Kreuzigung in dieser ganzen Reihe von Zeichnungen Vorwand für die Austragung ganz anderer, teils formaler, teils menschlicher Probleme ist.

Ein großes Rätselraten hat es um das kleine Ölbild »Kreuzigung« aus dem Jahr 1930 gegeben. Das starkfarbige Bild, in dem Rot, Gelb und Grün dominieren, zeigt eine schwer entzifferbare Fülle von Details. In der Mitte sieht man eine Gruppe in Weiß: den Gekreuzigten und eine weinende Frau mit aufgerissenem Mund und betont hervorstehenden Zähnen, wie sie auch auf anderen Bildern dieser Zeit begegnet. Einige andere Figuren im Bild erinnern an Gestalten aus der überlieferten Passionsikonographie: die Leiter mit dem Mann, der Jesus ans Kreuz schlägt, die würfelnden Soldaten, die am Boden liegenden Schächer. Die Größenverhältnisse weisen Beliebigkeit auf: der Hauptmann auf dem Pferd, der Jesus die Lanze ins Herz stößt, ist winzig, das merkwürdige grüne Gebilde in der oberen linken Ecke, vielleicht ein Schwamm, ist übergroß. Das Mond-

Sonnengesicht neben dem Gekreuzigten läßt sich schwer einordnen. Das Ganze gleicht eher einer Karikatur oder einem Puzzle als einer ernsthaften Auseinandersetzung mit dem Kreuzigungsthema.

Jedenfalls entsteht der Eindruck, daß die christliche Deutung der Kreuzigung Jesu Picasso völlig fern lag. Ruth Kaufmann hat überzeugend nachgewiesen, daß Picasso sich zu dieser Zeit sehr für die Deutung primitiver Opferriten in den surrealistischen Zeitschriften interessiert hat, vor allem für die Artikel seines Freundes Georges Bataille. Manche Details des Bildes von Picasso weisen auf diese Artikel hin; so wird der Mond-Sonnenkopf mit der spitzen Mütze, die nur auf der Sonne sitzt, von Ruth Kaufmann in Zusammenhang mit dem Mithraskult gebracht. Viele der Figuren werden entmenschlicht, so haben die Würfler unter dem Kreuz vogelartige Köpfe. Alle religiösen Mythen – als solche werden auch die christlichen Überlieferungen gedeutet – werden in den Artikeln in Zusammenhang mit den »irrationalen Aspekten menschlichen Verhaltens« gebracht.[99] Das Bild Picassos macht denselben Eindruck. Es kann als Zeugnis dafür verstanden werden, daß Picasso dem Christentum völlig fremd und verständnislos gegenüberstand.

Dafür spricht auch eine zweite Gruppe von Zeichnungen, die 1932 entstanden ist, nachdem Picasso die Kreuzigung des Isenheimer Altares von Grünewald gesehen hatte. Picasso selbst hat dazu in einem Gespräch mit Brassai gesagt: »Kennen Sie die Kreuzigung des Matthias Grünewald? Ich liebe dieses Bild und ich habe versucht, es zu interpretieren. Aber kaum hatte ich begonnen, es zu zeichnen, ist etwas völlig anderes daraus geworden.«[100]

Die Zeichnungen, die zwischen dem 17. September und dem 24. Oktober 1932 entstanden sind, lassen in der Tat kaum ahnen, daß die Kreuzigung Grünewalds den Ausgangspunkt bildet. Das gilt schon für die erste dieser Zeichnungen vom 17. September, wo der übergroße Christus am Kreuz stark verfremdet wird: die Beine sind plump, die Arme verrenkt und das Haupt mit dem zum Schrei geöffneten Mund fällt zur Seite. Die Assistenzfiguren sind nur zart angedeutet. Ähnliches gilt von einer Zeichnung vom 4. Oktober. Eine zweite Gruppe

11 Marc Chagall, Der Engelssturz, 1923–33–47

von Zeichnungen bietet Kompositionsstudien. Vor schwarzem Grund sind weiße Flächen ausgespart. Der Gekreuzigte in der Mitte und je eine Assistenzfigur links und rechts bilden das strukturelle Gerüst.

Die größte Gruppe der Zeichnungen jedoch transportiert die Kreuzigungsmotivik in einen »danse macabre« von Knochen. Zwei Zeichnungen geben nur die Knochen der mittleren Figur wieder, bei den anderen handelt es sich um die Knochen mehrerer Personen. Bei all diesen Varianten stehen formale Probleme im Vordergrund. Die Verwandlung der Kreuzigung in einen makabren Knochentanz kann aber auch im Zusammenhang mit der Todesthematik stehen, die Picasso zeit seines Lebens stark beschäftigt hat. Der Kreuzigung wird der Aspekt der Erlösung genommen, was bleibt, ist der Tod.

Hat man alle »Kreuzigungsbilder« Picassos vor Augen, so hat man nicht so sehr den Eindruck von Religionskritik oder Blasphemie, als was sie einem christlichen Betrachter erscheinen mögen, sondern eher von einer völligen Fremdheit und Distanziertheit. Das Christentum, so scheint es, ging Picasso, der Françoise Gillot gegenüber bemerkte, er sei seit jeher Atheist gewesen,[101] offenbar nichts an.

Alfred Hrdlicka (geb. 1938) hat expressis verbis Religionskritik geübt. Sein Gesamtwerk trägt gesellschaftskritische Züge, was aus seiner marxistischen Grundüberzeugung hervorgeht. Im Zentrum seines Werkes, seiner Plastiken und seiner Graphiken, steht der Mensch. In seiner Körperlichkeit ist er ein geschlechtliches und sterbliches Wesen, ist »geiles« und »geschundenes« Fleisch. Mit der Fleischlichkeit des Menschen haben es Kunst und Religion, besonders im Katholizismus, zu tun. Hrdlicka sagt: »In der Kunst geht alle Macht vom Fleisch aus.« Ebenso meint er in seiner Erzählung »Anna«, »daß nicht das Wort, sondern das Fleisch im Zentrum des katholischen Glaubens stehe, denn ohne seine Vergänglichkeit gäbe es keine Auferstehung ... Alle Macht im katholischen Glauben gehe vom Fleisch aus.«[102] Oder im Gespräch mit Friedhelm Mennekes: »In Wahrheit ist doch die tiefste religiöse Sehnsucht die nach der Fleischwerdung Gottes. Die wahre Glaubwürdigkeit einer Sache liegt ja in der ganz physisch erlebten Erfahrung.«[103] Weil die Bibel ins volle Fleisch erlebter Erfahrung greift, ist Hrdlicka von ihr so begeistert; sie ist »das erotischste Buch, das ich überhaupt kenne.«[104] Vor allem im Alten Testament werden die Menschen geschildert, wie sie sind, da wird nichts beschönigt oder verschwiegen. Hrdlicka hat immer wieder solche Themen aufgegriffen, in denen Gewalt und Sexualität dominieren: Kain und Abel, Lot und seine Töchter, Simson und Dalila, David und Batseba, Judith und Holofernes, Salome und Johannes der Täufer. Doch am intensivsten ist seine Auseinandersetzung mit Jesus von Nazareth. Er ist für ihn nicht der Sohn Gottes, sondern das Paradigma menschlichen Standhaltens im Leiden: »Er mußte dieses Schicksal erfüllen. Er mußte für seine Überzeugung hingerichtet werden. Das hat für mich mit KZ zu tun, mit Antifaschismus. Christus ist für mich fast eine KZ-Figur.«[105] Daher hat Hrdlicka Christus immer wieder dargestellt. Eine seiner frühesten Plastiken ist der Torso eines Gekreuzigten (1959, Fassungen in Marmor und in Bronze): ein schlanker, überlängter Rumpf mit hervortretendem Brustkorb und eingezogenem Bauch, ohne Arme, die Beine über den Knien abgebrochen, doch das Genital ist unübersehbar. Die Seitenwunde weist auf Christus hin. Das zertrümmerte Haupt ist Ausdruck des gewaltsamen Todes. Geblieben ist das Geschlecht: Leiblichkeit ist Geschlechtlichkeit. Das hat immer wieder zu Protesten geführt, ist aber selbst Protest gegen das Ideal eines geschlechtslosen Menschen. Auffällig ist der Kontrast zwischen der Schönheit, ja Eleganz des Rumpfes und den Relikten der Zerstörung: Leben und Tod prallen hier direkt aufeinander.

Menschen sind Täter oder Opfer. Manchmal sind sie auch Täter und Opfer in einem. Das übersieht Hrdlicka: für ihn sind die Fronten immer klar, er neigt zur Schwarz-Weiß-Darstellung. Eines steht fest: Jesus steht auf der Seite der Opfer, ist mit ihnen solidarisch. Hrdlicka konfrontiert immer wieder die Kreuzigung mit Szenen unserer Tage, speziell mit Geschehnissen in den KZ's. Das geschieht in den großformatigen und mit vielen Szenen geradezu übersäten Radierungen der Folge »Roll over Mondrian«: »Karfreitag« und »Das allerneueste Testament« (1967). Hrdlicka überrollt die abstrakten Grundstrukturen der Bilder Mondrians – Zielscheibe seiner Kritik an der abstrakten Kunst – mit »naturalistischen« Bildern der grausamen Realität. Die Kreuzigung Jesu und Hinrichtungsszenen aus den KZ›s sind einander gegenübergestellt. Ähnlich ist es bei den großen Tafeln des »Plötzenseer Totentanzes« in der Evangelischen Kirche, die an das Gefängnis erinnert, wo so viele Häftlinge an Fleischerhaken erhängt wurden (1972).[106]

Es gibt zwei Figuren, die Hrdlicka in die Nähe Jesu rückt: Marsyas und Pier Paolo Pasolini. Marsyas ist jene Figur der griechischen Mythologie, die sich vermaß, im Wettstreit um die Musik selbst Apollo herauszufordern. Der Unterlegene wurde gehenkt und gehäutet. In drei Plastiken hat sich Hrdlicka mit dem Thema auseinandergesetzt. Die erste zeigt ihn liegend, die zweite mit dem Kopf nach unten gehenkt, die dritte stehend, verdreht, mit ausgeweidetem Rumpf, bar aller »Schönheit«. Marsyas ist das Bild des Geschöpfes, das die Götter herausfordert und im Scheitern noch Größe zeigt.

Befremdlicher mag es erscheinen, daß auch Pasolini von Hrdlicka in die Nähe Jesu gerückt wird: der italienische Schriftsteller und Filmregisseur, der – wie Hrdlicka – nicht von der Gestalt Jesu loskam, der ein Opfer seiner homoerotischen Neigungen wurde, die ihn Nacht für Nacht in die Arme von Strichjungen trieb, bis er, unter ungeklärten Umständen, erschlagen wurde. Pasolini ist für Hrdlicka ein »unheiliger Heiliger«, weil er wegen seiner Neigungen gesellschaftlich geächtet, von der kommunistischen Partei ausgestoßen, von der Kirche verurteilt wurde. Hrdlicka hat dem Regisseur kurz nach seinem Tode eine erschütternde Plastik gewidmet (1975): es sind die Reste eines menschlichen Leibes, der von einem Auto mehrfach überfahren wurde, das seine Radspuren im zerquetschten Körper zurückgelassen hat. 1983 entstand eine Marmorskulptur »Hommage à Pasolini«, die ihn mit Seitenwunde und Dornenkrone zeigt.

1984 folgt ein 37 Radierungen umfassender Pasolini-Zyklus, in dem das Leben und der Tod dieses Außenseiters geschildert wird. Mehrfach wird diese Geschichte mit der Kreuzigung assoziiert. In Blatt 9 steht der halbnackte »Übeltäter« mit erhobenen Armen in Kreuzeshaltung vor den ihn verurteilenden Kommunisten. In Blatt 14 wandelt er sich in einen Sadisten, der einen Mann, wohl einen seiner Filmdarsteller, ans Kreuz schlägt. In Blatt 19 hängt er selbst am Kreuz und wird von hinten sexuell vergewaltigt. Zwei weitere Blätter (17 und 18) spielen auf seinen Christusfilm an und zeigen die Kreuztragung

12 Lovis Corinth, Der Gekreuzigte, 1925

Jesu und seine Annagelung ans Kreuz. Die letzten Blätter der Folge variieren verschiedene Versionen der Taterklärung, da ja im Prozeß vieles offen geblieben ist. Hrdlicka veranschaulicht nicht nur die Erklärung, daß ein kleiner Strichjunge Pasolini mit einem Brett erschlagen habe, sondern auch jene Theorien, die einen »politischen Hinterhalt« vermuteten. Hrdlicka hebt hier auf die gesellschaftlichen Kräfte ab, die den Regisseur verfolgt und in den Tod getrieben haben. Unter den Zuhältern und Politikern darf auch ein Geistlicher nicht fehlen. In einer der letzten Radierungen (Blatt 34) wird Pasolini nochmals gekreuzigt und vergewaltigt.

Im Anschluß an die Folge der 37 Radierungen hat Hrdlicka auch eine großformatige Radierung geschaffen, die für den Betrachter eine ungemeine Herausforderung und Zumutung darstellt: »S. Maria delle Grazie – Lionardos Abendmahl restauriert von Pier Paolo Pasolini«. Sie existiert in drei Fassungen: schwarz, sepia und mehrfarbig, außerdem hat sich eine Reihe von Studien erhalten. Anlaß zu der Radierung war ein Besuch in Mailand, gerade am letzten Tag der Restaurierung des berühmten Werkes. Hrdlicka hat das formale Grundgerüst mit dem breit gelagerten Tisch in dem sich perspektivisch verkürzenden Raum beibehalten, aber sonst alles verändert und die Szene ins Gegenteil verkehrt. Die Apostel bilden keine Tischgemeinschaft, sondern fallen im Wissen um das Scheitern Jesu übereinander her. Die einen betrinken sich, die anderen ergeben sich dem Sex, aber nicht als Ausdruck von Liebe, sondern von Gewalttätigkeit. Judas ist auf den Tisch gesprungen und zeigt sich Jesus in der Pose der Kreuzigung, die jener gleicht, die im erwähnten Zyklus der von den Kommunisten verurteilte Pasolini eingenommen hat. Jesus ist der einzige, der vom Geschehen völlig unberührt bleibt und Makkaroni verschlingt. Das Blatt stellt gerade deshalb einen Höhepunkt der Religionskritik dar, weil hier das Scheitern Jesu und seiner Botschaft von der Liebe thematisiert wird.

Dieses Scheitern begegnet auch in einer Reihe von Zeichnungen und Druckgraphiken, wo Hrdlicka auf Ereignisse der Geschichte oder Kirchengeschichte anspielt. Auffälligerweise stammen viele aus dem Jahr 1983. Parallel zum Radierungszyklus »In Gottes Namen«, der der Türkenschlacht um Wien

1683 gewidmet ist, entstand eine Reihe von Zeichnungen. In einer ist ein »Christlicher Scharfrichter« dargestellt, in einer anderen ein »Osmanischer Scharfrichter«. Die Christen feiern nach dem Sieg am Kahlenberg einen Dankgottesdienst, während draußen drei Knechte hingerichtet werden. Aus demselben Jahr stammt die Kreide- und Rötelzeichnung, auf der Luther und seine Braut einander umarmen, während neben ihnen Thomas Müntzer im Dreck stirbt. Der Zyklus »Wiedertäufer« (1983–85) bot die Gelegenheit, wilde Bildersturm-, Kriegs- und Hinrichtungsszenen zu zeigen, die veranschaulichen, wie die Sektierer und ihre Gegner einander massakriert haben. Eine Ätzung aus Kupfer »So hat man mit Hexen umzugehen« scheint den Frauen nur die Wahl zwischen Vergewaltigung und Erhängtwerden zu lassen.

Auf all diesen Zeichnungen und Graphiken geht es darum, daß Christen sich auf die Seite der Mächtigen schlagen oder selbst Gewalt ausüben. Dazu Hrdlicka: »Der Mißbrauch Christi hat in vieler Hinsicht stattgefunden. Man beruft sich auf Christus, um Aufruhr und Widerstand zu unterbinden. Im Namen Jesu, des Anwalts der Armen, hat man aus ihm eine Drohfigur der Reichen gemacht.«[107]

Religionskritik? Eher Kritik des Mißbrauchs der Religion. Solche Bilder bieten Anlaß zum Denken. Man sollte nicht vergessen, daß Jesus selbst die damaligen Hauptvertreter der jüdischen Religion kritisiert hat. Hrdlicka tut das freilich nicht im Namen einer religiösen Überzeugung, sondern eines Engagements für den Menschen. Wer sich über Religionskritik im Bild aufregt, sollte zuerst einmal genau hinschauen und überlegen, gegen wen sie sich richtet. Alle Pauschalurteile sind fehl am Platz.

Das große Pathos

Am Anfang des Schaffens von Salvador Dalí (geb. 1904 in Figueras, Katalonien), sofern es von Bedeutung ist, steht ein Film: »Un chien andalou« von Bunuel, zu dem Dalí das Drehbuch geschrieben hat. Ein Rasiermesser, das ein Auge durchschneidet, eine Hand, in deren Mitte Ameisen wimmeln, die

Hände eines Mannes, die eine weibliche Brust betasten: alles ohne erklärbaren Zusammenhang, irrational, erschreckend, ekelhaft. »Ein andalusischer Hund war der Film von Pubertät und Tod, den ich dem geistvollen, eleganten und intellektuellen Paris mit der ganzen Wirklichkeit und der ganzen Schärfe des iberischen Dolches ins Herz stieß.«[108] Das war 1929. Im selben Jahr trat Dalí in den Kreis der Surrealisten. Mit ihnen zusammen »nimmt er den Prozeß gegen die Realität auf« (André Breton), oder vielmehr beginnt er eine andere Realität zu erforschen: die Tiefen und Untiefen des Unbewußten, an der Hand von Freud, Lacan und von Marquis de Sade. Und noch etwas geschieht 1929: er lernt Gala kennen, die erste Frau, die ihn durchschaut. Auf seine Frage, was sie von ihm erwarte, antwortet sie: »Willst du es wirklich wissen?« »Ja«. »Ich möchte, daß du mich tötest.«

Er, der ein Leben lang um sich kreiste, beginnt nun mit der künstlerischen Abarbeitung seiner Komplexe: Kastrationsangst (»Der große Masturbator«, »Das finstere Spiel«, beide 1929) und Ödipuskomplex (»Wilhelm Tell«, 1930). Es findet sich auch eine Zeichnung, die Picassos von uns erwähnte Zeichnung von 1938 vorwegnimmt. Eine nackte Frau manipuliert das erigierte Glied des Gekreuzigten (1931), nur daß Dalí diese Szene mit penetrantem Verismus darstellt.[109]

Kurz darauf erscheinen weiche Uhren in öden, weiten Wüstenlandschaften; alles Feste und Sichere wird in Frage gestellt. Es ist eine Welt des Traums, der Imagination, der Wirklichkeit des Unwirklichen. Die Nähe zu anderen Surrealisten, vor allem zu Yves Tanguy, ist spürbar (er hatte schon 1928 seine ersten Wüstenlandschaften gemalt).

In dieser Zeit beginnt Dalí auch, sich mit der paranoischen Psychose zu beschäftigen. Er stößt auf die frühen Schriften von Lacan, die seine Auffassungen zu bestätigen scheinen. Dalí sieht im Wahnsinn ein kreatives Mittel. In der Paranoia kommt es zu einer Neuinterpretation der Wirklichkeit. Dalí entwickelt nun seine »paranoisch-kritische Methode«. Ein Zimmer kann sich in ein Gesicht verwandeln und umgekehrt, wie das in dem Bild »Visage de Mae West« (1934/35) geschieht. Noch eindrucksvoller ist die Umbildung von Figurengruppen in ein Gesicht wie beim »Großen Paranoiker« (1936).

Mit dieser Methode entfernt sich Dalí allerdings von einem Grunddogma der linientreuen Surrealisten, dem psychischen Automatismus. Dalí interpretiert bewußt die Wirklichkeit anders, lehnt die Vorstellung eines Schaffens ab, das unmittelbar aus dem Unterbewußten kommt. Dazu kommt, daß er sich dem weltverändernden kommunistischen politischen Wollen von André Breton entzieht. Dalí bleibt der sich selbst bespiegelnde Einzelgänger, der sich in der mythischen Gestalt des Narziß wiedererkennt, dem er eines seiner berühmtesten Bilder widmet (1937).

Nach seiner Rückkehr aus dem amerikanischen Exil vollzieht er einen Schritt, der von seinen surrealistischen Weggenossen mit Empörung registriert wird: er konvertiert zum Katholizismus (1948). 1949 zeigt er Papst Pius XII. anläßlich einer Privataudienz eine Studie seines ersten Bildes mit einem christlichen Motiv: »Die Madonna von Port Lligat«. Port Lligat ist der Ort, wo er sich nun niedergelassen hat. Die Madonna sitzt unter einem fragmentierten Torbogen, genau unter einer Muschel und einem Ei (Fruchtbarkeitssymbole) und betet das Kind auf ihrem Schoße an. Hinter der Gruppe weitet sich der Blick auf das offene Meer.

1951 folgt der »Christus des Heiligen Johannes vom Kreuz« (heute Glasgow). Christus hängt vor einem nachtdunklen Himmel; das Kreuz schwebt über einer Landschaft in der Luft. Das Haupt ist tief herabgesunken und gibt den Blick auf das füllige Haar frei. »Meine Hauptsorge war, daß mein Christus schön sein sollte wie der Gott, der er war«.[110] Angeregt ist diese Kopfhaltung von einer Zeichnung des Heiligen Johannes vom Kreuz, der einzigen, die von ihm überliefert ist. Das künstlerische Wollen, das hinter diesem und den weiteren Bildern mit christlichen Motiven steht, läßt sich aus seinem »Mystischen Manifest« (1951) ersehen.[111] Er bezeichnet sich darin als Erfinder der »paranoisch-kritischen Mystik«, die mit der überlieferten Mystik wenig zu tun hat. In Wirklichkeit geht es Dalí um die »Rettung der modernen Malerei«. Er will zum Schönheitskanon der Renaissance zurückkehren, was vatikanischen Augen sicher gefallen mußte. »Zur mystischen Ekstase gelangt man auf dem Weg der Perfektion«, die Dalí von jeher in seiner Malerei gepflegt hatte. »Die mystische Ekstase ist ›superfröhlich›, explosiv, gespalten, supersonisch, wellenförmig und korpuskulär, ultra-gallertartig, denn sie ist das ästhetische Aufblühen des größten, paradiesischen Glücks, das ein menschliches Wesen auf Erden finden kann.« Von der »dunklen Nacht der Seele« des Johannes vom Kreuz scheint Dalí nichts zu wissen. Er verbindet diese Lobrede auf das »größte, paradiesische Glück auf Erden« mit einer Kritik der »Dekadenz der modernen Malerei«, von der er lediglich Picasso ausnimmt. In seinem »Credo« wiederholt er diese Kritik, die sich hauptsächlich gegen die abstrakte Malerei richtet, die er auf den Unglauben zurückführt: »An nichts zu glauben führt unausweichlich dazu, ein NICHT-gegenständliches und NICHT-figürliches Bild zu malen. Wenn man an nichts glaubt, malt man nichts oder FAST NICHTS«.[112]

1954 entsteht der »Crucifixus oder Corpus hypercubicus« (heute im Metropolitan Museum of Art, New York). Wieder schwebt Christus am Kreuz in der Luft, das diesmal aus mehreren Kuben gebildet wird, und bietet seinen schönen jugendlichen Körper der ihn betrachtenden Gala dar, die in einen theatralischen Umhang gehüllt ist. Sie steht auf einem Podest und blickt fasziniert nach oben. Jedenfalls gleicht diese »mystische« Ekstase eher einer erotischen Ekstase.

Ein weiterer Höhepunkt pathetischer Darstellung ist das »Abendmahl« (1956). Die Jünger sitzen in prachtvollen weiten Umhängen in anbetender Haltung am Tisch. Über dem Christus der Abendmahlsszene ist der Gekreuzigte in den Himmel gemalt. – Hochpathetisch ist auch die Darstellung des »Santiago el Grande« (1957). Der Heilige sitzt auf einem sich aufbäumenden Pferd und blickt zum Gekreuzigten zurück, der unter einer gotischen Rippenkonstruktion schwebt, hinter der aber kein gotisches Gewölbe, sondern die Wolken des Himmels sichtbar sind. Unten steht – diesmal klein – die in sich versunkene Gala in betender Haltung. – Der »Traum des Christoph Kolumbus« (auch: »Die Entdeckung Amerikas durch Christoph Kolumbus«, 1958/59) zeigt den Entdecker, der – einem Segelschiff entstiegen – seinen Fuß auf den neuen Kontinent setzt. In seiner Hand hält er eine Prozessionsfahne mit dem Bild der Madonna. Ein Heer von Kreuzen und Fahnen begleitet ihn zur Linken und zur Rechten. In einer himmlischen Aureole

13 Pablo Picasso, Kreuzigung, 19. Sept. 1932

erscheint weit entfernt Gottvater mit dem toten Sohn im Schoße sowie einige himmlische Gestalten. Der Gekreuzigte selbst ist als Zitat des Bildes »Der Christus des heiligen Johannes vom Kreuz« in den Wolken gegenwärtig. – Die letzte Version des diesmal waagerecht im Himmel schwebenden Gekreuzigten ist »Galas Christus« (1978). Der Betrachter sieht Christus von oben, sein Blick fällt auf die füllige Haarpracht Christi. Die Horizontlinie der Landschaft liegt tief, so daß der ganze Hintergrund vom Himmel gebildet wird, der von einer leuchtend gelben Gloriole erleuchtet wird.

Ganz aus dem Rahmen der bisher besprochenen Werkgruppe fällt »La gare de Perpignan« (1965) heraus. Es ist eines der wichtigsten Bilder von Dalí, nach seiner eigenen Aussage ein Schlüsselbild zum Verständnis seines Denkens und seiner Kunst.[113] In diesem Bild treffen sich mehrere Sinnschichten. Titelgebend ist der Bahnhof von Perpignan, der durch die Lokomotive über der Mitte symbolisiert wird. Dieser Bahnhof spielte für Dalí eine wichtige Rolle, wurden doch hier alle Formalitäten für die Ausfuhr seiner Bilder nach Amerika erledigt. Er erfuhr, daß in Perpignan im 18. Jahrhundert das Metermaß festgelegt wurde. So setzte sich in ihm der Gedanke fest, Perpignan sei die Mitte der Welt.

Die zweite Sinnschicht ist für Dalí die Auseinandersetzung mit dem bekannten und populären Bild »Angelusläuten« von Jean-François Millet (1858/59). Dalí hat sich jahrelang mit diesem Bild beschäftigt und ihm zahlreiche Bilder und eine Untersuchung gewidmet, in der er auf der Suche nach dessen tiefenpsychologischem Sinn war. In den beiden betenden Menschen sah er das Verhältnis von Mann und Frau symbolisiert. Der Mann, der mit dem Hut sein Geschlecht verbirgt, ist in einer passiven Rolle, die Frau steht vor einem Akt der Aggression – Dalí vergleicht sie mit der Gottesanbeterin, die das Männchen, mit dem sie kopuliert, zugleich verspeist. In dem Bild »La gare de Perpignan« werden beide weit voneinander an den Rand des Bildes gerückt. Vor dem Mann wird eine Schubkarre beladen, während vor der Frau schemenhaft das Paar angedeutet wird: sie legt einen Sack nieder, während er hinter ihr steht und sie an den Hüften packt. Das alles hat sexuelle Bedeutung, ebenso wie die Gabel, die in der Erde steckt. Doch damit nicht genug. Zwischen dem Mann und der Frau wurde auf dem Bild von Millet durch Röntgenaufnahmen eine geometrische Form entdeckt, die Dalí als den Sarg mit dem toten Sohn interpretierte. Zum Wagnis einer so weit gehenden Interpretation hatte ihn Sigmund Freuds Studie »Eine Kindheitserinnerung des Leonardo da Vinci« angeregt. Leonardo glaubt sich zu erinnern, daß – als er noch in der Wiege lag – ein Geier auf ihn herabgekommen sei und ihm mit seinem Schwanz den Mund geöffnet und viele Male gegen seine Lippen gestoßen habe, was Freud als sexuellen Akt deutet, eine Anspielung auf Leonardos homoerotische Veranlagung. Er geht auch darauf ein, daß in Leonardos Bild »Die heilige Anna selbdritt« eine Form auftaucht, die man als Geier interpretieren kann, der dem Jesuskind den Mund öffnet, eine Deutung, die Freud allerdings mit Reserve in einer Anmerkung erwähnt.[114] Uns kann es hier nicht um die Plausibilität der Deutung der geometrischen Figur als Sarg gehen, sondern lediglich darum, daß es sich um Dalís Interpretation handelt, die auf dem Bild ihren Niederschlag gefunden hat.

Mit dieser Deutung des Opfers des Sohnes berühren wir aber nun die dritte und zugleich höchste Sinnschicht des Gemäldes. Die Mitte des sonst in bräunlichen Farben gehaltenen Bildes leuchtet in hellem Gelb. Von ihr gehen vier Strahlen aus, die wie Scheinwerfer in die äußersten Ecken des Bildes reichen. So entsteht ein Malteserkreuz, das als kompositorisches Gerüst des Gemäldes fungiert. Genau in der farblich hervorgehobenen Mitte sehen wir die Gestalt des rücklings stürzenden Künstlers, dessen Arme und Beine in dieselben Richtungen weisen wie die Strahlen des Malteserkreuzes. Unten sitzt Gala auf einer mit einem Sack beladenen Schubkarre als Rückenfigur, die den stürzenden Dalí betrachtet. Seine Gestalt findet sich nochmals über der Lokomotive, so daß Gala – Dalí – Lokomotive – nochmals Dalí eine vertikale Achse bilden, die sich im stürzenden Dalí im Zentrum mit der horizontalen Achse schneidet, die von den beiden betenden Bauerngestalten und ihren Begleitfiguren gebildet wird.

Hinter dem stürzenden Dalí tauchen die Umrisse des Gekreuzigten auf, sein Antlitz mit der Dornenkrone und sein Oberkörper mit der Seitenwunde. Das läßt nur den Schluß zu, daß sich Dalí, der Geopferte, mit dem geopferten Christus identifiziert. Das wirft allerdings Fragen auf. Die eine betrifft sein Verhältnis zu Gala, die von ihm in zahlreichen Bildern als seine Muse dargestellt wird. Gibt es auch eine andere Seite dieses Verhältnisses, in dem Dalí sich als ihr Opfer betrachtet? Die andere Frage ist die nach dem Verhältnis Dalís zu Christus. Es sieht hier so aus, als ob Dalí sich nicht nur mit dem Opfer Christi identifiziert, sondern geradezu in ihn (in Gott) hineinstürzt. Dalí hat viele Masken getragen. Lüftet er hier die Maske und gibt den Blick frei auf einen anderen, unbekannten Dalí? Oder ist auch das nur ein Spiel, eine Variante seiner wuchernden Phantasie neben anderen?

Wir haben jetzt sehr viel über das Inhaltliche dieses Bildes gesprochen, über alles, was an Persönlichem in es eingeflossen ist. Vergessen wir das und schauen uns einfach das Bild an. Dann zeigt sich Erstaunliches: es wirkt als sehr dichte, spannungsvolle Einheit. Es bleibt geheimnisvoll, macht aber nicht den Eindruck des Literarischen. Das alles spricht für seine Qualität; es ist sicher eines der besten Bilder des Künstlers.

Im Gespräch mit Geschichte

Alle Kunst steht im Dialog mit der Kunst der Früheren. Christus figuriert in der europäischen Kunst als zentrales Menschenbild und Gottessymbol. Es ist daher nicht verwunderlich, daß sich Künstler der Gegenwart auch mit dem Christusbild der Vergangenheit auseinandersetzen. Das geschieht allerdings in ganz verschiedener Weise.

Im Werk von ARNULF RAINER (geb. 1929) spielt das Kreuz eine zentrale Rolle. Wir beschränken uns auf diesen Aspekt des vielschichtigen und vielgestaltigen Schaffens dieses Künstlers. Daher bleiben seine frühen surrealistischen Zeichnungen und die Proportionsstudien außer Betracht. Bei den Zeichnungen der Jahre 1951 und 1952, den »Zentralformationen« und »Vertikalgestaltungen«, begegnen zum erstenmal Kreuze als Bildform. Obwohl manche den Titel »Kruzifikation« tragen, haben sie nichts mit dem im Abendland tradierten christlich bedeutungsvollen Kreuz zu tun. Rainer sucht in diesen Zeichnungen, die meist sehr rasch und spontan hingeworfen sind, zu Urformen der Gestaltung vorzudringen. Deshalb verwundert es nicht, daß diese Gebilde an die »Urknäuel« und »Urkreuze« erinnern, wie sie Kinder im Alter von zwei bis drei Jahren hervorbringen. Manchmal zeichnete Rainer damals mit geschlossenen Augen, um sich ganz der ursprünglichen körperlichen Motorik zu überlassen. Ähnlich ist es ja beim Kind: es zeichnet aus dem Unbewußten, gibt ursprünglichen Körpergefühlen, gibt dem Atemrhythmus und dem Bewegungsdrang Ausdruck. In dieser vorgegenständlichen Entwicklungsstufe malt das Kind unbewußt sich selbst. Wodurch sich Rainers Zentralgestaltungen auszeichnen, ist ihre wunderbare Sensibilität, die Verknüpfung und Verknotung der zarten Striche, die Verdickungen, die dort entstehen, wo sich die Striche treffen.

Doch das alles waren noch Vorstudien, Erkundungen der Möglichkeiten, in denen allerdings schon vieles in die Zukunft weist. Das reife Werk, in dem wir heute das Charakteristische an Rainer erkennen, setzt 1954 mit den »Übermalungen« ein. Er hat damit jene Methode gefunden, die sein ganzes weiteres Werk kennzeichnen sollte. Es geht fortan um die Reaktion auf den »Grund«, also auf etwas Vorhandenes, das eine neue, darüberliegende Gestaltung provoziert. Der Grund und das Darübergemalte bilden also die beiden Schichten des Bildes.

In den ersten Jahren entstehen monochrome Bilder, meist in Schwarz, zuweilen auch in anderen Farben: Rot, Orange, Gelb, Blau, Violett. Rainer übermalt die Grundierung, auch eigene Bilder, die ihn nicht befriedigen (das Ungenügen an den eigenen Bildern begegnet immer wieder, treibt Rainer aber zugleich über sich hinaus). Die Übermalung breitet sich aus bis an die Ränder. Zum Schluß ist vom Grund nur noch ein kleines Stück – ein Rand oder ein Eck – übrig. So klein der Rest auch ist, er ist konstitutiv, er dient der Verdeutlichung der Dialektik von Grund und Übermalung, und hält die Bilder offen; aus dieser Spannung leben sie. Es sind asketische Bilder, die ein Moment der Ruhe, des Schweigens in sich tragen.

Zu den ersten Übermalungen gehören bereits Kreuze. Auf die Frage, ob er sich an sein erstes Christusbild erinnnere, hat Rainer geantwortet: »Nur schemenhaft. Es hat als schwarzes Figurengerüst angefangen. Ich versuchte, eine Kreuzigungsfigur zu machen. Das war im Ansatz eine kubische Streckfigur. Und die ist dann nicht gelungen. Es war ein stilistischer Gemeinplatz. Ich habe dann weitergemalt, und aus der Christusfigur ist ein Kreuz geworden. Und schließlich ist dieses Kreuz dann noch durch eine dunkle Wolke verhüllt worden«.[115] Manchmal hat Rainer das Kreuz so stark übermalt, daß es nicht mehr sichtbar ist. Zuweilen aber spürt man es noch unter der oft pastosen Oberfläche, die ja nie ganz glatt ist (Fotos können das nicht wiedergeben). Manchmal wählt Rainer Sperrholzplatten und fügt sie zu einer Kreuzesform, wobei die Grundform stark variiert wird. Es gibt auch Zeichnungen und Radierungen zu dieser Thematik. Rainer hat Grabkreuze übermalt. Die Variationsbreite der Kreuzesformen ist überaus groß.

Die Häufigkeit der Arbeiten zur Kreuzthematik überrascht. Sicher hat dabei die formale Faszination von Vertikale und Horizontale eine Rolle gespielt. Doch steckt noch mehr dahinter. Rainer selbst schreibt dazu: »Die Kruzifikationen nahmen in den fünfziger Jahren ihren Anfang aus einer Beschäftigung mit der Mystik, der Kunstgeschichte und der Theologie des Kreuzes (Louis Chardon, Johannes von Kreuz, Katharina von Siena, Simone Weil, Cioran und andere). All diese Bildwerke erheben nicht den Anspruch, eine spezifische Bildnerei für sakrale Räume zu sein. Sie stammen aus sehr persönlichen Wurzeln. Anlaß war eine subjektive Betroffenheit, sowohl über Person, Ereignis als auch Idee des Kreuzes. Unter vielen schwarzen Übermalungen befinden sich Kreuze. Die Beschäftigung mit der Problematik des Opfers und des Todes hat ihre Fortsetzung in der Serie der Totengesichter gefunden. Erwähnt seien auch die Selbstdarstellungen und Posen als Gekreuzigter. Eines spezifischen Kommentares über diese Bildthematik will ich mich aber enthalten. Ich war mir über vieles im Unklaren, stehe selbst in Nacht, Finsternis und Nebel. Es sei nur noch angemerkt, daß die Bildstreitigkeiten über ›Präsenz‹, ›Repraesenz‹, ›Hinweis‹ usw. ... schon seit langem mein Gehirn beschäftigen«.[116] Jedenfalls wird man Dieter Honisch zustimmen müssen, der von einem »zutiefst existentiellen Ansatz« spricht.[117]

In die Zeit der Übermalungen fällt auch die Entstehung der ersten Fassung des »Weinkruzifixes« (1957), das aber eine Sonderstellung einnimmt. Das hängt wohl damit zusammen, daß es

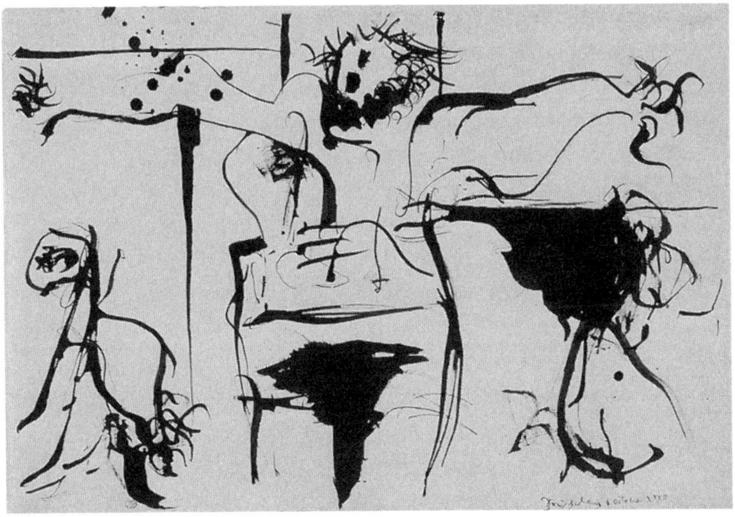

14 Pablo Picasso, Kreuzigung, 4. Okt. 1932

ursprünglich für die Kapelle der Grazer Hochschulgemeinde in der Leechgasse geschaffen wurde. Über dieses Bild und seine merkwürdige Geschichte gibt es bereits mehrere Publikationen, weshalb ich mich kurz fassen kann.[118]

Das etwa 1,70 x 1,00 Meter große Kreuz zeigt in seiner ursprünglichen Fassung eine schwarze und rote Malerei in Stoff-Farben auf hellbeigem feingliedrigem Leinenstoff. Auffällig ist, daß der schwarze Querbalken stark betont ist, während der Längsbalken nur angedeutet wird. Vom Querbalken rinnt die rote Farbe herunter, an einigen Stellen sind auch kleine dunkle Kreise eingearbeitet. Im Zusammenhang damit spricht Rainer selbst von »Beeren«. Das weist schon auf den Titel »Weinkruzifix« hin. Da das Kreuz als Altarkreuz dienen sollte, ist sicher an den Zusammenhang mit der Eucharistie zu denken. In sehr unsensibler Weise wurde das von fremder Hand dadurch verdeutlicht, daß die Arbeit Rainers auf einen größeren Stoff appliziert wurde, der einen riesigen Kelch zeigt, über dem eine runde Hostie schwebt. Rainer, der nicht befragt und informiert worden war, war darüber sehr verärgert. Er hat für die Kapelle auch ein kleines Standkreuz geschaffen, das sich noch heute im Besitz der Grazer Hochschulgemeinde befindet. Als in der Leechgasse eine neue Kapelle geschaffen wurde (vorher war einfach ein Zimmer als Kapelle adaptiert worden), fand man für das Rainer-Bild keinen Platz. Die Arbeit gelangte in den Kunsthandel und Rainer kaufte sie zurück. 1972 überarbeitete er das Bild und legte eine exakte schwarze Kreuzesform über die erste Fassung, die ihm aber alsbald wohl als zu bieder erschien. So kam es 1978 zu einer weiteren Übermalung, die dem Bild seine endgültige überzeugende Gestalt gab. In diesem Zustand gelangte das Bild in die Londoner Tate Gallery.

Das Bild ist nun viel dynamischer geworden. Der Querbalken des Kreuzes neigt sich jetzt nach außen hin und läuft in zwei Spitzen nach unten aus. Der Längsbalken ist nach mehreren Seiten unregelmäßig verbreitert, sodaß man eine menschliche Gestalt darin angedeutet sehen kann. Mennekes assoziiert auch mit Baum (eine mittelalterliche Tradition), Waage (wegen des sich nach beiden Seiten neigenden Armes) und – wie schon zuvor der Autor – mit der Kelter, die Christus tritt, sodaß der blutrote Saft des Weins auf ihn spritzt und an ihm herunterläuft (eine Anspielung auf den mittelalterlichen »Christus in der Kelter«). Dieses mühsam erlittene Bild ist sicher ein Hauptwerk des Künstlers. Ende der sechziger Jahre ging die erste Periode der Übermalungen mit ihrer Tendenz zur »Zumalung« zu Ende.

Rainer wandte sich neuen Experimenten zu. Schon lange hatte ihn die Bildnerei der sogenannten Geisteskranken beschäftigt; seit 1963 sammelte er solche Bilder. 1964/65 begann er Versuche mit Drogen. All das ging aus dem Bemühen um Spracherweiterung hervor. 1968 fing er an, vor einem Fotoautomaten am Westbahnhof Grimassen zu schneiden. Später ließ er sich von Berufsfotografen aufnehmen. Er produzierte eine Unmenge mimischer und gestischer Ausdrucksmöglichkeiten und begann dann die Fotos zu übermalen. Dabei gab es nicht nur Möglichkeiten des Verdeckens, sondern auch des Hervorhebens. Rainer zeigt sich auf diesen Bildern als Clown, als Weinender, Schreiender, Tanzender, Schlafender, Kniender, Gekreuzigter, Zorniger oder Betrübter. Berührend ist das Bild »Schwarze Rinnen«, da sowohl die Körperhaltung als auch die Übermalung an einen »Ecce homo« des Mittelalters erinnert. In all diesen Body Art-Serien geht es um einen »Dialog zwischen spontaner malerischer Geste und Körperpose«.[119]

Um 1973 geht Rainer dazu über, direkt mit Fingern, Händen und Füßen auf die Leinwand zu malen. Er erweitert damit die Möglichkeiten der körpersprachlichen Kunst und kehrt zu elementaren menschlichen Ausdrucksmöglichkeiten zurück: den Abdruck von Händen findet man ja schon bei den ältesten Höhlenmalereien. Sehr beeindruckt war Rainer auch von den Fingermalereien von Louis Soutter. Bei diesen »zustandsgebundenen« Werken fallen ja die Hemmungen des »normalen« Menschen weg, wodurch der Ausdruck unmittelbar aus dem Körperlichen und Unbewußten kommt. Diese Bilder Rainers sind meist sehr aggressiv, sind Attacken auf die Leinwand. Häufig greifen beide Hände auf die Leinwand aus. Eines dieser Bilder trägt den Titel »Christushände« (1973). Pastose schwarze Finger- und Handtatzen, die von den oberen Ecken ausgreifen und in der unteren Mitte zusammengeführt werden, stehen in Kontrast zur hellen Leinwand mit zarten Rosa-Flecken. Außen begleiten blaue und grüne Streifen die gestische Handmalerei.

Ab 1978 tritt Rainer in eine intensive Auseinandersetzung mit dem Thema »Tod«, die in der Totenmasken-Serie ihren Niederschlag gefunden hat. Diese Bilder wirken beruhigter, wie es ja dem Thema entspricht. Rainer versuchte, so »an das wahre Gesicht des Todes heranzukommen«, wobei er sehr bewußt jene Totenmasken auswählte, deren Ausdruck ihn zu einer Gestaltung inspirierte.[120]

Nach den frühen Übermalungen, aber parallel zu den körpersprachlichen Arbeiten entfaltet sich eine dritte wichtige Werkgruppe Rainers: die Überarbeitung von Fotos der Werke anderer Künstler. Schon 1969 geschieht das mit Werken Schieles, 1975/76 folgt Franz Xaver Messerschmidt, 1977/78 van Gogh, zur selben Zeit Morandi. Auffällig ist, daß Rainer bevorzugt, wenn auch nicht ausschließlich, Werke auswählt, die dem menschlichen Gesicht und seinen Ausdrucksmöglichkeiten nachspüren. Ab 1978 nimmt er ostkirchliche Ikonen und mittelalterliche Christusbilder als Vorlagen.

Ein Werk, das für beide Tendenzen steht, sowohl für die Auseinandersetzung mit dem überlieferten Christusbild als auch für die gestische Bearbeitung, ist »Christus unter Sträuchern« (1983/84, Sammlung Günter Rombold). Das 121 cm hohe und 80 cm breite Bild (Öl auf Foto) besteht aus zwei deutlich voneinander geschiedenen Hälften. Auf der unteren ist das Foto des vergrößerten Kopfes einer Christusikone zu sehen. Kräftige Streifen von Handmalereien in verschiedenen Farben umspielen das eindrucksvolle Antlitz und heben es zugleich hervor. Einzelne zartere Striche laufen auch über das Gesicht. In der oberen schmäleren Hälfte des Bildes ist ein Karton aufmontiert, der ganz dicht übermalt ist, sodaß die Farbe eine geschlossene Fläche bildet. Die Malerei ist pastos aufgetragen und schafft so eine lebendig strukturierte Oberfläche in Rotbraun, Schmutziggelb und Dunkelblau. Einige Streifen greifen auf die untere Bildhälfte über und verbinden die beiden Teile. Am auffälligsten jedoch ist ein kräftiger Gestus, der in mehreren Farben, aber vorwiegend in Weiß, von der rechten oberen Ecke herabgeführt wird und in der Haarpartie Christi endet. Er übernimmt die Funktion eines Zeigegestus, der auf Christus hinweist.

Monika Leisch-Kiesl schreibt dazu: »So erweist sich die

Überarbeitung als ein Erproben, Sicherer-Werden und Abbrechen. Bild und Bild, Blick und Gestik fordern sich wechselseitig. Zwei Formen gesuchter Authentizität, die des Abbildes, das auf das Urbild weist, und die des gesamtkörperlichen Aktes des Künstlers relativieren und verstärken sich gegenseitig. Es ist ein reagierendes Tun, das aber doch Position bezieht, wenn diese auch notwendig offen bleiben muß. Die Frage nach den Möglichkeiten der Kunst ist unausweichlich gestellt.«[121]

In all diesen Bildern tritt Rainer in einen Dialog mit der Kunstgeschichte, der ungewöhnliche Aspekte hat. Was Rainer intendierte, hat er in einem Text zu seinen Messerschmidt-Überarbeitungen so formuliert: »Die Überzeichnungen von Reproduktionen von Franz Xaver Messerschmidt entstanden aus einem Willen zum Dialog. Ich hatte es satt, immer nur mich selbst zu überzeichnen. Auf der Suche nach großen Mimen stieß ich auf die komödiantischen Köpfe dieses barocken Österreichers. Anfangs in parasitären Überlegungen befangen, merkte ich bald, daß ich hier nur ankam, wenn ich mich mit dieser Theatralik maß, wenn ich Franz Xaver Messerschmidt in seiner eigenen Thematik überrundete ... Schließlich ist das Ganze auch ein Wettlauf, um Unterschiede zu messen. So ist unser Zyklus beladen mit kunsthistorischen Fragen. Die Frage nach dem 20. Jahrhundert. Die Frage nach der Vereinbarkeit zweier Künstler. Die Frage, ob Geschichtliches ein Humus für das Wachstum und die Entfaltung anno 1977 ist.«[122]

Rainer, dessen Aussagen oft ein hohes Reflexionsniveau verraten, hat hier sehr klar ausgesprochen, daß es ihm um einen Dialog mit Geschichte geht. Allerdings zitiert er Geschichte nicht einfach (wie das häufig in der Postmoderne geschieht), sondern setzt sich kritisch mit ihr auseinander. Genau das führt aber dazu, daß Geschichte in Erinnerung gerufen wird, was ja ein »lebendiges Gedächtnis« meint.[123] Die Kunstwerke der Vergangenheit werden in Frage gestellt, es kommt zu einem »Wettlauf«.

Damit stellt sich auch die Frage: Wer sind wir, wir Menschen des 20. Jahrhunderts? Noch eindringlicher: Wer bin ich? Kann ich mich messen mit den Genies der Vergangenheit? Worin unterscheide ich mich von ihnen? Was ist meine Identität? Die Suche nach Identität ist eine der tiefsten Wurzeln der Kunst Rainers. Diese Identität erweist sich als eine in ständigem Wandel befindliche. Rainer hat »Interesse an neuen Selbsterfindungen.«[124]

Die Werkgruppe der Überarbeitungen von Christusdarstellungen der Vergangenheit ist eine Arbeit am historischen Christusbild. Es ist eine fragende Annäherung an dieses, ein Hervorleuchtenlassen, aber auch Attackieren, ein Eingriff in die Überlieferung. Rainer, der oftmals den »Verlust der metaphysischen Bindung« beklagt hat,[125] sieht sich als Mensch unserer Zeit nicht mehr in der Lage, ein fraglos-erhabenes Christusbild zu schaffen, wie es uns in den Ikonen entgegentritt, sondern setzt sich fragend und suchend mit den Bildern der Geschichte auseinander. Damit entreißt er sie aber auch der Vergangenheit und nötigt uns zur Frage, »ob Geschichtliches ein Humus für das Wachstum und die Entfaltung anno 1977 ist.« Der stets neu unternommene Versuch der Annäherung macht auch deutlich, daß Rainer eine Scheu hat, vorschnelle Antworten zu geben.

Eine bislang letzte Verwandlung läßt sich bei Rainer um 1990 feststellen. Plötzlich werden seine Kreuze bunt, nehmen alle möglichen Formen an, vor allem die des Mantels. Das steht im Zusammenhang mit der Gestalt des Engels, die ihn nun intensiv beschäftigt: »... und im Mantel des Engels versteckt das Kreuz, wie die verborgene Quelle unter dem heißen Sand ... und über dem leeren Kreuz hing jetzt nur mehr das Kleid des Engels, verknotet, als wäre es die letzte vergessene Frucht dieser Welt. Im Unterschied zu meinen schwarzen, asketisch monochromen Kreuzen der frühen und mittleren Jahre, sind die meisten der hier ausgestellten Tafeln kaum in Bezug zum kargen Kreuz der dunklen Nacht von Golgatha zu sehen ... Inzwischen gab es Farb- und Formwandlungen, auch eine Befreiung von einer allzu engen, dunklen Sicht der Welt.«[126] Die Entfaltung einer kräftigeren Farbigkeit ist ja für den Altersstil vieler Künstler symptomatisch. Damit ist allerdings auch eine Ausweitung fast ins Beliebige verbunden, die im Gegensatz zur außerordentlichen Konzentration des Frühwerkes steht.

Man darf all diese Arbeiten nicht als Bekenntnis zum Christentum mißverstehen. Rainer bleibt als Mensch unserer Zeit ein Fragender, Suchender, und das Medium dieser Suche ist für ihn die Malerei. Diese Suche weist allerdings einen beein-

15 Max Ernst, „O Schöpfer des Weltalls ...", 1933

druckenden Tiefgang auf. Es fehlt die Polemik, und die Ernsthaftigkeit steht in krassem Gegensatz etwa zur ironisch-spielerischen Distanz eines Picasso.

In ganz anderer Weise als Arnulf Rainer hat sich der 1938 in Deutschbaselitz in der Lausitz geborene Georg Kern, der sich den Künstlernamen BASELITZ zugelegt hat, mit religiösen Themen auseinandersetzt. Diese Auseinandersetzung beschränkt sich auf eine relativ kurze, aber intensive Werkphase. Die Entwicklung der Malerei von Baselitz ist ebenso konsequent wie eigenwillig. Immer stand er in Opposition zu den gängigen Tendenzen: Auf dem Höhepunkt der informellen und abstrakten Kunst Anfang der sechziger Jahre malte er gegenständlich, als die Pop Art die Warenwelt darstellte und oftmals auch verherrlichte, schuf er schwere und erdverbundene Gestalten, als Konzeptkunst Mode wurde, beharrte er auf den sinnlichen Qualitäten der Bilder. Sujet der Bilder der frühen sechziger Jahre ist der menschliche Leib bzw. Leibfragmente. Besonders eindrucksvoll sind die »P.D.Füße« (1963), blutverschmierte Stümpfe, die das Leiden als Körpererfahrung thematisieren. Um 1965 folgt die Reihe der »Helden« und »Hirten«. Dies sind verletzliche Helden mit kleinen Köpfen, aber oftmals hervortretendem Geschlecht, erdverbunden, wofür häufig Bäume stehen, die diesen »rotgrünen« Gestalten zur Seite stehen. Wiederum zwei Jahre später folgen die »Frakturbilder«, die die Bildvorwürfe in zwei oder drei horizontale Abschnitte gliedern, die nicht genau aufeinander bezogen sind.

Schon hier zeigt sich, daß sich Baselitz »zwischen Beschwörung eines Gegenstandes und Auflösung dieses Gegenstandes im Bildraum bewegt.«[127] Dem folgt in innerer Logik 1969 die Entscheidung, die Bilder verkehrt, also auf dem Kopf stehend zu malen. Man hat gesagt, Baselitz wolle dadurch vom Inhaltlichen ablenken und die Aufmerksamkeit auf die Formwerte der Erscheinung konzentrieren. Ob der Rezipient tatsächlich dieser Intention folgt, bleibt fraglich. Vermutlich versuchen viele Betrachter in ihrer Phantasie die Bilder »vom Kopf auf die Füße« zu stellen und beachten also gerade das Inhaltliche mit verstärktem Interesse. Jedenfalls bleibt Baselitz dieser Methode der »Umkehrbilder« oder »Kopfstandbilder«, wie ich sie nennen möchte, bis heute treu. Dabei sind verschiedene Experimente unübersehbar: verstärkte Gestik, auch Fingermalereien, oder wiederum Konzentration auf Komposition und Fläche. Bei dieser Formverknappung spielt Baselitz die Farbkontraste gegeneinander aus. Dabei bezieht er sich auf die klassischen Expressionisten, auf Edvard Munch und die Dresdner Brücke-Maler. Die Leuchtkraft der Farben wird enorm gesteigert. Doch nicht nur der Expressionismus unseres Jahrhunderts bildet für Baselitz eine Herausforderung, vielmehr fasziniert ihn alle ausdrucksstarke Kunst. Er sammelt afrikanische Plastik, was spürbar auf seine Holzplastik gewirkt hat, die seit 1980 einen wesentlichen Teil seines Œuvres ausmacht. Auf die Frage eines Interviewers, ob Malen eine Erinnerungsarbeit sei, hat Baselitz geantwortet: »Das ist vereinfacht ausgedrückt, aber richtig. Wenn alles darauf vorbereitet ist, sich innerhalb der Tradition zu bewegen, dann fällt es einfacher, auf etwas zu stoßen. Ich unternehme also keinen Versuch einer Realisierung in die Zukunft, sondern einen mit der Vergangenheit.«[128]

In diesem Zusammenhang ist auch eine größere Gruppe von Bildern mit religiösen Themen zu sehen, die 1983/84 entstanden sind: »Lazarus«, »Der Bote«, »Die Beweinung«, »Die Verspottung«, »Dornenkrönung« und mehrere Fassungen des »Abgarkopfes«. Alle diese Bilder weisen eine klare Ordnung auf, die durch Farbflächen erzielt wird. Die Farbigkeit ist meistens hell, strahlend. Faszinierende Kombinationen von Rosa, Hellgrün und Hellblau (»Die Dornenkrönung«), Rot, Smaragdgrün und Ultramarin (»Der Bote«, »Lazarus«) haben eine starke spirituelle Ausstrahlung. Von der Farbigkeit her stellen diese Bilder sicher einen Höhepunkt im Schaffen des Künstlers dar.

In unserem Zusammenhang interessieren vor allem die Abgarköpfe. Wir haben bereits im ersten Kapitel auf das »Mandylion«, das berühmteste aller wundertätigen Bilder des ersten Jahrtausend hingewiesen. Dahinter steht die Abgarlegende. Nach ihr bat Abgar, der kranke König von Edessa, Christus durch einen Boten um Heilung. Der Bote scheiterte daran, Christus zu malen, worauf Christus sein Gesicht wusch und es einem Tuch einprägte, durch das der König geheilt wurde. Kern der Legende war der historische Übertritt Abgars IX. (179–214) zum Christentum. Die Legende stellt ihn als Zeitgenossen und Briefpartner Christi vor. Ursprünglich wurde der Brief verehrt, vom 6. Jahrhundert an ist von einem Bild die Rede, das sich zunächst in Edessa befand, dann nach Konstantinopel übertragen wurde und bei der Eroberung durch die Kreuzfahrer verloren ging. Doch sind einige Repliken erhalten, die den Kopf Christi en face mit anliegenden nassen Haaren und einem in drei Spitzen auslaufenden Bart darstellen.[129]

Baselitz geht sehr frei mit der Legende um. Er sagt: »In meiner Deutung ist der Bote ein Maler, der Christus portraitierte.«[130] Er geht vom überlieferten Typus ab und stellt das Gesicht auf den Kopf. Eines der Bilder ist auf dem Farbklang Rot–Smaragd, ein anderes auf Ultramarin–Braunorange aufgebaut. Letzteres deutet auch eine Dornenkrone an, die im überlieferten Tuchbild fehlt. Diese tritt auf einem vorwiegend schwarzen Passionskopf noch deutlicher hervor, der nur die Augen, die Nase und den Mund mit einigen Farbakzenten hervorhebt. Durch ihre Größe (130 x 97 bzw. 250 x 200 cm) und ihre Frontalität treten die Köpfe mit den stark betonten Augen in Kontakt mit dem Betrachter. Doch dadurch, daß sie auf dem Kopf stehen, entziehen sie sich dem direkten Zugriff. Die hohe Qualität der Bilder liegt in ihrer wunderbaren Farbwahl. Ihre Noblesse hebt die Bilder besonders hervor, der historische Bezug verleiht ihnen eine zusätzliche Dimension.

Eines der Bilder zur Christusthematik geriet in eine Kirche: »Tanz ums Kreuz« (1983). Die kleine evangelische Kirche von Luttrum bei Hildesheim liegt in unmittelbarer Nähe zum Wohnort und Atelier des Künstlers. Es ist eine Fachwerkkirche vom Ende des 17. Jahrhunderts. Der Kanzelaltar stammt aus dem Jahr 1604. Pfarrer Hans-Joachim Dose hatte Baselitz in seinem Atelier besucht, dieser hatte die Kirche besichtigt und daraufhin die Schenkung eines Werkes unter der Bedingung angeboten, daß dieses den Platz des Kanzelaltares einnehmen würde. Das 314 x 210 cm große Bild zeigt einen Gekreuzigten mit dem Kopf nach unten. Das Kreuz teilt das Bild in vier Farbzonen. Die größeren oberen Flächen sind grün und fleischfarben, die unteren türkis und hellblau. Der Gekreuzigte selbst trägt einen blauen Anzug; sein Kopf ist von einer Art Nimbus in Weiß und strahlendem Gelb umgeben. Die helle und »freudige« Farbigkeit des Bildes überrascht. Die Darstellung rückt in die Nähe zur Naivität eines Kinderbildes. Die ausgespannten Arme des Gekreuzigten sind zu einer einladenden Geste geöffnet. Das Bild steht in starkem Gegensatz zu den meisten Kreuzigungsdarstellungen unseres Jahrhunderts. Es kam, wie zu vermuten war: Die Gemeinde spaltete sich. Eine heftige Kontroverse entbrannte, in die sich alsbald die Medien einschalteten. Der Barockaltar blieb, das Bild wurde daneben aufgehängt, zweifellos ein unbefriedigendes Provisorium. Wie der Streit endet, bleibt abzuwarten.

Zu diesem Bild machte Baselitz eine bemerkenswerte Aussage, die ein Schlaglicht auf die ganze Christusbild-Problematik unseres Jahrhunderts wirft. Er sagte: »Dies ist nur ein Bild, das ist kein Christus«.[131] Die Trennung zwischen Kunst und Religion ist vollzogen, was an einem der zentralen Themen der christlichen Kunst, wenn nicht *dem* zentralen Thema, demonstriert wird. Damit ist die Gegenposition zur Theologie der ostkirchlichen Ikone bezogen, nach der das »Urbild« im Bild gegenwärtig ist, woraus das Recht auf Verehrung der Bilder abgeleitet wird.

Der verfremdete Gekreuzigte

Die »Kreuzigung« ist ein Thema, das den Engländer FRANCIS BACON (1909–1992) nicht losgelassen hat. Von 1933 bis 1965 hat er sie immer wieder dargestellt, und doch hat kein anderer Künstler das Thema so verfremdet wie er. Wie bei Picasso ist daraus »etwas ganz anderes« geworden.

Vom Frühwerk Bacons ist wenig erhalten, weil er die meisten Bilder vernichtet hat. Das erste Bild, mit dem er Aufsehen erregte, war eine »Kreuzigung« (1933). Vom dunklen Hintergrund hebt sich visionär eine durchsichtige weiße Figur ab: ein kleiner Kopf, fadendünne Arme, doch ein aufgeblähter Brustkorb. Dieser Gekreuzigte gleicht eher einem Phantom als einem wirklichen Menschen. Kompakter wirkt eine zweite Kreuzigung aus demselben Jahr, der ein großer Totenkopf beigegeben ist. Die »Composition (Figure)«, ebenfalls aus dem Jahr 1933, zeigt drei gegeneinander versetzte Gekreuzigte, von denen zwei weiß aufschimmern, einer in Braun zurücktritt. Für die intensive Beschäftigung mit Picasso zeugt »After Picasso (La danse)«, eine Zeichnung, die auf das berühmte Werk des Spaniers aus dem Jahr 1925 Bezug nimmt, auf dem Picasso mehrere Tanzende darstellt, wobei die mittlere weibliche Figur einer Gekreuzigten gleicht. Bacon hat diese Gestalt aus dem Kontext gelöst. Die zahlreichen Arme und Beine der Figur wachsen aus dunklem Schwarz hervor; der kleine Kopf erinnert an ein Mondgesicht, wie bei der linken Tanzenden auf dem Werk von Picasso.

Aus den folgenden Jahren ist kaum etwas erhalten. Das erste Werk, das Bacon gelten ließ, sind die »Three Studies for Figures at the Base of a Crucifixion (Drei Studien zu Figuren am Fuß einer Kreuzigung)« aus dem Jahr 1944. Die drei gleichgroßen Tafeln des Triptychons, die heute in der Tate Gallery in London hängen, haben nichts mit der überlieferten Ikonographie der Kreuzigung zu tun, vielmehr zeigen sie drei monströse Gestalten, die Bacon selbst als Eumeniden, als die Rachegeister der Griechen, bezeichnet hat. Jede der drei Gestalten, die sich von einem orangefarbenen Grund abheben, gleicht eher einem Fleischklumpen als einem Menschen; überdies fehlen die Augen (bei der mittleren Figur sind sie zugebunden). Der Mund der rechten Figur, die mit einem Arm in ein Nagelbrett greift, ist weit zum Schreien geöffnet, während die mittlere die Zähne fletscht. Alle drei sind Verkörperungen von Grauen und Schmerz, so eindrücklich wie unvergeßlich.

Der zunächst unverständliche Titel des Triptychons erklärt sich daraus, daß die drei Bilder zunächst als »Skizzen« zu einer großen Kreuzigung gedacht waren. Bacon dazu: »Damals sah ich noch die ganze Kreuzigung vor mir, bei der diese den Platz der üblichen Figuren am Fuße des Kreuzes einnehmen würden. Ich wollte sie umsetzen in ein Gerüst rings um das Kreuz, das seinerseits angehoben war, und die Gestalt am Kreuz sollte im Mittelpunkt sein, umgeben von den anderen Figuren, aber ich führte das nie aus; ich beließ es bei den Versuchen.«[132]

Der Schrei sollte in den folgenden Jahren aus den meisten seiner Figuren hervorbrechen, angefangen mit einer Serie von Köpfen aus dem Jahr 1949. In den frühen fünfziger Jahren sind es die zahlreichen Auseinandersetzungen mit dem Portrait Innozenz X. von Velasquez, die den schreienden Papst auf

16 George Grosz, Maul halten und weiter dienen, 1935/36

hohem Thron, aber eingesperrt in einem Gehäuse zeigen. Bacon bewunderte das Bild von Velasquez, so wie er auch Werke von Michelangelo, Rembrandt, van Gogh und Picasso hoch schätzte. Doch in seinem Wettkampf mit Velasquez ist er zugleich voller Aggression. Warum eigentlich? In die Bewunderung mischt sich Widerstand. Die tieferen Gründe dafür erhellt wohl am besten Wieland Schmied, wenn er schreibt: »Der eigentliche Kampf gilt nicht dem *Vorbild* Velasquez, sondern seinem *Weltbild*. Er richtet sich gegen seine Vision des Papstes. Er richtet sich gegen die hierarchische Weltordnung, für die dieser Papst steht. Er richtet sich gegen die geistliche Autorität, die er verkörpert. Er richtet sich gegen ein festgefügtes Weltbild, das Bacon als ungültig und unwahr empfindet.«[133]

Das Motiv des weit zum Schreien geöffneten Mundes ist einer vertieften Betrachtung wert. Lessing hatte noch in seiner 1766 erschienenen Schrift »Laokoon oder über die Grenzen der Malerei und Poesie« die These vertreten, daß der Schrei zwar in der Dichtung, nicht aber in der Malerei dargestellt werden könne: »Die bloße weite Öffnung des Mundes, – beiseitegesetzt, wie gewaltsam und ekel auch die übrigen Teile des Gesichts dadurch verzerret und verschoben werden, – ist in der Malerei ein Fleck und in der Bildhauerei eine Vertiefung, welche die widrigste Wirkung von der Welt tut.« Das wird am Beispiel des Laokoon, der berühmten Gruppe im Vatikanischen Museum, verdeutlicht, bei dem sich der Schmerz zwar im ganzen Leib äußert, nicht aber im Gesicht: »Er erhebt kein schreckliches Geschrei, wie Vergil von seinem Laokoon singet; die Öffnung des Mundes gestattet es nicht: es ist vielmehr ein ängstliches und beklemmtes Seufzen, wie es Sadolet beschreibet.« Und warum? Weil die Schönheit das oberste Gesetz der griechischen Kunst war; der griechische Künstler »schildert nichts als das Schöne.« Nichts kann so eindrücklich das Abrücken der Gegenwartskunst vom griechischen Ideal der Schönheit ins Bewußtsein rufen wie das Motiv des Schreies. Dieser wird bereits in der Krisenzeit des Überganges vom Mittelalter zur Neuzeit bedeutsam, etwa bei Jörg Ratgeb oder bei Grünewald. Seit dem »Schrei« von Edvard Munch (1893) gellt er durch die moderne Kunst, bis Bacon ihn zu einem zentralen Vorwurf macht und sagen kann: »Es ist allein der Schrei, der zählt.«[134] Beeindruckt war er vor allem vom Bild der schreienden Kinderfrau in Eisensteins Film »Panzerkreuzer Potemkin« und von der schreienden Frau auf dem Bild »Der bethlehemitische Kindermord« von Nicolas Poussin. Sie haben die Rolle des Auslösers gespielt; Bacon hat daraus ein zentrales Motiv seines Schaffens gemacht.

Ein zweites Motiv verdient Beachtung: das des geschlachteten Ochsen. Es hat schon Rembrandt, Corinth und Soutine fasziniert. Bei Bacon taucht es 1946 in einem Bild auf, dem Bacon einfach den Titel »Painting« gegeben hat (The Museum of Modern Art, New York). Ein Mann sitzt in schwarzer Kleidung hinter einem Mikrophon, das ihn als Redner ausweist. Die mittlere Partie des Körpers bleibt im unklaren; einen mit einem Stiefel bekleideten Fuß hat er auf einen schönen Teppich gesetzt. Vom Gesicht ist nur die untere Partie sichtbar; die obere ist von einem Schirm beschattet. Man sieht den Mund mit den Zähnen und die Oberlippe, die einer blutigen Wunde gleicht. Man weiß nicht, ob der Mund spricht oder schreit. Der Mann ist von einem weißen Gestänge umgeben, an dem blutige Fleischstücke aufgespießt sind. Über und zugleich hinter dem Mann ist ein geschlachteter Ochse vor Fahnen in hellem Rosarot aufgehängt. Er gleicht einem wie an der Wirbelsäule auseinandergerissenen Gekreuzigten. Das Bild gibt Rätsel auf: Ist das Gestänge ein Käfig oder soll es eine repräsentative Situation hervorheben? Soll der Schirm den Mann schützen? Wie ist die Räumlichkeit des Bildes zu sehen? Passen der Oberkörper und der Fuß zusammen? Eindeutig ist die Dominanz des über dem Mann ausgespannten Ochsen.

In einem Gespräch mit David Sylvester sagte Bacon: »Ich war schon immer sehr berührt von Bildern, die mit Schlachthäusern und Fleisch zu tun hatten. Für mich gehören sie sehr stark zum Thema der Kreuzigung. Es gibt da erstaunliche Fotos von Tieren, die man kurz vor ihrer Schlachtung aufgenommen hat. Und auch der Geruch des Todes gehört dazu. Wir wissen es natürlich nicht, aber auf diesen Aufnahmen sieht es so aus, als ob die Tiere sich völlig darüber bewußt seien, was ihnen bevorsteht. Sie tun alles, um zu entkommen. Ich glaube, diese Bilder verdeutlichen eine Situation, die für mich der Realität der Kreuzigung sehr, sehr nahe kommt. Ich weiß, daß für religiöse Menschen, für Christen, die Kreuzigung eine völlig andere Bedeutung hat. Aber für mich als einen Nichtgläubigen war sie eben ein Akt menschlichen Verhaltens eines Wesens einem anderen Wesen gegenüber.«[135] Nicht unterschlagen darf man allerdings, daß geschlachtete Tiere, ihr blutiges Fleisch, auf Bacon eine tiefe Faszination ausgeübt haben, ebenso wie auch schon auf Rembrandt. Auch dazu hat sich Bacon geäußert. Schönheit und Grauen, Leben und Tod gehen hier in eins. Darin liegt wohl auch die Faszination der Bilder von Bacon: die Spannung zwischen der Schönheit der Malerei und dem Grauen des Dargestellten.

Beide Motive: das Fleisch und der Schrei finden sich auf dem »Fragment einer Kreuzigung« (1950, heute in Eindhoven). Ein tierisches Wesen mit schreiendem Mund und angedeutetem weiblichen Geschlecht hängt an einem T-förmigen Kreuz. Ein anderes Wesen ist auf den Querbalken gekrochen und beugt sich zu dem schreienden Tier herab. Beide Wesen bluten. Das schreiende Tier wird – wie viele Gestalten dieser Zeit – von einem Gestänge umgeben. Die braune Leinwand des Hintergrunds ist weithin unbearbeitet geblieben; es sind nur einige Autos und achtlos vorbeihastende Fußgänger angedeutet, die zur »Kreuzigung« im Vordergrund in keinerlei Beziehung stehen. Man wird Hervé Vanel zustimmen müssen, der im Münchner Katalog zu diesem Bild schreibt: »Er (gemeint ist Bacon) vertreibt Christus – dessen Abwesenheit im religiösen Sinn deutlich spürbar bleibt – von seinem angestammten Platz und benutzt die Form des Kreuzes, um dem Duell zweier blutender, monströser Wesen kompositorischen Halt zu geben.«[136]

Nochmals sei Bacon zitiert: »Es hat in der europäischen Kunst so viele tief beeindruckende Darstellungen der Kreuzigung gegeben, daß sie ein hervorragend brauchbares Gerüst geworden ist, an dem man alle denkbaren Gefühle und Eindrücke aufhängen kann ... Es mag unbefriedigend sein, aber ich habe bis jetzt kein anderes Thema gefunden, das in gleicher Weise dazu dienen kann, bestimmte Bereiche menschlichen Fühlens und Verhaltens zu umschließen. Vielleicht ist das nur deshalb so, weil sich derart viele Leute gerade hiermit beschäftigt haben, daß daraus dieses Gerüst – ich weiß keine bessere Formulierung – geworden ist, an dem man jede Art von Gefühl zeigen kann.«[137] Die Kreuzigung als Gerüst, an dem man etwas aufhängen kann – klarer kann man die Verfremdung nicht ausdrücken, der die Kreuzigung damit unterworfen wird.

In den sechziger Jahren (aus denen dieses Zitat stammt) setzt die außerordentliche Serie von Triptychen ein, die – zusammen mit den Papstbildern – den Rang Bacons begründet haben. Zwei der ersten sind nochmals dem Thema »Kreuzigung« (im Sinne Bacons) gewidmet: »Three Studies for a Crucifixion« (1962, The Salomon R. Guggenheim Museum, New York) und »Crucifixion« (1965, Staatsgalerie moderner Kunst, München). Die Triptychen sind schon von ihrer Herkunft aus Altarbildern her eine besonders hervorgehobene Bildform – wir haben das schon bei Max Beckmann festgestellt. Zudem erlauben sie, mehrere Aspekte eines bildnerischen und semantischen Problems zur Darstellung zu bringen. Die Größe der Tafeln (sie sind jeweils 1,98 Meter hoch) und ihre kräftige, von Rotorange dominierte Farbigkeit erhöhen die Wirkung. Das erste der beiden Triptychen entwickelt sich von links nach rechts. Auf der linken Tafel sind zwei Männer zu sehen, die den anderen beiden Tafeln zugewandt sind, unter ihnen Schlachtviehkadaver. Die mittlere Tafel zeigt eine zusammengekauerte nackte menschliche Gestalt auf einer Liege, die rechte stellt uns einen ausgeweideten Ochsenkadaver vor Augen, der sich wie ein Wurm herabwindet; darunter ein schwer deutbarer Schatten wie von einem Hund.

Während dieses erste der beiden Triptychen eindeutig auf die rechte Tafel als Höhepunkt hin orientiert ist, bildet im zweiten die Mitteltafel das Zentrum. Sie zeigt ein undefinierbares Wesen, eine Kreuzung von Wurm, Ochsenkadaver und Mensch, ein sich nach unten windendes blutiges Stück Fleisch. Auf der rechten Tafel hastet eine unförmige Gestalt, nackt, aber mit Hakenkreuzbinde, nach links, während zwei dunkelgekleidete Männer mit gelben Strohhüten auf einem Betschemel knien und dem »Ochsen« zugewandt sind. Auf der linken Tafel liegt eine übel zugerichtete Leiche auf einem Feldbett, offenbar das Opfer eines Verbrechens. Ganz am äußeren Rand steht eine nackte Frau vor einer schwarzen Öffnung, unbeteiligt und abgewandt.

Kreuzigung? Eher die Pathosformel einer Weltsicht, die der Welt jeden Sinn nimmt und sie als absurde betrachtet. Zugleich ein Protest gegen die Unerträglichkeit dieser Situation. Mit Bacons eigenen Worten: »Der Mensch ist ein Zufall, ein völlig nutzloses Geschöpf, das ein sinnloses Spiel zu Ende spielen muß.«[138] Die Kreuzigung ist ein Akt der Gewalt von Menschen an Menschen. Die Hakenkreuzbinde ist als Hinweis darauf verstanden worden, darf aber nicht überinterpretiert werden: »Aber ich wollte ein Armband da haben, um den Zusammenhang des Armes zu unterbrechen und die Farbe dieses Rots rund um den Arm hinzuzufügen. Du wirst jetzt vielleicht sagen, das war ausgesprochen töricht, aber es war ausschließlich gedacht im Hinblick darauf, die Figur wirkungsvoller zu machen – nicht wirkungsvoller auf der Ebene der Interpretation, daß es ein Nazi ist, sondern auf einer formalen Ebene.«[139] Vordringlich ist für Bacon nicht der gesellschaftskritische Aspekt, sondern der Protest gegen die conditio humana als solche. Im Gespräch mit Friedhelm Mennekes hat Bacon das so formuliert: »Ich halte das Leben für eine völlig sinnlose Angelegenheit. Es hat keinen Sinn, auch wenn man für sich selbst einen Sinn schaffen kann, das muß man dann aber schon selbst machen.«[140]

In gewissem Sinn finden die Kreuzigungs-Triptychen eine Fortsetzung in den sogenannten »schwarzen Triptychen«, die sich mit dem tragischen Selbstmord seines Freundes George Dyer auseinandersetzen. Das Triptychon, das seinen Tod thematisiert (1973), ist von rechts nach links zu lesen: Dyer betritt das Bad, übergibt sich, hastet weiter und stirbt auf der Toilette. Nichts wird verschleiert an der harten Realität. Die Bilder Bacons – nicht nur dieses – sind Werke im Angesicht des Todes. In diesem Kontext sind seine »Kreuzigungen« zu sehen.

Im Werk des 1930 geborenen Spaniers ANTONIO SAURA spielt die Kreuzigung eine wichtige Rolle, und das seit Jahrzehnten. Schon als Kind war er vom Christus von San Placido von Velasquez (1631–32) im Prado fasziniert. Das Hervorleuchten des schönen Leibes des Gekreuzigten vor dem schwarzen Hintergrund beeindruckte den Zwölfjährigen tief.

1957 entsteht die erste Kreuzigung von Saura. 1959 lotet er in drei sehr unterschiedlichen Bildern die Möglichkeiten der Darstellung aus. Gemeinsam ist allen drei Versionen die weitgehende Beschränkung auf den Schwarz-Weiß-Kontrast. Eine

17 Alexej Jawlensky, Meditation, 1937

heute im Erzbischöflichen Diözesanmuseum Köln befindliche »Kreuzigung« hat zeichenhaften Charakter. Ein Kreuz teilt das Bild in neun Flächen: das ganz weiß gebliebene Zentrum, die vier weißen Kreuzarme und die vier schwarzen Ecken. Auf den beiden seitlichen Kreuzesarmen ist nur je ein Handabdruck zu sehen; auf dem unteren der Abdruck der Beine und zwischen ihnen ein auf einen Pfeil reduzierter Penis. Ein helles Blau akzentuiert die Kopfgegend und das eine Bein, alles andere bleibt im Schwarz-Weiß-Gegensatz.

Geradezu gegensätzlich wirkt die »Kreuzigung« im Centro Julio González in Valencia. Dieser Gekreuzigte ist ein »Kopffüßler«: ein riesiger Kopf ohne Leib mit Extremitäten. Allerdings ist dieser Kopffüßler nicht harmlos wie bei kleinen Kindern, sondern monströs: er fletscht die Zähne und läßt die Zunge weit aus dem Mund hängen. Der eine Arm hat statt der Hand eine Klaue; der andere Arm endet beim Handgelenk, dafür wächst über ihm eine menschliche Hand aus dem Kopf. Zwischen den Beinen ist zeichenhaft ein Penis angedeutet. Das Monster tritt in weiß-grauen Farben aus einem schwarzen Hintergrund hervor – eine Erinnerung an Velasquez. Über dem Kopf schwebt eine zarte braune Dornenkrone in der Luft. Aus demselben Jahr 1959 stammt die »Große Kreuzigung« (Diputación Zaragoza), ein Triptychon, dessen drei Tafeln aber eng zu einem einzigen Bild zusammengefügt sind; das Format ist riesig (Höhe: 195 cm, Breite: 324 cm). Nur der Oberkörper des Gekreuzigten ist zu sehen; die Arme sind extrem verkrümmt, das Antlitz eines Schmerzensmannes ist dem Betrachter zugewandt.

Was will Saura mit diesen Bildern sagen? Im Gespräch mit Johannes Röhrig formuliert er seine Intention folgendermaßen: »Für mich hat immer der Wunsch im Vordergrund gestanden, dem Leiden des Menschen einen Ausdruck zu geben. Der Christus am Kreuz ist kein Gott, sondern ein Mensch, der extremen Qualen ausgesetzt wird. Damit wird er zu einem zeitlosen Symbol menschlichen Leidens und zugleich des Protestes gegen den Schmerz, den Menschen anderen zufügen. Aus diesem Grund greifen die Kategorien des Blasphemischen und Mystischen in diesem Kontext gar nicht.«[141]

In den Jahren nach 1960 wird die Farbe wichtiger. Die

»Große Kreuzigung in Rot und Schwarz« (1963, Museum Boymans-van-Beuningen, Rotterdam) gibt den Körper vorwiegend in brauner Farbe, rote Blutspuren rinnen nach unten. Diesmal wird der ganze Körper gegeben. Der Kopf bleibt im Ungewissen, die Hände sind übergroß, der Penis wird stark betont; er scheint – wie bei Picasso – zu ejakulieren. Damit wird das Animalische des Leidenden betont.

Eine »Kreuzigung« aus dem Jahr 1967 (Privatsammlung) gibt dem Monster einen Vogelkopf. Der Leib ist verfremdet und bleibt ohne Beine. Der eine Arm wird durch drei Handabdrücke ersetzt, der andere endet in drei röhrenartigen Fingern. Die ganze Gestalt ist fragmentiert und zerstört, hat »weder Gestalt noch Schönheit« (Jes 53,2), spiegelt eher blankes Entsetzen. Allerdings: auch wenn man die Stelle bei Jesaja assoziieren kann, ist doch hier kein Glaubensbezug gemeint. Es geht um menschliches Leiden, das den Menschen bis zum Tier erniedrigt.

In den siebziger Jahren wählte Saura Postkarten der Kreuzigung von Velasquez als Ausgangsmaterial und schuf Zeichnungen mit Bleistift oder Tinte auf Papier. Wie Arnulf Rainer übermalte er die Postkarten, wobei allerdings die Gestalt des Gekreuzigten zwar stark verändert wurde, aber deutlich hervortritt. Dabei wird Velasquez völlig verwandelt: der Hintergrund wird weiß, aus dem wunderschönen Leib des Barockmalers ist der geschundene des 20. Jahrhunderts, aus dem Schamtuch ein Penis geworden. In den achtziger Jahren kehrt Saura häufig zum Schwarz-Weiß zurück und konturiert nun seine Gestalten mit großer Präzision.

1990 schuf Saura ein Triptychon für St. Peter in Köln, wo Pater Friedhelm Mennekes seit Jahren im Presbyterium hinter dem Altar jeweils für einige Wochen Triptychen plazierte, die in eine schöpferische Spannung zum gotischen Raum traten. Über dem rechten Seitenaltar der Kirche hängt die Kreuzigung Petri von Rubens. Petrus wurde der Überlieferung nach mit dem Kopf nach unten gekreuzigt. Saura antwortet darauf, indem er eine Kreuzigung mit dem Kopf nach unten malte. Es ist ein ganz reduziertes Bild von geradezu graphischer Präzision in Weiß vor schwarzem Grund. Es mag überraschen, daß Saura keine Scheu hatte, dieses Werk für einen Kirchenraum zu schaffen und dort – wenigstens auf Zeit – auszustellen. Johannes Röhrig hat ihm die Frage gestellt: »Waren Sie selbst denn damit einverstanden, daß Ihr Bild sich im Raum einer Kirche, ja im Altarbereich mit sakralen Dimensionen auflud?« Seine Antwort: »Ja, sicher. Es ist wichtig, dem Heiligen in unserer Welt wieder einen Wert zu geben.«[142] Es ist anzunehmen, daß Saura – wie viele Künstler – von der Atmosphäre, der Aura des gotischen Raumes gefangen war. Zu dieser Atmosphäre geriet sein Triptychon in eine fruchtbare Spannung. Seine Kreuzigung steht im Widerspruch zum Heiligen, macht das Unheilige unserer Situation in Leid und im Bösen bewußt. So kann man das wohl interpretieren. Man darf nicht vergessen, daß Saura tief berührt war vom spanischen Bürgerkrieg, in dem er gegen Franco Partei ergriff. Diese Erfahrung hat seine Kunst entscheidend geprägt.

Antonio Saura stellt sich dem »Wettstreit« mit anderen Künstlern, mit Velasquez, Grünewald, Rembrandt, Picasso, Rainer und Bacon. Besonders letzterem fühlt er sich verwandt.[143] Wie dieser verfremdet er den Gekreuzigten, macht ihn zu einem Wesen, das leidet wie ein Tier. Man kann wohl sagen, daß eine direkte Linie vom »Roten Christus« von Lovis Corinth zu Francis Bacon und Antonio Saura führt. Ein Niederschlag der Erfahrungen unseres Jahrhunderts!

Transparenz des Gesichts

»Die unterhaltendste Fläche auf der Erde für uns ist die vom menschlichen Gesicht«, sagt Georg Christoph Lichtenberg. Es ist auch ein Faszinosum für die Kunst, allerdings wird es in ein Kunstwerk verwandelt. Wir wollen das an drei Beispielen aus den letzten beiden Jahrzehnten verdeutlichen. Es zeigt sich, daß das eigene Gesicht zugleich bekannt und fremd ist.

Der Ungar Ákos Birkás (geb. 1941) ist ein Spätzünder, was wohl mit der schwierigen Situation in der kommunistischen Ära zusammenhängt. Allerdings hat er sich schon in seiner ersten Werkphase (1959–65) mit Portraits und Selbstportraits auseinandergesetzt, die ziemlich unbekannt blieben, weil es für ihn keine Ausstellungsmöglichkeiten gab. In den frühen 70ern

18 Louis Soutter, Ein Gesang der Hoffnung – Auferstehung, 1938

machte er Fotos von Spiegelungen auf verglasten Gemälden, in den frühen 80ern schuf er leuchtende Landschaftsbilder. In dieser Zeit stieß ich zum erstenmal auf seine Bilder, von denen ich eines im Ungarnheft von »Kunst und Kirche« (2/84) publizierte. Doch der Durchbruch zum unverwechselbaren eigenen Werk gelang ihm erst 1985. Von da an malte er seine »Köpfe« in Ovalform, die meist durch einen schmalen Spalt in zwei Hälften zerfallen. Die beiden Hälften sind nahezu gleich groß, doch gibt es leichte Unregelmäßigkeiten und Abweichungen, die die Symmetrie stören. Es sind vorwiegend graue oder braune Bilder, doch herrscht zuweilen eine vielfältige, differenzierte Farbigkeit vor. Um 1986 gibt es auch eine Serie dreiteiliger Bilder, die oben eine waagerechte »Stirn« zeigen. Doch erhebt sich die Frage: Sind dies überhaupt »Köpfe«? Es sind keine Augen, keine Nase und kein Mund zu erkennen. Offenbar handelt es sich um Abstraktionen, um Stilisierungen auf eine Urform hin. Aufschlußreich ist der Bericht von Dieter Honisch über seinen ersten Besuch bei Birkás: »Die Bilder zeigten eine überlebensgroße, pastos in vielen Schichten übereinandergemalte Form, die die Gestalt eines aufrecht stehenden Eies hatte. Auf meine Frage, wie er dazu käme, machte Birkás mit beiden Händen eine Gebärde, die mit ausgestreckten Armen über dem Kopf begann und völlig symmetrisch an seinen beiden Oberschenkeln endete: ›Innenräume, ich male Innenräume‹. Die Gebärde entsprach exakt der Form, die sich in den Bildern wiederfand.«[144]

Diese sprechende Gebärde verdeutlicht, worum es Birkás geht: die Ovalform meint nicht nur das Gesicht, sondern ihn selbst als Ganzen, mit Leib und Seele. Es ist eine Identifikationsfigur. Warum ist die Einheit gespalten? Offenbar ist sie für den Menschen nur in einer Dualität gegeben, eine Einheit in Gegensätzen. Warum die vielen Wiederholungen? Sie könnten auf die Unabschließbarkeit der Selbstfindung hinweisen, auf den stets neuen Ansatz der Suche nach sich selbst. Man kann in diesen Bildern aber auch den Versuch sehen, die Einheit des Ganzen, des Kosmos darzustellen – wieder mit der Einschränkung, daß uns diese Einheit nur in Gegensätzen zugänglich ist. Gerade das nicht Festgelegte der Bilder ermöglicht eine offene Interpretation.

Ein ungewöhnliches und eigenwilliges Werk verdanken wir DOROTHEE VON WINDHEIM (geb. 1945). Die Künstlerin, die aus den Meisterklassen von Dietrich Helms und Gotthard Graubner in Hamburg hervorgegangen ist, nennt sich zwar »Malerin«, doch ihre spezifischen Ausdrucksmittel sind Abdruck und Abnahme. Ihre frühesten Werke sind Abdrücke des eigenen Körpers auf Nesseltüchern. Auch findet sich ein Gesichtsabdruck mit Eigelb auf Karton, der schon auf die späteren »Schweißtücher« vorausweist. Es folgen Abreibungen von Baumstämmen, von großem haptischen Reiz, ein doppelt belichtetes Foto, das die eigene Gestalt auf den Baumstamm projiziert, macht bewußt, daß auch die Baumstämme als Chiffren für die eigene Gestalt gesehen werden können. In den frühen 70er Jahren lernt Dorothee von Windheim die Ablösetechnik bei den Freskorestauratoren in Florenz kennen. Sie begreift Wand als Haut und beginnt mit einer Serie von Arbeiten, in denen es um die Abnahme von Mauerputz geht. Der abgenommene Putz wird auf Gaze fixiert. In einer Reihe von Ausstellungen wird der Bezug zur Architektur gesucht; Reliefbögen oder Pfeilerabwicklungen gliedern die Wände und bilden ästhetische Reihen von hoher Schönheit. Sie sind auch Zeugnisse der Auseinandersetzung mit der Kunst der Vergangenheit.

Am bekanntesten ist Dorothee von Windheim aber durch ihre »Gesichtstücher« geworden, die sich auf das Schweißtuch der Veronika beziehen (1980). Vorausgegangen war die Beschäftigung mit dem Turiner Grabtuch. Die Künstlerin stellt den Bezug zu ihren früheren Arbeiten klar: »Ende der 60er Jahre arbeite ich an lebensgroßen Figurenbildern. Auf Papieren und Tüchern entstehen durch verschiedenartige Materialprozesse (Tauchen, Ätzen, Chloren, Kochen, Brennen, Vergraben) Figurationen, die ich als Selbstportraits deute. Angesichts dieser schemenhaften Erscheinungen tragen Freunde mir erste Abbildungen des Turiner Grabtuches zu. Ich sammle des weiteren alles diesbezügliche Material, dessen ich habhaft werden kann. (Die Sammlung dehnt sich später aus auf Darstellungen des Schweißtuches der Heiligen Veronika, die historisch möglicherweise zurückzuführen sind auf das Grabtuch Christi). Das Interesse für diese ›Abdrücke‹ par excellence in Geschichte bzw. Kunstgeschichte begleitet meinen künstlerischen Werdegang von da an.«[145]

Die Künstlerin hat dann für die Ausstellung »Mythos und Ritual in der Kunst der 70er Jahre« eine ganze Serie von 72 Gesichtstüchern gemacht. Es handelt sich um Fotos von Christusantlitzen aus der Geschichte bzw. Kunstgeschichte, die auf Gaze reproduziert, also wieder in den ursprünglichen Zustand als Tücher versetzt wurden. Diese Tücher wurden dann teils auf den Boden gelegt, teils an der Wand befestigt. In einer zweiten Serie wurden nur die Augenpaare dieser Bilder übereinander angeordnet – sie fixieren den Betrachter.

Es wäre ein großer Irrtum zu glauben, es handle sich um Devotionalien. Um dieses Mißverständnis von vornherein auszuschließen, fügte die Künstlerin der Serie einen Luthertext bei, der die Verehrung des Tuches als Aberglaube ablehnt: »... Und wie ist große Andacht, und viel Ablaß bei solchen ungeschwungenen Lügen. So gar große unmäßliche Lust hat der verdampte Papstesel und seine verfluchte Bubenschule zu Rom den armen Christenmann zu äffen ...«[146]. Dorothee von Windheim hat in einem Interview mit Erika Billeter ausdrücklich gesagt: »Ich benutze Geschichte ... Christentum als Kulturgut. Es ist nicht das Religiöse daran, was mich interessiert.« Sie schließt allerdings nicht aus, daß im Kopf des Betrachters etwas anderes vorgeht, ja sie spielt ganz bewußt mit den vielen Assoziationsmöglichkeiten, die dieser Umgang mit Kunst- und Religionsgeschichte bietet: »Das Ereignis findet im Kopf der Leute statt. Das ist es, was mich interessiert. Das ist ja sowieso das Faszinierende an Kunst, daß wir etwas hineinsehen, etwas heraussehen, auch das, was *wir* wollen. Künstler liefern Material für Assoziationen.«[147] Es ist also nicht ausgeschlossen, daß für manche Betrachter diese Schweißtücher auf das Numinose hin transparent werden. Für Dorothee von Windheim selbst allerdings handelt es sich um künstlerische, nicht um religiöse Objekte (interessanterweise stammt sie aus einem protestantischen, nicht aus einem katholischen Milieu). Durch den Luthertext wird das betont. Was für die künstlerische Vorgangsweise charakteristisch ist: Dorothee von Windheim arbeitet mit Vorfindlichem: »Ich habe nie etwas gemacht, sondern es ist immer etwas entstanden; ich habe immer etwas geschehen lassen.«[148] Das hat in der Moderne natürlich seine Tradition, man denke an die »ready mades« von Marcel Duchamp. Was die Künstlerin allerdings beiträgt: sie sieht das Vorfindliche mit neuen Augen. Und die Kunstwerke blicken mit ihren Augen auf den Betrachter und erwecken seine Kreativität.

Ein letztes Beispiel: MARLENE DUMAS (geb. 1953 in Kapstadt, lebt seit 1976 in Amsterdam). Ihre Arbeiten fielen bereits auf der documenta IX in Kassel auf. Seither begegnen immer wieder ihre kleinformatigen Aquarelle in tonig-schmutzigen Farben, wo das Fließen des Wassers ausgenützt wird. Zuweilen arbeitet sie auch in Öl. Zu sehen sind immer Menschen: etwa die Rückenansicht nackter Menschen, die über eine Mauer blicken, oder eine Reihe nackter, scheinbar frierender Kinder. Auch das eigene Töchterlein, das sich selbst beim Malen blau und rot beschmiert hat. Ausgangspunkt sind oft Fotografien, ganz banale Motive.

1994 wurde eine Reihe von dreimal sieben Männerköpfen im Altarraum der Kirche von St. Peter in Köln gezeigt.[149] Es sind die Gesichter von Männern aus dem Umkreis der Künstlerin und von Arbeitern, die beim Aufbau der Ausstellung halfen. Und mitten darunter einige Christusköpfe unter Rückgriff auf kunstgeschichtliche Vorbilder. Auch hier braune, graue oder hellgelbe, also keine besonders attraktiven Farben. Alle Köpfe sind gleichwertig, die Christusköpfe sind nicht hervorgehoben. Christus ist einer von ihnen. Doch gerade dadurch wird im Kopf des Betrachters etwas ausgelöst. Die Erinnerung an die früher gesehenen Veronika-Bilder (vera icon) taucht auf. Die scheinbar banalen Bilder werden transparent auf Bilder der Kunst- und Religionsgeschichte. Ein Verweis auf das Unsichtbare. Das Nicht-Darstellbare wird – vermittelt durch Geschichte – angedeutet. Wie bei Dorothee von Windheim: »Material für Assoziationen«.

Die Ausweitung der Kunst um 1960

Die Produktivität des Menschen ist eine grenzenlose. Immer wieder gibt es Zeiten, die überraschend Neues bringen. So kommt es – wie es sich schon Ende der fünfziger Jahre angekündigt hatte – um 1960 zu einer Explosion der Kreativität. Der Kunst werden völlig neue Bereiche erschlossen. Pop Art, Happenings, Environments, Nouveau Réalisme, Fluxus, Aktionismus sind Ausdruck dieses Ausbruchs produktiver Vitalität. Nachdem – mit verursacht durch den Strom von Emigranten aus Europa – New York während des Zweiten Weltkriegs und in den Jahren danach die führende Rolle in der Kunstszene übernommen hatte, geschieht der Aufbruch um 1960 etwa gleichzeitig in Amerika und Europa und es kommt zu einem fruchtbaren Austausch zwischen den Kontinenten.

Da ist zunächst einmal die Pop Art. Nach einem Präludium in England entfaltet sie sich in Amerika. Sie hat ein ungeheuer starkes Echo gefunden, weitete sich aus zu einer Pop-Kultur, die eine ganze Generation von Jugendlichen erfaßte. Die Bilder sind nur ein Teil dieser Kultur, stärker wirkte die Musik. Die Pop-Kultur prägte junge Menschen bis in die Kleidung und Haartracht. Die fünf führenden Maler des Pop in New York waren: Andy Warhol, Roy Lichtenstein, Tom Wesselmann, James Rosenquist und Claes Oldenburg. Ihre Bilder bedeuten eine radikale Abkehr vom vorangegangenen abstrakten Expressionismus. Aus der optimistischen Stimmung dieser Jahre heraus schufen sie eine Kunst, die die Alltagswelt verherrlichte. Sie entnahmen ihre Materialien und Embleme aus der Werbewelt und der Welt der Comics, übertrugen vom Film die Technik der Großaufnahme, und bedienten sich des formalen Kanons der abstrakten Kunst und der Präzision des Hard Edge, auch der leuchtenden Farbigkeit der Colour Field Painting. Es ging ihnen darum, die Umwelt zu akzeptieren, deshalb wählten sie banale Gegenstände zum Thema: Bierflaschen, Kleidungsstücke, Plakate, Cowboy-Filme, Sandwiches, Schachteln, Autos, Badezimmereinrichtungen samt dem dazugehörigen

19 Max Beckmann, Christus und Pilatus, 1946

Girl. Ein Moment der Ironie ist oft unübersehbar. Oldenburg drückte die Intentionen der Maler so aus: »Die Malerei, die so lange in ihrer goldenen Gruft in einem gläsernen Sarg geschlafen hat, wird gebeten, herauszukommen und schwimmen zu gehen, man gibt ihr eine Zigarette, eine Flasche Bier, das Haar wird ihr zerzaust, sie bekommt einen Stoß und stolpert, sie lernt lachen, sie bekommt alle möglichen Kleider, fährt Rad, findet ein Mädchen in einem Taxi und tastet es ab.«[1]

Allan Kaprow (geb. 1927) war der erste, der schon 1958 ein »Happening« veranstaltete. Er selbst definiert: »Der Begriff ›happening‹ bezeichnet eine Kunstform, die mit dem Theater ähnlich ist insofern, als sie in einem bestimmten Raum und einer bestimmten Zeit aufgeführt wird. Ihre Struktur und ihr Gehalt sind eine logische Ausweitung des ›environment‹.« Dieses wird so definiert: »Der Begriff ›environment‹ bezeichnet eine Kunstform, die einen (geschlossenen oder Freiluft-) Raum gänzlich füllt, die das Publikum umgibt, und die aus beliebigem Material, darunter Licht, Klang und Farbe besteht.«[2] Wesentlich für das Happening ist ferner, daß das Publikum zum Mitmachen animiert wird. So wurden beim Happening »Fegen« (Woodstock 1962) Besen, Schaufeln und Harken an das Publikum verteilt, mit denen es den angehäuften Müll zusammenkehren sollte. Darunter kam plötzlich ein Mann zum Vorschein, der sich dann merkwürdig aufführte, schreiend und krähend ein Huhn erfaßte und über seinem Kopf schwang, bis er wie leblos umfiel. Diese Wendung ins Absurde ist für die Happenings dieser Zeit charakteristisch. Die Hintergründigkeit und Doppelbödigkeit der menschlichen Existenz wurde deutlich gemacht. So habe ich selbst als Mitspieler ein anderes Happening von Kaprow in der New Yorker Judson Memorial Church erlebt (1968), in dem alle möglichen unangenehmen oder schrecklichen Situationen durchgespielt wurden, in die man kommen kann: man wurde wie im Kindergarten zum Singen gezwungen, unter großem zeitlichen Streß geprüft, von einem Mädchen zum Tanzen aufgefordert, das sich als Mann entpuppte, von einem Arzt auf eine Halskrankheit untersucht, man wurde verhört und an eine Wand zum Erschießen gestellt. Die Intensität des Spiels war so stark, daß die Teilnehmer am Ende die Kirche erschöpft und zugleich befreit wieder verließen.

Das Happening blieb keine amerikanische Spezialität. Schon im Jahr 1958 fand das erste Happening von Wolf Vostell (1938–1998) in den Straßen von Paris statt. Es ist bezeichnend, worin sich die amerikanische und die deutsche Version des Happenings gleichen und worin sie sich unterscheiden. Beiden ist gemeinsam, daß das Publikum in das »Ereignis« einbezogen wird. Wie er das bei einem Gespräch mit Vostell im Jahr 1964 formuliert hat, geht es Kaprow um die Veränderlichkeit von Lebenssituationen, um deren künstlerische Darstellung, die den Rezipienten betroffen machen soll.[3]

Auch Vostell produziert absurde Situationen, doch mit der Absicht, die Realität zu kritisieren. Diese Realität ist einerseits die des Krieges und des Nationalsozialismus, andererseits die der Konsumgesellschaft. Dabei geht es ihm um »Aufklärung des Publikums«.[4] Daher nennt er seine Aktionen eine »Décollage« und beruft sich auf die Tradition von Dada. Oftmals sind die Situationen schrecklich; Vostell sagt, zu seinen frühen Kindheitserinnerungen gehörten die Toten während der Luftangriffe im Krieg. Aber auch die Konsumwelt wird so dargestellt, daß der Beteiligte völlig desillusioniert wird. Bezeichnend ist etwa das Happening »You« (wohl unter Anspielung auf das berühmte Plakat aus dem Ersten Weltkrieg, das zum Dienst an der Nation aufforderte: »I want you!«); es sollte »die Absurdität im Absurden und Widerlichen der Greueltaten« bewußt machen.[5] Nur eine Anweisung daraus: »Legen Sie sich hin und versuchen Sie einen Menschenberg zu bilden, wie in einem Massengrab. Überlegen Sie sich, ob Sie auf ihren Nachbar mit Farbe schießen.«

Eine französische Version der Hinwendung zum Alltag war der »Nouveau Réalisme«, dessen Theoretiker und Förderer Pierre Restany gewesen ist. Gemeinsam ist diesen Künstlern, daß sie »das reichhaltige Material der Junk-Culture (Abfall-Kultur) zum raumplastischen Bild addieren«.[6] Es entstehen die sogenannten »Assemblagen«. Doch auch diese Künstler unterscheiden sich himmelweit voneinander. Jean Tinguely (geb. 1925), ein »Neuer Realist« der ersten Stunde, konstruierte Maschinen, die malen oder Geräusche erzeugen. Eine Ausstellung seiner Werke in der Hypostiftung in München (1985) bereitete dem Besucher ein vielfältiges Vergnügen: überall hämmerte, klimperte und läutete es; man kam sich vor wie in einer ins Poetische verwandelten Werkstätte. Doch auch die makabren Hinweise auf die Problematik dieser mechanisierten Welt kamen zur Darstellung: Tinguely produzierte eine Maschine, die sich selbst zerstörte.

Der 1935 geborene Bulgare Christo erkor das Verpackungsmaterial zu seinem Objekt. Er verpackte Häuser, Steilküsten oder zuletzt in einer spektakulären Aktion den Berliner Reichstag. Der Franzose Arman (geb. 1928) stellte Gruppen von trivialen Gegenständen in Schaukästen zusammen. Der Rumäne Daniel Spoerri (geb. 1930) kreierte die »Eat Art«: er klebte auf Tischplatten fest, was sich gerade dort befand: Geschirr mit Speiseresten, Besteck, gefüllte Aschenbecher und beliebige Abfälle. Yves Klein (geb. 1928) hielt den Abdruck blaubemalter Mädchen auf der ausgebreiteten Leinwand fest. Niki de St. Phalle (geb. 1930) stellte aus Pappmaché ihre prallen, bunt bemalten »Nanas« her, deren farbenfrohe Gestalten zugleich an archaische Fruchtbarkeitssymbole erinnern. Diese ganze internationale Gesellschaft mit dem Zentrum Paris war, wie Restany ausdrücklich hervorhebt, »ganz europäisch«. Nicht zu übersehen ist bei allen der fröhliche Optimismus, der in der Zeit um 1960 noch vorherrschte.

Eine der einflußreichsten Tendenzen der frühen 60er Jahre war die Fluxus-Bewegung. Sie wurde von sehr verschiedenen Künstlern getragen, die schwer oder gar nicht auf einen Nenner zu bringen sind. Die Grenzen der Kunstgattungen wurden fließend; unübersehbar ist der Einfluß von John Cage und der neuen Musik auf Fluxus. Ebenso wurden die Grenzen zwischen dem Theater und der bildenden Kunst fließend. Die Happenings sind ein Vorläufer zahlreicher Fluxus-Aktivitäten; allerdings legten die Fluxuskünstler Wert auf die Trennung des Akteurs vom Publikum und der Ablauf folgte sogenannten »Partituren«. Fließend wurden die Grenzen zwischen den überlieferten Formen der Kunst und den neuen Medien. Fluxus wurde in der Zeit der ersten Computer geboren. Nam June Paik (geb. 1932 in Korea) war der Erfinder der Videokunst.

Als Gründer der Fluxusgruppe im engeren Sinn gilt der gebürtige Litauer George Maciunas. Er leitete eine zeitlang eine Galerie, gründete dann die Zeitschrift »Fluxus« und war die zentrale Figur des ersten »Fluxusfestivals« in Wiesbaden 1962. Immer mehr Künstler aus vielen Ländern schlossen sich an, Maciunas ernannte »Codirektoren«: den Franzosen Ben Vautier, den Dänen Per Kirkeby, den Tschechen Milan Knizak und den Amerikaner Ken Friedman. Sie und viele andere Künstler experimentierten auf den verschiedensten Gebieten. In den Umkreis der Fluxus-Bewegung geriet auch Joseph Beuys, er wurde allerdings nie ein Fluxuskünstler im engeren Sinn.

Die Fluxusbewegung ist Ausdruck einer neuen Weise, die Welt zu sehen. Die unmittelbare Nachkriegszeit, die noch unter dem Schock des Krieges stand, war vorbei, mit ihr auch die ärgste Not. In diesem Dezennium hatte man versucht, an die Vergangenheit anzuknüpfen, zumindest galt das für Europa. Um 1960 setzte sich auch hier die Erkenntnis durch, daß die globalen politischen und technisch-wirtschaftlichen Veränderungen eine neue Sicht der Wirklichkeit erzwangen. Diese Veränderungen fanden sehr früh in der Kunst ihren Niederschlag. Man kann von einer künstlerischen Revolution sprechen, die eine neue Weise zu sehen hervorgebracht hat. Ganz neue Bereiche wurden »kunstwürdig«, die man früher als der Kunst unwürdig betrachtet hatte: das Alltägliche, Triviale, Banale, Schmutzige. Dabei wurden viele bislang als verbindlich angesehene »Gesetze« der Kunst aufgehoben. Der neu gewonnenen Freiheit der Kunst entspricht freilich auch eine Verunsicherung der Rezipienten. Seither ist nichts mehr wie früher. Die klare Abgrenzung und Einteilung der Künste in die Gattungen der Malerei, Plastik, Architektur, Musik und Literatur ist unmöglich geworden, die Grenzen verfließen, wie das die Fluxus-Bewegung programmatisch verkündet und demonstriert hat. Die Welt ist eine andere geworden. Eine »neue Unübersichtlichkeit« erschwert die Orientierung.

Der religiöse Bereich war von diesem tiefgreifenden Wandel nicht ausgenommen – wie wäre das auch möglich gewesen? Charakteristisch dafür war der Aufbruch der katholischen Kirche während des II. Vaticanum (1962–65). Die Konzilsväter wurden sich der Verantwortung der Kirche für eine sich ändernde Welt und ihre Probleme bewußt, wie das in der Konstitution über die Kirche in der Welt von heute (»Gaudium et spes«) zum Ausdruck gebracht wurde. Man erkannte, daß für die Zukunft der Welt der Dialog zwischen den verschiedenen Kulturen und Religionen von entscheidender Bedeutung sein werde und billigte erstmals den nichtchristlichen Religionen Heilsbedeutung zu (Erklärung über das Verhältnis der Kirche zu den nichtchristlichen Religionen »Nostra aetate«), wozu die Erschütterung über den Holocaust beigetragen hat. Doch schon wenige Jahre später stellte sich Ernüchterung ein. Man bemerkte, daß die Welt der modernen Technik und Wirtschaft so agierte »etsi deus non daretur«, als gäbe es keinen Gott. Der Optimismus der Konzilszeit schlug alsbald in Resignation angesichts der schier unüberbrückbaren Kluft zwischen der sich so rasch wandelnden Welt und der Kirche um.

Das wirkte sich auch auf das Verhältnis von Kunst und Kirche aus. In seiner Ansprache an die Künstler und Publizisten im Herkulessaal der Münchner Residenz am 19. 11. 1980 sagte Papst Johannes Paul II.: »In den neuzeitlichen Jahrhunderten, am stärksten seit 1800, lockerte sich die Verbindung von Kirche und Kultur und damit von Kirche und Kunst. Das geschah im Namen der Autonomie und wurde im Namen einer fortschreitenden Säkularisierung verschärft. Zwischen Kirche und Kunst entstand ein Graben, der immer breiter und tiefer wurde. Dies wurde am offenkundigsten im Bereich der Literatur, des Theaters und später des Films. Die gegenseitige Entfremdung vermehrte sich durch die Kritik an Kirche und Christentum, ja an Religion überhaupt. Die Kirche wurde ihrerseits – das ist einigermaßen verständlich – mißtrauisch gegen den modernen Geist und seine vielfältigen Ausdrucksgestalten. Dieser Geist galt als glaubens- und kirchenfeindlich, als offenbarungs- und religionskritisch. Die Haltung der Kirche war Abwehr, Distanzierung und Widerspruch des christlichen Glaubens.«[7]

Wir haben bereits gesehen, daß schon die klassische Moderne dort, wo sie sich mit der Christusgestalt auseinandergesetzt hat, immer auf Distanz zur Kirche bedacht war. Man kann sich aber nicht verhehlen, daß sich diese Situation seit dem historischen Wandel, der um 1960 eingetreten ist, noch verschärft hat. Die Kunst wurde nun bewußt »weltlich«, wandte sich dem Alltag in all seiner Trivialität und Banalität zu. Ausflüge ins Metaphysische wurden selten. Man wird vergeblich nach Künstlern

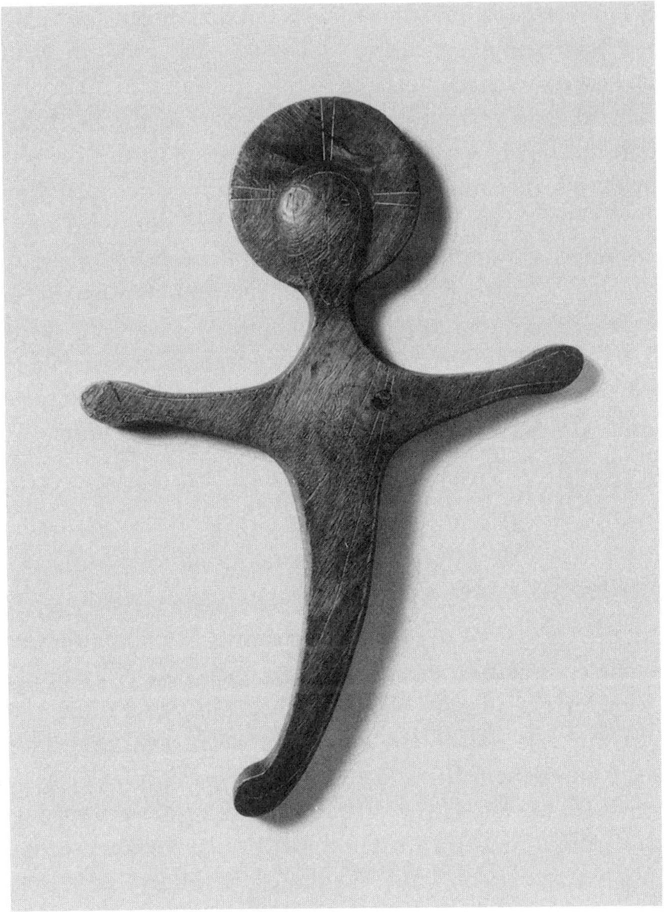

20 Joseph Beuys, Symbol der Erlösung, 1949/50

vom Range eines Rouault oder Jawlensky suchen, die noch in engem Kontakt mit der christlichen Tradition standen, sie allerdings in durchaus innovativer Weise in die Sprache der klassischen Moderne übersetzten. Dort, wo nach 1960 überhaupt noch eine Auseinandersetzung mit der Gestalt Christi geschah, erfolgte dies in verfremdender Weise, wie wir das bei Rainer, Bacon und Saura gesehen haben. Erst recht ist das bei jenen Künstlern festzustellen, die mit neuen Formen der Kunst, speziell mit der Aktion, experimentierten. Religion wird nun in ganz andere Zusammenhänge gerückt. Zuweilen werden Anleihen bei fernöstlicher Religiosität gemacht. Wo es zu einer Auseinandersetzung mit der Christusgestalt kommt, ist diese auf schockierende Weise verwandelt. Das soll am Beispiel von Hermann Nitsch, Walter Pichler und Joseph Beuys dargelegt werden. Ihr Werk ist ohne den zeitgenössischen Hintergrund nicht verständlich.

Kunst und Ritual

Trotz der Aktualität der Gegenwartskunst ist nicht zu übersehen, daß es auch Bezüge zur Vergangenheit gibt. Allerdings ist es weniger die jüngste Vergangenheit, als die Frühzeit der Menschheit, die fasziniert. Die Suche nach dem Ursprünglichen, Archaischen, Primitiven setzt ja bereits mit der klassischen Moderne ein. Um 1960 gilt das Interesse der ursprünglichen Verbindung von Kunst und Ritual. Ehe wir uns einzelnen Künstlern zuwenden, muß auf diese Zusammenhänge eingegangen werden, um sie verstehen zu können.

»Es gab eine Zeit – und für die sogenannten primitiven Völker besteht sie noch heute – wo Kunst und Religion einander so nahestanden, daß man sie beinahe gleichsetzen konnte: das Lied war Gebet, das Drama Götterspiel, der Tanz Kult«, sagt Gerard van der Leeuw.[8] Das kann man als Ergebnis der religionshistorischen Forschung festhalten. Im Kult stellte die frühgeschichtliche Gesellschaft ihr Leben dar und deutete es; in ritualisierten Handlungen versicherte sie sich des Heiligen und damit des Heils. Ziel dieser Handlungen war es, »den Menschen über sich hinauszuheben und ihn ein höheres Leben leben zu lassen, als jenes, das er führen würde, gehorchte er einzig und allein seinen spontanen Eingebungen«.[9]

Bemerkenswerterweise setzt Gerard van der Leeuw beim Tanz an, der ältesten und universellsten aller Künste, dem Ausdruck aller Gemütsbewegungen, von der niedrigsten bis zur höchsten, wozu man nichts nötig hat als den eigenen Körper. Der Tanz ist die Kunst der Bewegung und Gegenbewegung, in der alle Gegensätze des Lebens zur Darstellung kommen. Der Übergang vom Winter zum Frühling wird noch heute in den Alpenländern mit ritualisierten Tänzen begangen (Glöcklerlauf). In den Totentänzen geht es um die Polarität von Tod und Leben, in den Kriegstänzen um die Auseinandersetzungen zwischen verschiedenen Stämmen. Der Liebestanz stellt das Verhältnis der Geschlechter zueinander dar; oftmals wird er mit Fruchtbarkeitsriten verbunden. Nach der Vorstellung der sogenannten Primitiven tanzen auch die Toten und die Götter; die ganze Natur wird in den Tanz einbezogen. Der Tanz wird vom rhythmischen Klang begleitet, vom Lied oder dem Spiel der Instrumente, der Trommeln und Blasinstrumente.

Tanzend gerät die Gemeinschaft in Ekstase, einem Außer-sich-sein, das zugleich die höchste Form des Lebens darstellt. Die Ekstase kann sich zur Orgie steigern. In ihr gelten nicht mehr die üblichen Gesetze der Gesellschaft, unter dem Schutz der Maske oder der Dunkelheit ist alles erlaubt. Dabei kommt der enge Zusammenhang zwischen Tanz und Erotik zur Geltung, in der alles Leben gründet. In den agrarischen Kulturen »hat die Fruchtbarkeit der Frau Einfluß auf die Fruchtbarkeit der Felder, doch der Reichtum der Vegetation hilft wieder der Frau zur Empfängnis«.[10]

Aus dem Tanz erwächst das Drama, das »heilige Spiel«. »Auf der ganzen Welt ist das Drama entstanden aus einem heiligen Spiel, das den Kreislauf des Lebens sicherstellen soll. In den entscheidenden Augenblicken, wie bei Aussaat und Ernte oder Mittwinter und Mittsommer, gelangt das heilige Spiel zur Aufführung. Aus dem Chor treten Sprecher hervor, einer oder mehrere, die den Frühling, den Winter, den Tod, das Leben oder die Tiere, Dämonen oder Götter, von denen man das Heil erwartet, mimisch darstellen.«[11]

Die kultischen Handlungen der Gemeinschaft sind ritualisiert; Riten schreiben dem Menschen vor, wie er sich zu verhalten hat. Freilich gibt es auch einen Raum für Spontaneität und im chaotischen Geschehen der Orgie werden die rituellen Vorschriften durchbrochen. Doch für gewöhnlich legen die Riten fest, wie das ursprüngliche Heilsgeschehen auf richtige Weise wiederholt werden soll.

Im heiligen Spiel geht es letztlich um die »Bewegung und Gegenbewegung des Menschen hin zu Gott«, von dem das Heil kommt.[12] Von Anfang an ist der Gedanke des Austausches wichtig. Der Austausch der Gaben geschieht in der zentralen Kulthandlung, im Opfer. Darin spielt die Mentalität des »do ut des« eine entscheidende Rolle, oder genauer: »do ut possis dare, ich gebe dir Macht, damit du Macht hast und damit das Leben nicht aus Mangel an Macht ins Stocken gerät.«[13] Das Opfer ist Hingabe von etwas, um dadurch irgend etwas zu bewirken bzw. zu erhalten; genauer gesagt, ein Manipulieren mit Leben, um dadurch Leben zu gewinnen oder zu stärken: »Einsatz von Leben für Leben«.[14] Geopfert werden Feldfrüchte, Tiere und Menschen. Die Kanaanäer opferten dem Gott Moloch Kinder, um seinen Zorn zu besänftigen, damit er es wieder regnen lasse. Die Abrahamserzählung macht dann deutlich, daß Jahwe keine Kindesopfer will. Bei den Azteken traten die zum Opfer ausersehenen Menschen in der Maske oder Kostümierung der Gottheit auf, dann wurden sie auf dem Opferstein geschlachtet. Die Idee des Opfers kann auch spiritualisiert werden: letztlich gründet die gesamte Askese in einer Spiritualisierung der Opferidee. Der Mensch verzichtet auf etwas, worauf zu verzichten ihm schwer fällt. Er bringt also etwas von seinem Leben zum Opfer dar, um dafür das eigentliche Leben, das Leben mit Gott oder in Gott zu gewinnen.

Der Kult ist, wie alles Heilige, von Tabus umgeben. Nur der Eingeweihte ist zugelassen. Aber auch er darf nur daran teilnehmen, wenn er sich »gereinigt« hat. Das kann durch äußere Riten (die Schuhe vor der Moschee ausziehen) oder durch innere Reue geschehen. Die Teilnahme am Kult ist von Voraussetzungen abhängig. Bei den Israeliten mußte eine Mutter, die sich durch die Geburt eines Kindes verunreinigt hatte, durch einen eigenen Ritus wieder kultfähig gemacht werden. Alles, was mit Blut oder Sexualität zu tun hatte, verunreinigte den Menschen.

21 Salvador Dalí, Christus des Heiligen Johannes vom Kreuz, 1951

Im Mittelalter machte auch der eheliche Geschlechtsverkehr so unrein, daß man die Kommunion nicht empfangen durfte. Nicht jeder darf den Kult darbringen, sondern nur der Medizinmann oder der Priester. Auch er ist von Tabus umgeben. Darin liegt eine, wenn auch nicht die einzige Wurzel des Zölibats in der katholischen Kirche. Schon in der Antike mußten die Vestalinnen jungfräulich sein. In morgenländischen Religionen mußten die geweihten Frauen für die Tempelprostitution zur Verfügung stehen. Die Erscheinungsformen des Kultischen sind vielfältig, doch sicher hat Goldammer recht, wenn er sagt: »Der Kult ist ein religionsgeschichtliches Material von unzerstörbarer Härte.«[15]

Was bisher geschildert wurde, war die ursprüngliche Einheit von Kunst und Kult in der Welt der sogenannten »primitiven« Völker. Dabei ist es, wie wir wissen, nicht geblieben. Es kam in vielen Hochreligionen zu einer Domestizierung und Spiritualisierung des Kultischen und in der Folge zu einer Feindschaft zwischen Kunst und Religion. Schon im alttestamentlichen Judentum kommt es zu einer Ablehnung der Kulte der Kanaanäer, die den Israeliten ein Greuel waren. »Bei den Kanaanäern blühten die uralten weit verbreiteten Kulte einer großen, Fruchtbarkeit spendenden Muttergöttin, auf kanaanäischem Boden weithin Astharthe genannt, und eines die jährlich aufblühende und absterbende Vegetation repräsentierenden jugendlichen Gottes; und zu diesen Kulten gehörten die Feier eines an heiliger Stätte vollzogenen »heiligen Hochzeit« (hieros gamos) mit Repräsentantinnen der Gottheit und damit die sogenannte sakrale Prostitution sowie auch das kultische Opfern der weiblichen Unberührtheit. Dazu trat der Kult des vielgestaltigen Baal, des schon ziemlich alten Himmel-Baal und der zahlreichen lokal gebundenen Baale, die auch ihrerseits Spender von Leben und Fruchtbarkeit waren und damit ebenfalls in der Sphäre des sinnlichen Lebens walteten. Die Israeliten mußten das alles, besonders die Verehrung weiblicher Gottheiten, weit von sich weisen.«[16] Von daher fällt auch ein Licht auf das Verbot von Kultbildern, das für Israel verbindlich wurde (Gen 20,4 u.ö.).

Im Christentum verschärfte sich diese Haltung schon in der frühen Kirche. Insbesonders Tanz und Theater wurden abgelehnt. Das hing auch mit den damaligen Formen des Theaters zusammen: »Theater, Tanz und käufliche Liebe waren unlöslich miteinander verbunden.«[17] Man wird das aber nicht nur auf die damaligen Erscheinungsformen des Tanzes beschränken können. Jeder Tanz bringt die Schönheit des Körpers zur Geltung und übt starke erotische Reize aus. Nun hat das Christentum von Anfang an – trotz des Glaubens an die Erschaffung des Leibes durch Gott und seine Auferstehung – große Probleme mit der Leiblichkeit und Sinnlichkeit des Menschen gehabt. Mit der Betonung des anfänglichen Sündenfalls verbindet sich die Vorstellung, daß die Sünde sich vererbt und daß die Wurzel der Schuld in der »concupiscentia« liegt, in der fleischlichen Begierde. Alles, was sie anfacht – und dazu gehören nun einmal Tanz und Theater, aber auch viele Bilder und manche Formen der Musik – muß bekämpft werden. Daher war die altchristliche Kritik am Tanz heftig.[18] Augustinus ging soweit zu sagen: »Der Tanz ist ein Kreis, dessen Mittelpunkt der Teufel ist.«

Dieselbe Ablehnung erfuhr das Theater. Das hat nicht nur moralische Gründe, die man gegen das spätantike Theater erheben konnte. Hier »prallen nicht Theater und Religion, sondern zwei Religionen aufeinander: die alte Fruchtbarkeitsreligion des Sacer Ludus mit ihrer Offenherzigkeit und ihren sexuellen Symbolen, und die neue asketische des Christentums«.[19] Tanz und Theater bedeuteten für die frühe Christenheit nicht nur ein moralisches, sondern mehr noch ein religiöses Problem. Erst in der Neuzeit steht die moralische Kritik im Vordergrund. Darum verbot der Calvinismus seinen Anhängern Bühne, Kartenspiel und Tanz. Die enge Verbindung, die sich im nachkonstantinischen Christentum zwischen Kunst und Religion herausbildete, bezog sich in erster Linie auf die Literatur, die Architektur und manche Formen der Musik und der bildenden Künste. Aber auch in diesen Bereichen gab es zahlreiche Auseinandersetzungen um das rechte Wort und die Berechtigung des Bildes.

Viele Rituale haben sich von ihrem religiösen Mutterboden gelöst und sind doch als Rituale erhalten geblieben. Besonders häufig hat die Politik Anleihen beim religiösen Ritual gemacht. Im Mittelalter wurde der Kaiser zum Diakon geweiht; er hatte im Heiligen römischen Reich deutscher Nation eine sakrale

Funktion. Noch im Barock wurde das Herrschertum durch die Idee des Gottesgnadentums überhöht. Der Kaiser hatte sich dem strengen spanischen Hofzeremoniell zu unterwerfen. Erst in der Französischen Revolution wurde das Gottesgnadentum entzaubert. Reste des Rituals haben sich erhalten; man denke an die Eröffnung des englischen Parlaments mit der Thronrede der Königin. Selbst die Diktaturen des 20. Jahrhunderts haben sich mit pseudoreligiösen Ritualen umgeben.

Alle menschliche Kommunikation wird durch feste Rituale geregelt. Man denke an Begrüßungs- und Verabschiedungsrituale oder an die Rituale eines Festmahles. Auch die Kunst kennt ihre Rituale: Theateraufführungen und Konzerte kennen sie, angefangen von der festlichen Kleidung bis zum Applaus für Schauspieler und Musiker. Ausstellungen werden mit Vernissagen eröffnet und mit Finissagen beendet. Es wird zu zeigen sein, daß in manchen Richtungen der Gegenwartskunst das Ritual wieder ins Zentrum rückt.

Ritualisierte Aktionen

Die radikalste und zugleich umstrittenste Form des Aktionismus der 60er Jahre ereignete sich in Wien. Der Wiener Aktionismus hat in den Jahren 1962–1971 die Kunstszene, aber zunehmend auch die Öffentlichkeit bewegt und erregt. Die entscheidenden Protagonisten waren Günter Brus, Otto Mühl, Hermann Nitsch und Rudolf Schwarzkogler.[20] Die Empörung der Öffentlichkeit erreichte ihren Höhepunkt, als Brus, Mühl, Weibel, Wiener und Kaltenböck am 7. Juni 1968 die Aktion »Kunst und Revolution« im Hörsaal I der Wiener Universität durchführten, die in ihrer Obszönität und Verhöhnung des Parlamentarismus kaum mehr zu überbieten war. Sie muß auf dem Hintergrund der Studentenrevolte mit ihrem Willen zur Gesellschaftsveränderung gesehen werden, obwohl sie in eine andere Richtung ging und von den Veranstaltern, dem Sozialistischen Österreichischen Studentenbund, auch alsbald abgelehnt wurde.

Man hat Brus und Mühl als den »weltlichen«, Nitsch und Schwarzkogler als den »religiösen Pol« der Gruppe bezeichnet.[21] Während sich der 1969 durch Selbstmord endende Schwarzkogler viel mit fernöstlicher Religiosität beschäftigte, setzte sich Nitsch intensiv mit dem Katholizismus auseinander, in dem er aufgewachsen ist. Mit ihm allein wollen wir uns deshalb hier beschäftigen. Nitsch war – nach eigenem Zeugnis – schon als Kind von der Erlösungsidee zutiefst berührt. Die Passion des Erlösers, aber noch mehr die Auferstehung, der Sieg Christi begeisterten ihn. Beeindruckt war er vom Auferstehungsfest und von der Fronleichnamsprozession, die »heute in der erinnerung fast heidnisch heiter auf mich wirkt«.[22] »Kultgeräte des christlichen rituals, kelch, monstranz, die wein- und wasserkännchen, die hostie, zusammengelegte weiße tücher, gold- und silberschalen und vor allem die ritualgewänder, stolen und meßgewänder übten eine starke wirkung auf mich aus«.[23]

Der 1938 in Wien geborene Nitsch besuchte von 1953 bis 1958 die Graphische Lehr- und Versuchsanstalt in Wien. »Neben den für die Schulausbildung notwendigen graphischen Arbeiten entstehen in dieser Zeit Malereien und Arbeiten auf Papier mit in erster Linie religiösen Themen. Nitsch kopiert vor allem Kreuzigungsszenen El Grecos und Rembrandts und arbeitet an einem Lebensfries, der stilistisch an den österreichischen Expressionisten Herbert Boeckl erinnert und fragmentarisch bleibt.«[24] Früh fasziniert ihn die Idee des Gesamtkunstwerks. Nach eigenen Angaben entsteht schon 1957 die erste Konzeption des Orgien-Mysterien-Theaters, an der er ein Leben lang weitergearbeitet hat. Sein Schaffen ist von Anfang an vielseitig: er arbeitet zunächst an experimenteller Lyrik und an dramatischen Entwürfen, kehrt aber 1960 zur Malerei zurück, wobei ihn vor allem die Frühwerke von Arnulf Rainer angeregt haben. Im gleichen Jahr stellt er den »Kleinen Existenzaltar« aus: sieben teils quadratische, teils rechteckige verschiedenfarbige Mischtechniken auf Holz, die in Kreuzesform gehängt waren. Im darauf folgenden Jahr zeigt er »Vier Kreuzwegstationen und theoretische Manifestation. Die Kunst als religionsgleiche und mystische Auseinandersetzung mit der Existenz.« Es folgen die ersten Malaktionen. 1962 läßt sich Nitsch zusammen mit Mühl und Frohner drei Tage lang einmauern und schafft in dieser Zeit ein großes Rinnbild. Bei der nachfolgenden »Ausmauerung« wird das Manifest »Die Blutorgel« verlesen. In diesem Text kommt zum erstenmal die ganze Radikalität Nitschs zum Ausdruck: »Ich nehme durch meine Kunstproduktion (Form der Lebensandacht) das scheinbar Negative, Unappetitliche, Perverse, Obszöne, die Brunst und die daraus resultierende Opfer-Hysterie auf mich, damit IHR EUCH den befleckten, schamlosen Abstieg ins Extrem erspart. Ich bin Ausdruck der gesamten Schöpfung. Ich habe mich in ihr aufgelöst und mich mit ihr identifiziert. Alle Qual und Wollust, vermischt mit einem einzigen entäußerten Rauschzustand, wird mich und damit EUCH durchdringen.

Das Komödiantische wird Mittel sein, um durch Blasphemie und Schändung zu tiefsten und heiligsten Symbolen Zugang zu finden. Die blasphemische Herausforderung ist Andacht. Es geht um die Erreichung einer anthropologisch bestimmten Daseinssicht, durch welche Gral und Phallus als zwei sich bedingende Extreme angesehen werden.«[25]

Noch im selben Jahr geht Nitsch von den »Malaktionen« zur ersten »Aktion« über. Er läßt sich, mit einem weißen Kittel bekleidet, wie gekreuzigt vor einem weißen Tuch an die Wand fesseln und mit Blut beschütten. Von nun an spielt das Kreuzigungsopfer in vielen Aktionen eine entscheidende Rolle. Bei der dritten Aktion tritt das geschlachtete Lamm hinzu. Danach wird er zusammen mit Mühl »wegen Erregung öffentlichen Ärgernisses« zu 14 Tagen Arrest verurteilt. Es wäre allerdings ein verhängnisvoller Irrtum, Mühl und Nitsch dieselben Intentionen zu unterstellen, wie ja überhaupt die vier Wiener Aktionisten sehr unterschiedliche Positionen vertreten haben. Bereits 1964 gingen die beiden auf Distanz zueinander. »Nitsch kann sich mit Mühls destruktiv-ironischem Ansatz nicht einverstanden erklären und Mühl lehnt den als pseudoreligiös verstandenen liturgischen Charakter der Aktionen Nitschs ab.«[26] In der Tat ging es Otto Mühl, der nie ein eigenständiges künstlerisches Konzept entwickelt hat und dessen Theorie chaotisch war, nur um die Provokation.

Das Lamm ist ein uraltes Symbol für Christus, doch verfolgt Nitsch diese Symbolik ins Vorchristliche und bringt die Zerreißung des Lammes in Zusammenhang mit der Zerreißung des Dionysos: »Das negative Abbild der dionysischen Orgiastik,

22 *Barnett Newman, Kreuzweg, 1958–66*

die Passion, endet im masochistischen Opferexzeß. Das Informel, das konkrete Durchbrechen des Triebhaften in der Kunst, hat unbedingte Ähnlichkeit mit dem Wesen des Dionysischen, denn seine Konsequenz ist äußerste Erregung bis zum Endpunkt des Exzessiven.«[27] Das Dionysische wird hier im Sinne Nietzsches als Orgiastisches und damit als Gegenpol zum Apollinischen verstanden. Das Wichtigste, was Nitsch von Nietzsche übernimmt, ist die totale Bejahung des Daseins mit all seinen Höhen und Tiefen, wozu auch die Bejahung der Passion gehört. Ausdruck des Daseinsjubels sind die Feste, mit denen Nitsch seine größeren Aktionen enden läßt, in die auch die Einbeziehung der Landschaft durch prozessionsartige Umgänge und des Mahles, mit der Huldigung an Dionysos als den Gott des Weines gehört. Dem anderen geistigen Ahnen, Sigmund Freud, huldigt Nitsch durch das 1964 fertiggestellte Drama »König Ödipus«. Nitsch will in die Tiefen des Unbewußten hinabsteigen und die verdrängten Wünsche des Menschen freilegen: den Inzest- und Tötungswunsch. Sie sollen nicht nur bewußt gemacht, sondern durchlebt werden: »Durch die auseinandersetzung mit mythischer symbolik entsteht ein entmythologisierendes bewußtmachen mythischer projektionen (Auseinandersetzung mit dem kollektiven unbewußten). Nach der durch das spiel provozierten abreaktion wird die überwindung des exzessiven aufgezeigt. Es vermittelt sich ein ruhiges, meditatives existenzbegreifen.«[28]

Nitsch nennt seine Aktionen daher auch »Abreaktionsspiele«. Ob die Abreaktion allerdings durch den »Abstieg ins Perverse, Unappetittliche« erreicht werden kann, ist doch sehr die Frage. Sigmund Freud, der einmal gesagt hat: »Wo Es war, soll Ich werden«, hätte sich wohl über diese Auslegung gewundert.

In die 21. Aktion (1966) integrierte Nitsch erstmals die Musik. Damit war ein weiterer Schritt zum Gesamtkunstwerk getan. Was Nitsch unter Aktionsmusik versteht, versuchte er 1971 in dem »Akustischen Abreaktionsspiel«, das für den Westdeutschen Rundfunk produziert wurde, klar zu machen. Für die Aufnahmen wurde ein »Schreichor«, ein Knabenchor und ein Orchester eingesetzt, das mit Trillerpfeifen, Flöten, Hörnern, Trompeten, Posaunen, Tuben, Ratschen, Becken, Trommeln und Elektrogitarre besetzt war. Dazu wurden Regieanweisungen und Texte gelesen. Der Erzbischof von Köln setzte ein Verbot der Ausstrahlung durch. Der WDR brachte aber keine Ersatzsendung, so daß zwei Stunden lang eine demonstrative Funkstille herrschte. Zwei Jahre später wurde die Sendung nachgeholt.

Die Jahre 1966 bis 1969 bringen die extremsten blasphemischen Exzesse. 1966 stellt Nitsch eine blutige Damenbinde aus, über der die Worte »Erste heilige Kommunion« stehen. Nitsch wird wegen Religionsstörung angeklagt und auf Bewährung verurteilt. In der 31. Aktion (1969 in München) kleidet er sich in eine Meßkasel, verwendet eine Monstranz und führt die Aktion an einer ans Kreuz gebundenen Frau durch. 1969 beginnt auch die Arbeit an dem Drama »Die Eroberung von Jerusalem«. Nitsch spricht von seiner »bittersten phantastisch tragischen Arbeit«. Die blasphemischen Texte werden hier ins Unerträgliche gesteigert. Zur Frage der moralischen Erlaubtheit sagt Nitsch: »Die Schönheit neutralisiert und tilgt die Frage der Moral, nach der Verantwortung. Mögen sie die tragen, die sich dazu berufen fühlen. Uns haben die Schönheiten von Katastrophen ins Grund- und Bodenlose verführt. Die Struktur der Form ist uns tiefere metaphysische Wirklichkeit als die Moral.«[29]

Aktionen sind ihrem Wesen nach vergänglich. Nitsch wie den anderen Aktionisten war es wichtig, daß sie festgehalten wurden. So sorgte er für eine fotografische und filmische Dokumentation. An ihre Seite traten Installationen. Auf der V. documenta (1972) wurden auf Tischen Kelche und Monstranzen gezeigt, umgeben von Phiolen, Mullbinden, Wattebauschen, Pinzetten und anderen medizinischen Geräten. Darüber hingen blutgetränkte Meßgewänder. Vor den Tischen waren herrliche Blumenbuketts arrangiert.

Während in Österreich die Ablehnung Nitschs anhielt, hatte er mittlerweile in der ausländischen Kunstszene Anerkennung gefunden. 1966 war er mit den anderen Aktionisten zusammen zum »Destruction in Art Symposium« nach London eingeladen worden. Nitschs Aktion, in der er auch Musik integrierte, erregte großes Aufsehen. Die anwesenden Künstler, vor allem Al Hansen und Yoko Ono informierten die New Yorker Szene. 1968 vermittelte der Filmer Peter Kubelka, ein Freund Nitschs, eine Einladung nach Amerika. Für die dort ausgeführten Aktionen standen größere Geldmittel zur Verfügung. 1972/73 folgten weitere Aktionen in Amerika, später auch solche in Italien. Schon 1971 hatte Nitsch das Schloß Prinzendorf im Weinviertel erworben, wo er von nun an ein jährliches Pfingstfest veranstaltete, außerdem ein- bzw. dreitägige Versionen seines Orgien-Mysterien-Theaters, das in seiner Endfassung, die für 1998 geplant ist, sechs Tage lang dauern soll.

Ende der 80er Jahre wandte sich Nitsch wieder stärker der Malerei zu. Hauptwerke der folgenden Jahre waren seine großformatigen »Kreuzwegstationen« in Schwarz, Rot, Violett. Sie wurden auf vielen Ausstellungen gezeigt. Am eindrucksvollsten war wohl die Präsentation in Sankt Petri in Lübeck (1991), einer gotischen Kirche, die für Ausstellungszwecke zur Verfügung steht.

In diesen Jahren hat sich auch die Einstellung Nitschs zum Christentum gewandelt. Er selbst schreibt 1989: »trotz meiner rückhaltlosen lebensbejahung, die sich nicht geändert hat, kommt mir mit zunehmendem alter das christentum wieder näher. das christentum hat symbole, hat eine symbolsprache, die weit über seine dogmatische enge hinausgehen. in der tieferen symbolsprache des christentums vermag ich viel mehr lebensbejahung zu erkennen als in früheren jahren. die passion christi zeigt den scheiternden helden, der doch letztlich den sieg davonträgt, den tod überwindet und dem leben zur immerwährenden auferstehung verhilft, an der wir teilhaben. mit der tatsache des kreuzes wird die problematik des tragischen, des todes, aufgegriffen. unsere welt ist eine tragische. alle lebensbejahung steht dem tod gegenüber und muß das tragische integrieren.«[30] Symbol der Lebensbejahung ist für Nitsch Dionysos. Das ist wieder Nietzsche. Allerdings hätte Nietzsche wohl kaum jener Enthemmung des Triebhaften zugestimmt, die vielen Aktionen von Nitsch eigen ist, und die vor allem in der Frühzeit zuweilen sadomasochistische Züge angenommen hat (was bei seinem Freund Schwarzkogler noch deutlicher hervortrat).

Das außerordentlich vielfältige Werk Nitschs, das bisher vorliegt, wirft zahlreiche Fragen auf. Eine erste Frage betrifft Nitschs Verhältnis zu Vergangenheit und Zukunft. Nitschs Kunst ist weder ohne den zeitgenössischen und zukunftsweisenden Hintergrund der gleichzeitigen Aktionskunst, noch ohne den Bezug auf archaische, vorchristliche Kulte verständlich. Dabei ist der retrospektiv-regressive Aspekt dominant, was seine Aktionen von denen anderer Künstler unterscheidet. Dadurch entgehen sie der Oberflächlichkeit vieler anderer Aktionen, führen aber Elemente ein, die in der heutigen Gesellschaft atavistisch anmuten. Allerdings macht gerade diese Spannung wohl auch das Frappierende dieser Aktionen aus.

Eine zweite Frage betrifft das Verhältnis von Kunst und Moral. Es ist evident, daß Kunst nicht die Aufgabe des Moralhüters hat. Kunst wird nicht »in usum delphini« geschaffen (das Wort bezieht sich bekanntlich auf die Lektüre des französischen Dauphin, aus der alle anstößigen Stellen gestrichen waren). Seit der Renaissance war die Kunst Anwalt des Eros, der in der offiziellen Religion unterdrückt wurde, wenn er auch im Barock bis in die Kirchengebäude vordrang, die eine sinnliche Welt vor die Augen der Gläubigen zauberten. Andererseits wird man Nitsch kaum zustimmen können, wenn er meint, »die Schönheit tilge die Moral«. Kunst ist nicht Moral – aber beide haben ihr Recht. Keine Gesellschaft kann ohne öffentliche Moral auskommen. Konflikte sind vorprogrammiert und es hat sie seit dem Streit um Michelangelos »Jüngstem Gericht« immer wieder gegeben. Eine Patentlösung bietet sich sicher nicht an.[31]

Eine dritte Frage betrifft das Verhältnis von Kunst und Religion. Dies ist in unserem Zusammenhang die wichtigere Frage. Hermann Nitsch betrachtet sein Orgien-Mysterien-Theater als Gesamtkunstwerk; soll dieses Religionsersatz sein oder gar selbst als religiöse Handlung fungieren? Manche Äußerungen Nitschs legen nahe, daß er das so versteht: »Das orgien-mysterien-theater setzt die erlösungsidee der menschheit wissenschaftlich fort. Der mensch wird sich vom mythischen ablösen. Eine regenerierte menschheit kann sich in ihrem innersten spiel erkennen. Es geht um eine neue form der existenz und selbstanbetung, die eine begeisterung alles lebensaufwandes, aller daseinsregistration bewirkt und bedingt. Letztere kann sich bis zur seinsmystik (seinstrunkenheit) steigern. Die brunst findet ihre auflösung im FEST! ... Der spielablauf des o.m.-theaters ist sakrament der positiven entfaltung aller lebenstriebe.«[32]

Die Orgie ist das Sakrament dieses Erlösungsrituals, das zelebrierte Drama ihrer Liturgie. Um ein Gesamtkunstwerk zu erreichen, werden alle Register gezogen, von alter Musik bis zu höchster Lärmentwicklung, vom Verschütten von Blut bis zum festlichen Mahl. Höhepunkte sind die Zerreißung des Lammes und die Kreuzigung des Knaben. Damit wird auf das zentrale Heilsmysterium des Christentums angespielt, dieses jedoch umgedeutet: das christliche Symbol des Osterlammes wird in Zusammenhang mit dem Dionysosmythos gebracht, die Kreuzigung wird als gehemmtes Inzestverlangen verstanden, das sich in diesen Abreaktionshandlungen ausleben kann.

Nitsch steht in der Tradition der Idee des »Gesamtkunstwerkes«. Dieser Begriff (und auch die damit verbundene künstlerische Konzeption) geht auf Richard Wagner zurück, der ihn erstmals in seiner Schrift »Das Künstlertum der Zukunft« (1849) gebraucht: »Jede Einzelkunst kann heutzutage nichts Neues mehr erfinden, und zwar nicht nur die bildende Kunst allein, sondern die Tanzkunst, Instrumentalkunst und Dichtkunst nicht minder. Nun haben sie alle ihre höchste Fähigkeit entwickelt, um im Gesamtkunstwerk, im Drama, stets wieder erfinden zu können, d.h. aber nicht einzeln allein, sondern eben nur in der Darstellung des Lebens, des immer neuen Gegenstandes.«[33]

Odo Marquard hat nachgewiesen, daß Schellings Identitätsphilosophie bereits die Voraussetzungen für die Idee des Gesamtkunstwerkes geliefert hat.[34] Nun wird das (philosophische) System zum Kunstwerk und das Kunstwerk zum System. Ja noch mehr: es kommt darauf an, »die Gesamtwirklichkeit ästhetisch anzuschauen, nicht mehr nur in Kunstwerken, sondern als Kunstwerk.«[35] Das ist eine Konzeption, der auch Schopenhauer und Nietzsche gefolgt sind. Der frühe Nietzsche sagt, daß »das Dasein der Welt nur als ästhetisches Phänomen gerechtfertigt ist.«[36] Dieser Idee sind auch viele Künstler gefolgt, von Richard Wagner, König Ludwig II., Rudolf Steiner und Gabriele d'Annunzio bis zu John Cage, Hermann Nitsch und Joseph Beuys, wie die faszinierende Ausstellung von Harald Szeemann »Der Hang zum Gesamtkunstwerk« bewußtgemacht hat.[37]

Wie wir sehen, hat die Idee des Gesamtkunstwerkes ge-

23 Alfred Hrdlicka, Gekreuzigter (Torso), 1959

schichtliche Voraussetzungen. Das mythische Denken und später die christliche Weltanschauung boten eine Gesamtdeutung der Wirklichkeit. Im 18. Jahrhundert setzt sich immer mehr die wissenschaftliche Welterklärung durch. Der Gewinn, den diese im einzelnen gebracht hat, ist durch einen bitteren Verlust erkauft worden: eine Gesamtdeutung der Welt ist verloren gegangen. Auch die Plausibilität der christlichen Weltdeutung, die bis dahin in Europa vorherrschend war, wurde entscheidend geschwächt. Daher stelle ich die These auf: das Gesamtkunstwerk ist eine Kompensation der verlorenen Religion.[38] Das gilt nicht nur für das Gesamtkunstwerk. In den beiden letzten Jahrhunderten trachtet die Kunst gerade in ihren extremsten Äußerungen das Religionsdefizit, das zugleich ein Sinndefizit und Identitätsdefizit ist, zu kompensieren – falls sie nicht jegliche Sinndeutung für unmöglich und absurd erklärt (Marcel Duchamp, Dadaismus). In den im wesentlichen von der Romantik inspirierten Richtungen übernimmt Kunst, die bis zum 18. Jahrhundert uneingeschränkt der Religion zugesprochene Aufgabe der Weltdeutung.

Kann Kunst diese Aufgabe erfüllen? Gewiß, beide haben es mit Weltdeutung zu tun. Doch tun sie es auf ganz verschiedene Weise: Kunst arbeitet mit den Mitteln der formalen Gestaltung, Religion dagegen sucht ihre Weltdeutung ins Leben umzusetzen. Kunst ist Spiel, Religion ist Ernst. Das ist keine Abwertung der Kunst. Friedrich Schiller hat gesagt: »Der Mensch spielt nur, wo er in voller Bedeutung Mensch ist, und er ist nur da ganz Mensch, wo er spielt« (Über die ästhetische Erziehung des Menschen, 15. Brief). Im kultischen Spiel bleibt die Religion auf die Kunst angewiesen, auf ihre Kraft der Symbolisierung. Ohne Kunst degeneriert Religion entweder zu einem blutleeren dogmatischen System oder zu einer verkrampften asketischen Moral. Kunst kann das Leben beeinflussen, kann es beflügeln, kann Grenzerfahrungen verarbeiten und Ausdruck höchster Lebensbejahung sein, doch sie kann nicht einfach mit dem Leben identifiziert werden. Man kann Kunst an das Leben annähern, wollte man sie mit ihm identifizieren, würde sie aufhören, Kunst zu sein. Sie würde den Anspruch auf formale Gestaltung und damit sich selbst aufgeben. Und warum bleibt Kunst auf Religion angewiesen? Weil sie sonst an Tiefgang verliert. Man wird Hermann Nitsch zugestehen müssen, daß ihm das bewußt ist.

Die vierte Frage ist die nach dem Verhältnis von Nitschs Aktionskunst zum Christentum. Wir haben gesehen, daß Nitsch die zentralen christlichen Erlösungssymbole – Lamm und Kreuz – ins Mythische und Psychologische umdeutet. Mythen sind Geschichten, die von Göttern handeln, es sind Ursprungsgeschichten, die erzählen, wie die Welt entstanden ist und warum sie so ist wie sie ist. In diesen Geschichten finden Stämme und Völker ihre Identität. Die biblische Botschaft enthält mythische Elemente, doch ist sie nicht mit einem Mythos gleichzusetzen, hat sie doch ihre Wurzel in der Geschichte und bietet Heilsgeschichte. Hermann Nitsch reduziert das Christentum auf einen Mythos, der sich darin nicht von der mythischen Struktur der griechischen dionysischen Mythologie unterscheidet. Das ist nicht ganz neu, schließlich hat schon Hölderlin Christus unter die griechischen Götter versetzt, wobei er sich der Problematik bewußt blieb, wie sein Gedicht »Der Einzige« vor Augen führt. Freilich unterscheidet sich Nitsch von Hölderlin darin grundlegend, daß er nicht die apollinische, sondern die dionysische Seite der Religion im Auge hat. Dadurch wird das Christentum archaisiert, auf eine Stufe mit den blutigen vorchristlichen Opferritualen gestellt. Das ist das eigentliche theologische Problem. Dagegen hat schon der Hebräerbrief des Neuen Testamentes protestiert, der sagt: »Er (Christus) ging nicht mit dem Blute von Böcken und Rindern, sondern mit seinem eigenen Blute ein für allemal in das Allerheiligste hinein« (Hebr 9,12). Dies hat er »ein für allemal« getan, er »braucht sich nicht immer wieder zum Opfer darzubringen« (Hebr 9,25). Damit sind aber alle blutigen Opfer abgeschafft, an ihre Stelle tritt dieses einzige Opfer, das in der Eucharistiefeier auf unblutige Weise erneuert wird. Das ist ein symbolisches, kein blutiges Geschehen. Nitsch versucht allerdings, durch seine Deutung der Aktionen als »Abreaktionsspiele« der Regression eine emanzipatorische Tendenz zu geben. Er ist überzeugt, daß die Zivilisation nur ein Firnis ist, daß der Mensch in seinen Tiefen derselbe geblieben ist. Sigmund Freud hat die Therapie auf das Gespräch gegründet, das dem Menschen dazu verhelfen soll, unaufgearbeitete Konflikte zu bewältigen. Nitschs

Umgang mit den Abgründen im Menschen ist drastischer. Ob sie zu einer echten Abreaktion führt, ist sehr zu bezweifeln. Vom Standpunkt der Psychoanalyse aus hat Peter Gorsen gefragt, »ob der schöpferische Infantilismus des Künstlers jeweils eine der psychoanalytischen Auflösungsarbeit vergleichbare Befreiung oder nicht vielmehr eine neurotische Zuspitzung der Sexualverneinung erreicht.«[39]

Last but not least ist zu fragen, wie sich der Wiener Aktionismus zur österreichischen Tradition und damit auch zum österreichischen Katholizismus verhält. Es dürfte kein Zufall sein, daß der Aktionismus seine radikalste Zuspitzung in Wien erfahren hat. Die österreichische Geschichte ist durch den engen Bund von Thron und Altar charakterisiert. Am stärksten ist dieses Bündnis in den Jahren nach dem Sieg über die Türken vor den Toren Wiens 1683 in Erscheinung getreten. Der Sieg Österreichs wurde zugleich als Triumph der katholischen Sache gefeiert. Das ist die Grundstimmung des österreichischen Barock, dessen Zeugen noch heute zahlreiche Kirchen dieses Landes sind. In ihnen kommt auch eine vitale Sinnlichkeit zum Ausdruck, was fast hundert Jahre lang dem optimistischen Lebensgefühl entspricht.

Eine zweite Hochblüte erlebt die Kunst dieses Landes um 1900. Doch das Lebensgefühl hat sich grundlegend gewandelt. Man tanzt – doch ist es der Tanz auf dem Vulkan. Es ist, als ob man in der »österreichischen Versuchsstation des Weltuntergangs« (Karl Kraus im Juli 1914) noch einmal das Leben in vollen Zügen genießen möchte. Die Atmosphäre Wiens war erotisch aufgeladen, doch es war nicht mehr die vitale Erotik des Barock, sondern eine teils raffinierte, teils vulgäre. Die raffinierte Version kann man in den Dramen Arthur Schnitzlers studieren (Liebelei 1896, Freiwild 1898, Reigen 1900), die vulgäre in Felix Saltens »Josefine Mutzenbacher«. Dasselbe bezeugt die bildende Kunst: Klimt, Schiele, Kokoschka. Alfred Kubin schuf in seinen Zeichnungen und seinem Roman »Die andere Seite« eine Vision des Untergangs. Sie alle wurden von den Aktionisten bewundert. Sigmund Freud, auf den sich Nitsch immer wieder beruft, lebte in Wien und schrieb hier seine Werke, in denen die »libido« als stärkste Triebfeder im Menschen herausgestellt wird. Nitsch beruft sich immer wieder auf ihn.

Die sexuelle Obsession der Aktionisten hängt wohl mit dieser Tradition zusammen, die nach den zwei Kriegen verdrängt wurde, aber dennoch weiterwirkte. Werner Hofmann sagt: »Was sich als Traditionsbruch ausgab, stand jedoch in einer sehr österreichischen Tradition.«[40] Daß die Eruption sich gerade in Aktionen austobte, führt Hofmann auf die »Handlungsästhetik der katholischen Tradition« zurück, »welche den Empfänger überwältigen will und vom Kunstwerk eine tröstliche oder festliche Botschaft, eine Heilsoffenbarung erwartet.«[41] Hofmann sieht darin einen grundlegenden Gegensatz zur »Wortästhetik« des Protestantismus. Er fährt fort: »Die Aktionisten stehen ›im religiösen Bannkreis des Christentums‹, meint Peter Gorsen und leitet daraus die Heftigkeit ihrer Proteste ab. Richtiger ist es, sie in der Tradition des Katholizismus und seiner liturgischen Vermittlungsformen zu sehen, welche freilich, das ist einzuräumen, oft in häretischer Persiflage unkenntlich gemacht, aber auch bereichert und im wahrsten Sinne des Wortes radikalisiert werden.« Der protestantische Gottesdienst gibt den sakramentalen Ereignischarakter auf, stützt sich vielmehr auf die »verbal-abstrakten Kommunikationsmittel« von Predigt, Gebet und Gesang. Damit entfällt freilich auch die Gefahr sakrilegischer Verfremdung.

Die These von Werner Hofmann hat einiges an Plausibilität für sich, doch sollte man sie m.E. auf Nitsch einschränken. Bei den Aktionen von Rudolf Schwarzkogler ist die Selbstaggression unübersehbar, ebenso auch bei Brus, der nach der »Zerreißprobe«, seiner letzten Aktion (1970), ein feinsinniges zeichnerisches Werk geschaffen hat. Die Aktionen von Otto Mühl haben anarchisch-nihilistische Züge. Was die Aktionen von Hermann Nitsch von denen der anderen unterscheidet, ist einerseits ihre Steigerung zum »Gesamtkunstwerk« hin, andererseits die starke Daseinsbejahung, die letztlich in ihnen dominiert, was ein sehr barocker und sehr katholischer Zug an ihnen ist. Nitsch nimmt ausdrücklich Bezug auf die katholische Liturgie; den fünften Tag seines Spiels versteht er als »Variation des katholischen Gottesdienstes«. Das drückt sich auch in den »Prozessionen« aus, die Felder und Weinberge umschreiten und darüber hinaus in dem »Fest«, mit dem das Spiel endet.

Die Aktionen von Hermann Nitsch sind vielschichtig und

vieldeutig. Sie stehen einerseits im Banne der katholischen Liturgie und entfernen sich andererseits in befremdender Weise von ihr. Der Christus der Evangelien ist in weite Ferne gerückt, ist in eine mythische Gestalt verwandelt.

Kultischer Bezirk

Wenn man von der schwülen Atmosphäre des Orgien-Mysterien-Theaters herkommt, wirkt das Werk von Walter Pichler wie die kühle Luft des Hochgebirges. Walter Pichler wurde 1936 im Südtiroler Eggental geboren. 1940 übersiedelte die Familie im Zuge der Aktion, die Hitler und Mussolini ausgehandelt hatten, nach Nordtirol. Doch die vier ersten Lebensjahre, die Walter im Eggental verbrachte, ließen Kindheitserinnerungen zurück, die er in zahlreichen Zeichnungen beschworen hat. Der Vater war Schuster, der Großvater hatte eine Schmiede, die in unmittelbarer Nähe lag. Handwerkliche Präzision kennzeichnet auch das Werk des Künstlers. Von 1955 bis 1959 absolvierte Pichler ein Graphikstudium an der Hochschule für angewandte Kunst in Wien. Doch wandte er sich alsbald der Arbeit an Skulpturen zu. 1960 entstand die »Kleine Figur« aus verlötetem Eisendraht, 1960–63 die aggressiv wirkende »Alte Figur« aus Zinn. Die erste wirkt wie eine Hommage à Giacometti, die letztere wie eine Hommage à Brancusi, die beiden Bildhauer, die Pichler am meisten bewundert. Ab 1961 entwirft Pichler utopische Architekturen, schafft Zeichnungen und Plastiken von »Gebäuden« und »Städten«. Das bringt ihn mit Hans Hollein zusammen. Die beiden stellen 1963 gemeinsam in der Galerie nächst St. Stephan des Monsignore Otto Mauer aus; die Ausstellung erregt großes Aufsehen. Was beide verbindet, ist das Ideal einer »absoluten Architektur«. Sie geben ein Manifest heraus, zu dem beide je einen Text beitragen. Das »Manifest« Pichlers hat folgenden Wortlaut:

»Architektur. Sie wird geboren aus den stärksten Gedanken. Für die Menschen wird sie Zwang sein, sie werden darin ersticken oder sie werden leben – leben, wie ich es meine. Architektur ist nicht die Hülle für primitive Instinkte der Massen. Architektur ist Verkörperung der Macht und Sehnsüchte weni-

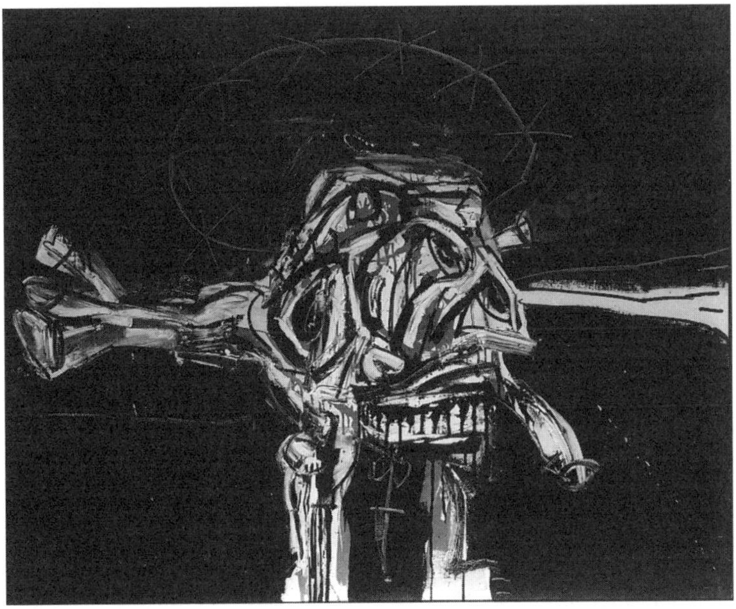

24 Antonio Saura, Kreuzigung, 1959

ger Menschen. Sie ist eine brutale Sache, die sich der Kunst schon lange nicht mehr bedient. Sie berücksichtigt die Dummheit und Schwäche nicht. Sie dient niemals. Sie erdrückt die, die sie nicht ertragen. Architektur ist das Recht derer, die nicht an das Recht glauben, sondern es machen. Sie ist eine Waffe. Architektur bedient sich rückhaltlos der stärksten Mittel, die ihr jeweils zur Verfügung stehen. Maschinen haben sie ergriffen, und die Menschen sind nur mehr geduldet in ihrem Reich.«[42]

Das Manifest Holleins ist ebenso apodiktisch. 1968 erscheint in der Zeitschrift »Wort und Wahrheit« ein Artikel von Hollein unter dem Titel »Neue Medien der Architektur – Fragmentarische Anmerkungen zu neuen Entwicklungen und Möglichkeiten«.[43] Hollein zeigt sich fasziniert von den neuen Möglichkeiten der Technik, den neuen Medien der Kommunikation ebenso wie von Raumkapseln und Raumanzügen. Aus dem Aufsatz spricht die optimistische Vorstellung von einem Menschen, der die Umwelt völlig in den Griff bekommt und somit in einer von ihm geschaffenen Welt lebt. Otto Mauer, einer der Redakteure der Zeitschrift, publiziert den Artikel zusammen mit einem »offenen Brief« an Hollein, wo er die Befürchtung äußert, daß es für Hollein um eine Zwangsbeglückung des Menschen gehe, die ihn als Objekt behandle, statt ihn als Subjekt in die Freiheit zu entlassen.

Pichler bewegt sich in dieser Zeit in ähnlichen Vorstellungen. 1963 hatte er Zeichnungen und ein Modell einer »Kapelle« geschaffen, die ein zweckfreies Gebäude darstellen. Auch die Zeichnungen eines »Sakralen Gebäudes« aus demselben Jahr haben utopischen Charakter. Um 1967 schafft er utopische Raumkapseln, so etwa den »Fernsehhelm« aus Polyester, ein Ungetüm, das den Menschen, der ihn aufsetzt, zu einem Gefangenen macht. Otto Mauer hat im Zusammenhang mit dieser und ähnlichen Plastiken von einer »absurden Technik« gesprochen: »Walter Pichler, Exponent eines technischen und technokratischen Zeitalters, Schöpfer klassisch präziser Objekte und Architekturzeichnungen, ist gleichwohl Transgressor und Aggressor gegenüber dieser rationalistischen Sphäre, seiner so eindeutig erscheinenden Gegenstandswelt eignet ein surrealer, absurder Einschlag: er schafft Maschinen, die nicht zu funktionieren haben, aber deren plastischer Wert unbestreitbar ist; er erzeugt mit größtem Aufwand an Material und Erfindung technoide Gebilde, die praktisch unverwertbar sind.«[44] Die Technik fasziniert Pichler und wird zugleich von ihm ad absurdum geführt. Pichlers Architekturen und Apparate vermitteln den Eindruck von Vergeblichkeit – »ein Anhauch Kafkascher Parabolik«.

Und immer wieder die Nähe zum Kultischen. 1970 entwirft Pichler einen »Altar«, eine Spanplattenkonstruktion, von einem weißen Leinen säuberlich verhüllt. Unten steht mit Bleistift geschrieben: »Sollte Marmor sein«. Zugeordnet ist ein »Tragbarer Schrein«, der die Vorstellung eines Tabernakels evoziert: das Zinnplattengehäuse mit eingelassenem Spiegel sitzt auf einigen Stützen aus Weidenrutenbündeln, die von Gras ummantelt sind, während zwei lange Stangen links und rechts das Tragen erlauben. Pichler hat ihn zusammen mit einem Freund durch die Straßen Wiens getragen. Es existiert auch eine Zeichnung, die Altar und Schrein auf einer Plattform zeigt, zu der man auf Stufen hinaufsteigt, sodaß ein ganzer Altarbezirk entsteht. 1971 wird der »Reliquienschrein« geschaffen: ein weißes Gewand liegt in einem Messinggestell unter Glas. Pichler hat dem Kleid mit seinem eigenen Blut eine »Seitenwunde« gegeben und darauf mit Kupferblech einen »Kontinent« angebracht, der einer Karte von Nord- und Südamerika gleicht.

Kleider, die an eine priesterliche Tunika erinnern, kommen auch auf Zeichnungen immer wieder vor, so etwa auf dem Blatt »Jerusalem« (1971), wo das Kleid aus einem Kubus herauswächst. Das erinnert sehr an eine frühere Zeichnung, auf der die Beine Pichlers aus einem Kubus herausschauen, der Pichler den Titel gegeben hat: »Ich stelle mir vor, daß ich heute in der Laubhütte liegen würde, die ich mit zehn Jahren gebaut habe« (1970).

1971/74 setzt sich Pichler intensiv mit dem Tod auseinander. Das geschieht in einer Reihe von Zeichnungen: »Stuhl für einen Selbstmörder« (1971), »Verblutender«, »Versunkener« (1972), »Gehängter« (1974). Der Mensch erscheint hier und in anderen Zeichnungen als Gequälter, Verletzter, Verschütteter. 1971 entsteht auch das Objekt »Spitalsbett«: ein altes, gebrauchtes

Spitalsbett mit einem Körpernegativ in Blei und Glas. Dieses Bett wirkt wie ein Folterinstrument; es erinnert an Kafkas »Strafkolonie«, wo ein Häftling, auf einem Folterbett liegend, langsam von spitzen Nägeln zu Tode gequält wird.

Von dieser Zeit an begegnet in dem bedeutenden zeichnerischen Werk Pichlers immer wieder die einsame menschliche Gestalt, an der elementare Körperhaltungen verdeutlicht werden: Gehen, Stehen, Liegen und Sitzen – die »vier Ehrwürdigkeiten« des Buddhismus. Man kann vermuten, daß diese Gestalt Pichler selbst ist, der die Einsamkeit als Voraussetzung des Schaffens gewählt hat. 1972 hat er sich nach St. Martin im südlichen Burgenland zurückgezogen, wo er einen Bauernhof erworben hat, um den herum er eine Anzahl von Gebäuden errichtete, die so etwas wie einen kultischen Bezirk bilden. Das Ensemble ist im Lauf von Jahrzehnten allmählich entstanden, nach vielen, vielen Überlegungen. Dieser kultische Bezirk bildet Pichlers Hauptwerk. Er unterscheidet sich sehr stark von den Architekturutopien der 60er Jahre. Es geht Pichler nicht mehr um die »Stadt«, vielmehr erschafft er ein betont ländliches Ambiente, dessen einzelne Gebäude bewußt den »Kellergebäuden« und Schuppen ähneln, wie man sie im Burgenland findet. Dahinter steht harte handwerkliche Arbeit. Künstlerische Arbeit ist Pichlers eigentlicher Lebensinhalt: »Wer nichts tut, ist nichts.« Max Peintner hat im Hinblick auf Pichler geradezu von einer »Religion der Arbeit« gesprochen.[45]

Ein Besuch in St. Martin im Jahre 1988 ist unvergeßlich. Ich hatte mich, zusammen mit Professor Sotriffer, früh angemeldet: Pichler läßt sich nicht gern stören. Nach der Begrüßung mit einem Imbiß und einem kurzen Gespräch geht es in die Werkstatt. Sie ist für Pichler der wichtigste Raum des alten Bauernhofes, den er völlig umgestaltet hat. Hier finden sich alle Werkzeuge, die Pichler benötigt, auch einige in Arbeit befindliche Plastiken. Mitten durch die Werkstatt verläuft eine sorgfältig gefaßte Regenrinne. Ein kleiner Kanonenofen ermöglicht die Beheizung des Raumes. Was aber besonders in die Augen sticht, ist der »Sitz« aus verputztem Mauerwerk, der eher einem Thron gleicht. Auf ihm kann Pichler überlegen, nachdenken, meditieren. Man spürt allen Werken Pichlers an, wie gründlich sie durchdacht sind. Da wird nichts dem Zufall überlassen.

Um den U-förmigen, strohgedeckten Bauernhof gruppieren sich die anderen Gebäude. Von dem Schenkel des Hofes, wo sich die Werkstätte befindet, führt eine Brücke zum Haus für die große Mähmaschine, den großen und kleinen Wagen. Das Haus gleicht einem Geräteschuppen, der auf Stützen steht. Die Wägen sind Gebilde hoher Zwecklosigkeit. Wägen haben Pichlers Phantasie immer beschäftigt. Man kann wohl dabei an die Lebensfahrt denken, die ja auch oft nicht nach Plan und Zweck verläuft.

An die andere Hüfte des Bauernhofes schließt sich mit einem kleinen Abstand das Haus für die »Bewegliche Figur« an. Es handelt sich um eine hochkomplizierte stehende menschliche Figur mit ausgebreiteten Armen aus Messing, Blei, Zink und Zinn, die mit mehreren Hüllen bekleidet ist. Dadurch wirkt sie wie eine Kultfigur.

Auf der gegenüberliegenden Seite des Hofes ist ein altes, aber neugedecktes Kellergebäude, daneben ein diesem sehr ähnliches Haus für den Rumpf und die Schädeldecken. Der Rumpf ist eine starr sitzende nackte Figur ohne Arme und Beine aus verschiedenen Materialien. Seitlich davon sind mehrere Schädeldecken aus Bronze auf einem Holzgestell aufgereiht. Die außerordentlich schönen, glänzenden Plastiken strahlen feierliche Ruhe aus. Das Ganze wirkt wie eine Huldigung an das menschliche Denken. Dazu kommt, daß die vier Plastiken eine aufsteigende Reihe bilden: eine Anspielung auf die Hominisation?

Seitlich des Wohntraktes befindet sich das langgestreckte Haus für das Kreuz. Man betritt das Haus durch ein feingliedriges Gatter aus Haselnußstöcken und steht dann in einem Vorraum, wo sich ein Sitz gegenüber dem Kreuz befindet. Der Hauptraum wird von einem mächtigen waagrechten Kreuz aus Eichenstämmen beherrscht. Über dem Schnittpunkt der beiden Stämme ist ein Gehäuse aus Messing, Blei, Zinn, Zink und Glas angebracht. Wenn es geöffnet wird, fällt der Blick auf ein Kruzifix, das von Metallflächen umgeben ist. Es handelt sich um ein Fundstück, das Pichler mit Mullbinden bandagiert hat. Der Sitz gegenüber dem Kreuz lädt zur Meditation ein. Pichler bezeichnet dieses Haus als die »Kapelle« des Ensembles. Das Thema »Kreuz« hat Pichler schon lange beschäftigt. 1972 entstanden erste Zeichnungen des Kreuzes in der Holzhütte. 1973 schuf Pichler eine Kreuzskulptur aus Weidenruten, verlötetem Kupferdraht und Zinn, die in einen Sockel aus Beton eingelassen war. 1975/76 folgte eine Reihe von Zeichnungen von Kreuzen auf Astgabeln. Dabei wurde die gotische Tradition des Astkreuzes sehr stark verändert; auch trugen die Astkreuze keinen Corpus.

Anschließend an die Kapelle entstand – nach unserem Besuch – das »Türmchen«. Das höchste Gebäude des Ensembles birgt eine Reihe von stark abstrahierten schlanken »Frauen« aus verschiedenen Materialien. Ort und Gestaltung verleihen ihnen besondere Dignität.

In St. Martin hat Pichler einen Mikrokosmos geschaffen. Die verschiedenen Dimensionen menschlicher Existenz erhalten ihre künstlerische Sublimierung: die Arbeit, das Denken, die Religion, die Faszination durch das andere Geschlecht. Es handelt sich um künstlerische Auseinandersetzungen mit diesen Bereichen, wenn man will: ihre Überhöhung. In diesem Zusammenhang ist immer wieder der Begriff »Kult« gefallen. Das Wort wird hier im metaphorischen Sinn gebraucht. Pichler wehrt sich vehement dagegen, daß seine Kunstwelt als Religionsersatz verstanden wird. Im Gespräch darauf angesprochen sagt er: »Diese Arbeit kann Kunst nicht leisten. Das kann nicht funktionieren.« Damit ist nicht gesagt, daß Kunst und Religion sich nicht gegenseitig befruchten können: »Die Kunst wird nicht ohne Religion funktionieren und die Religion wird nicht ohne Kunst funktionieren.« Kunst und Religion stehen einander gegenüber, keines ist dem anderen untergeordnet. Kunst ist unbedingt wie Religion. Sie ist keine Behübschung des Lebens. »Sie ist einfach das Leben selbst. Ich kann mir gar kein anderes vorstellen.« Man kann sich ihr nur mit höchstem Einsatz widmen.

Einmal hat Pichler auch ein Jesusbild geschaffen: »Mann mit Dornenkrone« (1989). Die Zeichnung zeigt das Antlitz Jesu und daneben die Gestalt eines Mannes, der auf ihn verweist, vermutlich der Künstler selbst. Das vermag Kunst: auf die Gestalt Jesu verweisen. Doch das ist und bleibt Kunst, ist nicht Religion und auch kein Bekenntnis zum Christentum.

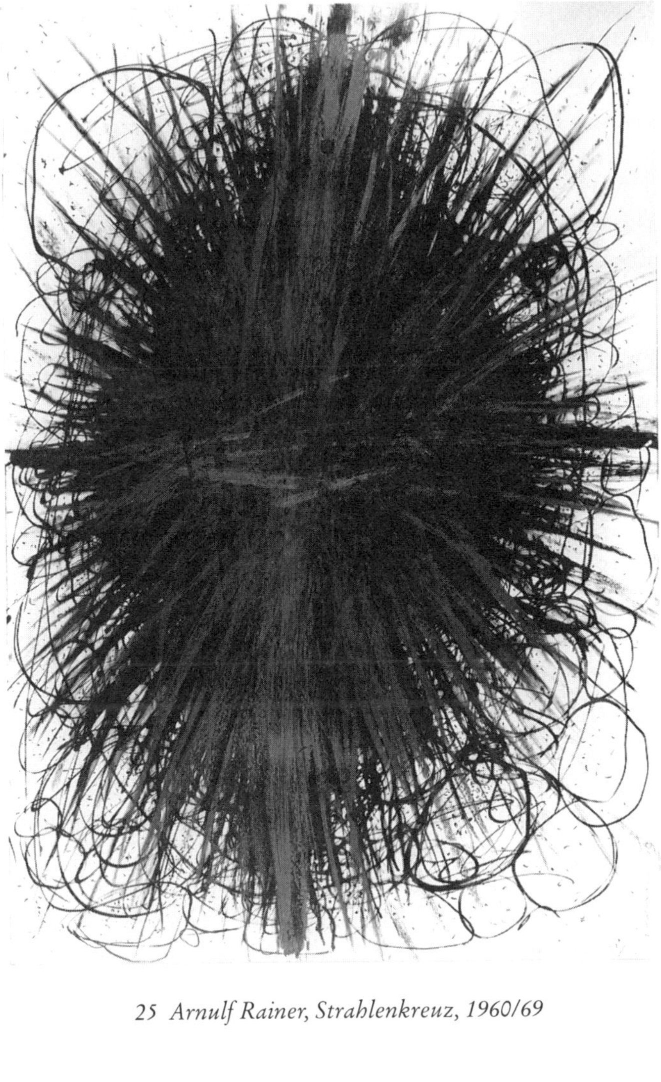

25 Arnulf Rainer, Strahlenkreuz, 1960/69

Joseph Beuys (1921–1986) ist in den letzten zwanzig Jahren seines Lebens zur beherrschenden Figur der deutschen Kunstszene aufgestiegen. Er gehört zu denen, die in den 60er Jahren die Wende in der Kunst herbeigeführt haben. Dazu haben nicht nur seine Skulpturen, Zeichnungen, Objekte, Installationen und Aktionen beigetragen, sondern auch sein unermüdlicher Einsatz, der politische Aktivitäten einschloß, die allerdings mehrfach heftigen Widerspruch provozierten. Lange Zeit ist übersehen worden, daß bei ihm eine spirituelle Komponente eine entscheidende Rolle gespielt hat. Das ist einer breiteren Öffentlichkeit erst anläßlich einiger Ausstellungen und Publikationen Anfang der 80er Jahre bewußt geworden, wobei sie zunächst eher befremdet reagierte. Franz Joseph van der Grinten hat als erster »Religiöse Motive im Werk von Joseph Beuys« zum Thema einer Untersuchung gemacht.[46]

Joseph Beuys ist in einem streng katholischen Elternhaus in Kleve (Rheinland) aufgewachsen. Das Verhältnis zu den Eltern war nicht das beste. Der Junge interessierte sich lebhaft für die Natur und die Naturwissenschaften. Nach dem Abitur 1940 mußte er einrücken und kam als Sturzkampfflieger in Rußland zum Einsatz. 1943 wurde er auf der Krim abgeschossen und schwer verletzt von Tataren aufgefunden und mit Hausmitteln gepflegt: sie salbten die Wunden mit tierischem Fett und wickelten ihn in Filz ein, damit er sich erwärmen konnte. Trotz seiner schweren Wunden überlebte Beuys, litt aber ein Leben lang an den Folgen. Fett und Filz wurden später wichtige Materialien bei Objekten und Aktionen. Nach seiner Heimkehr aus der Gefangenschaft nahm Beuys sein Studium an der Düsseldorfer Kunstakademie auf. Er wurde in die Klasse Ewald Mataré aufgenommen, dessen bester, aber auch schwierigster Schüler er wurde. Später haben sich die beiden völlig auseinander gelebt.

Mataré, der des öfteren kirchliche Aufträge übernahm, arbeitete damals gerade an den Türen des Kölner Domes. Beuys setzte für ihn das Mosaik für »Das brennende Köln« (1948). Auch die frühen eigenen Skulpturen von Beuys haben häufig christliche Themen, wobei sich allerdings schon früh zeigte, daß er die gängige Ikonographie veränderte. Das »Sonnenkreuz«, das in seinem ersten Studienjahr an der Akademie (1947/48) entstand, ist ein Beleg dafür. Die nur 36 cm hohe Bronze zeigt den Corpus des Gekreuzigten mit nach oben gewinkelten Armen. Sein Haupt ist mit Weintrauben bekränzt; darüber rotiert die Sonnenscheibe und sendet Strahlen aus. Die Kreuzigung wird mit der Eucharistie (Weintrauben) und der Auferstehung (Sonne) in Bezug gesetzt. Eine Verbindung mit griechischer Mythologie (Dionysos und Apoll), die Karin von Maur vermutet, ist denkbar, aber nicht nachweisbar. Eines zeigt sich in diesem ersten Werk deutlich: Beuys sucht Synthesen – das ist immer so geblieben.

Die Verbindung von Kreuzigung und Auferstehung ist auch in zwei Holzplastiken anvisiert, die zusammen in einem Holzrahmen montiert sind: »Symbol des Opfers« und »Symbol der Erlösung II« (Sammlung Brüder van der Grinten, Kranenburg, 1951). Mit kleinen Variationen ist angedeutet, daß der Gekreuzigte auch der Auferstandene ist: das »Symbol der Erlösung« hat weder Lendenschurz, noch trägt es Gesichtszüge; die Aufwärtsbewegung wird durch die sanfte Biegung des Körpers angedeutet. Zehn Jahre später hat Beuys diese Doppelplastik als Vorentwurf für die Grabplastik für Gerhard van der Grinten, nun in Bronze, gewählt.

Christus wird auch in unmittelbaren Bezug zur Alltagswelt gesetzt: 1949 modelliert Beuys einen kleinen Christus aus Gips und befestigt ihn auf dem Boden einer Zigarrenkiste. Der aufgeklappte Deckel der Kiste trägt noch die Markenbezeichnung »Die Glocke von Bremen«.[47] Konventioneller wirkt ein Weihwasserbecken mit einem Relief »Schweißtuch der Veronika« aus Blei (1948), das sich heute in der Sammlung der Brüder van der Grinten befindet. In dieser Zeit entstehen auch zahlreiche Zeichnungen zu christlichen Motiven: Kreuzigungen, Darstellungen der Pietà, des Lazarus oder der Auferstehung Christi, auch sehr ungewöhnliche wie »Kelch mit Hirschkopf«. Diese Zeichnungen streben keine Ausgewogenheit und Schönheitlichkeit an, doch sind sie von großer Zartheit und Empfindsamkeit.

1953 gestaltete Beuys einen Grabstein für Dr. Fritz Niehaus in Büderich. Es zeigt ein Kreuz ohne Corpus vor einer Scheibe.

Die Arme des Kreuzes sind leicht angehoben. Die Scheibe kann als aufgehende Sonne interpretiert werden; sie ist »ein kosmisches Symbol des zum Ewigen sich erneuernden Lebens.«[48] Ein zweites Grabkreuz entsteht 1955 für Josef Koch. Das riesige, 370 cm hohe Kreuz ist ganz einfach gestaltet. Als letztes Glied dieser Reihe kann das monumentale Hängekruzifix gelten, eine Schnitzskulptur aus Holz mit Eisenscheibe auf der Brust, die im Turmraum des Büdericher Ehrenmals hängt. Sie nimmt nochmals die Grundidee des »Symbols des Opfers« auf (entstanden 1958).

Überblickt man die Reihe der frühen Kreuze, so kann man feststellen, daß sie sich von fast allem abheben, was wir bisher betrachtet haben. Während in unserem Jahrhundert vorwiegend die Passion akzentuiert wurde, geht es Beuys um die Verbindung von Kreuzigung und Auferstehung. Das stellt eine Verbindung zu frühen Kreuzigungen vom 5. bis zum 10. Jahrhundert her, wo der Gekreuzigte als Symbol des Lebens und des Triumphes über den Tod dargestellt wurde. Das geschah im Bewußtsein, daß für den Gläubigen Kreuzigung und Auferstehung Christi zusammengehören, daß erst beide zusammen das Paschamysterium, das österliche Heilsgeschehen bilden. In der klassischen Moderne ist diese Zusammenschau noch bei Rouault und Jawlensky nachweisbar, sosehr sich die formalen Darstellungsmittel auch von Beuys unterscheiden. Auch das zweite Anliegen von Beuys, die kosmische Dimension der Kreuzigung zu betonen, ist uns bisher nur bei Jawlensky – in ganz anderer Weise – begegnet. Beides ist ein Hinweis darauf, daß es Beuys nicht so sehr um den Menschen Jesus, sondern um Christus geht. Was das zu bedeuten hat, wird uns noch beschäftigen.

Im Dezember 1954 geriet Beuys, der auch körperlich geschwächt war, in eine tiefe Depression, als ihm seine Verlobte den Ring zurücksandte. Sein Zustand verschlechterte sich ständig, bis die Familie van der Grinten ihn aufnahm. Die beiden Freunde und ihre Mutter brachten zuwege, was vorher niemanden gelungen war: Beuys erholte sich ganz langsam, ein Prozeß, der freilich bis August 1957 dauerte. Diese langen Jahre führten aber zu einer völligen Umwandlung. Beuys selbst sagte Anfang der 70er Jahre in einem Gespräch mit Götz Adriani, Winfried

Konnertz und Karin Thomas dazu: »Bei dieser Krise wirkten zweifellos Kriegsereignisse nach, aber auch aktuelle, denn im Grunde mußte etwas absterben ... Der Initialvorgang war ein allgemeiner Erschöpfungszustand, der sich allerdings schnell in einen regelrechten Erneuerungszustand umkehrte ... Krankheiten sind fast immer auch geistige Krisen im Leben, wo alte Erfahrungen und Denkvorgänge abgestoßen, beziehungsweise zu durchaus positiven Veränderungen umgeschmolzen werden.«[49]

Ergebnis der Bewältigung der Krise war aber auch ein künstlerischer Neubeginn. Beuys wandte sich von den traditonellen Formen der Gestaltung ab – wir haben ja gesehen, daß sich schon früh Ansätze zu Neuem finden. Das wirkte sich auch auf seine Auseinandersetzungen mit der religiösen Thematik aus. Rückblickend distanzierte sich Beuys von diesen Plastiken und Zeichnungen und antwortete 1984 auf die Frage von Friedhelm Mennekes nach seiner Einstellung zu der frühen religiös motivierten Kunst folgendes: »Ja, das ist wohl der erste Versuch, sich an so etwas heranzubegeben ... Dann erschöpft sich diese Versuchsreihe, vom traditionellen Motiv her an das Spirituelle heranzukommen. Dieses Experiment erschöpft sich schon um 1954 herum. Da ist das eigentlich zu Ende. Und da wird mir klar, daß über diesen abbildlichen Weg mit dieser Christusfigur das Christliche selbst nicht zu erreichen ist. Jedenfalls nicht durch mich.«[50] Wenn sich Beuys von nun an mit der Kreuzigung auseinandersetzt, so auf eine Weise, die die überlieferte Ikonographie völlig hinter sich läßt. Ein bekanntes Beispiel ist die Stuttgarter Kreuzigung (1962/65), wo Bezüge zum Roten Kreuz und damit zur Lebensrettung hergestellt werden.

In den 50er Jahren hatte Beuys viel Zeit zum Lesen und Nachdenken. Sein Denken kreiste einerseits um den Menschen, andererseits um den Kosmos. Er war Universalist, hatte außerordentlich viele Interessen. Die universalen Geister, Goethe und Leonardo, faszinierten ihn. Weit gespannt waren auch seine naturwissenschaftlichen Interessen. Seit seiner Kindheit spielten Tiere für ihn eine große Rolle; das findet seinen Niederschlag im Werk. Immer wieder begegnen der Hirsch, der Hase, die Biene. Diese Tiere werden mit Bedeutung aufgeladen. Der Hirsch ist das gefährdete, todgeweihte Tier. Der Hase und die Biene sind »heilige« Tiere in der Mythologie der Völker, sie sind es auch für Beuys. Besonders angetan hatte es ihm die Biene und der Honig, »aus dem die Biene etwas Höheres macht.« Honig ist eine spirituelle Substanz, darin folgt Beuys dem verehrten Rudolf Steiner. Bedeutsam ist auch, daß die Bienen als sozialer Körper arbeiten und für Beuys Symbolcharakter haben – oder soll man sagen: Vorbildcharakter für den Menschen? Jedenfalls stehen hinter der »Honigpumpe«, die Beuys für die 6. documenta 1977 gemacht hat, solche Gedanken.[51]

Sie formieren sich allmählich zu einem System. Beuys entwickelt einen »erweiterten Kunst- und Wissenschaftsbegriff«. Er ist überzeugt, daß sich die Lebensbedingungen ändern müssen. Dazu sei notwendig, daß ein anderer Kunstbegriff geprägt werde, der sich auf jedermann bezieht. Daher sein Wort »Jeder Mensch ist ein Künstler«. Das meint nicht, daß jeder Mensch ein Maler oder Bildhauer ist, sondern daß er ein kreatives Potential hat, das er in seinem Bereich – als Bauer, Mechaniker, Köchin – zur Geltung bringen kann. Jeder Mensch kann somit an der Erneuerung mitarbeiten, kann seinen Beitrag zur sozialen Wärmeplastik leisten. »Dieser Begriff des Wärmehaften verbindet sich auch mit dem Begriff der Brüderlichkeit und des gegenseitigen Zusammenarbeitens, und deswegen haben Sozialisten die Biene genommen als Symbol, weil das im Bienenstock geschieht, die absolute Bereitschaft, sich selbst zurückzustellen und für andere etwas zu tun.«[52] Den Begriff der sozialen »Plastik« wählt Beuys, weil er damit die Fähigkeit des Gestaltens verbindet. 1962 stößt Beuys dann auf die Fluxusbewegung und steht ihr eine Zeit lang nahe. Was ihn daran fasziniert, ist das Moment der Bewegung, das seinen Vorstellungen von der Erweiterung des Kunstbegriffs und dessen Dynamisierung entgegenkommt.

Beuys geht es um eine Gesamtschau des Menschen und der Menschheitsgeschichte. Die wichtigsten Anregungen dafür hat er von Rudolf Steiner empfangen. Er ist schon früh auf Steiner gestoßen, hat sich während seines Studiums intensiv mit ihm beschäftigt und sich im Laufe der Zeit eine Steiner-Bibliothek zugelegt, die nahezu 100 Titel umfaßt.[53] 1973 ist er auch Mitglied der anthroposophischen Gesellschaft geworden.

In der evolutionären Weltanschauung von Rudolf Steiner

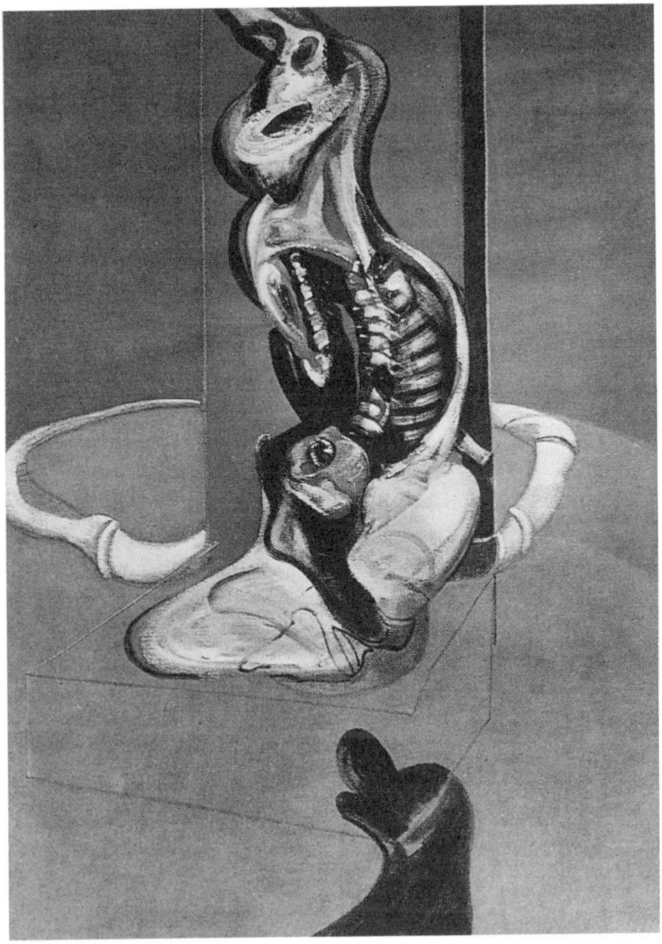

26 Francis Bacon, Three Studies for a Crucifixion, Rechte Tafel, 1962

spielt Christus eine zentrale Rolle, so wie er auch in Dornach eine Christusfigur ins Zentrum des Goetheanum gestellt hat. Für Rudolf Steiner ist das Christus-Ereignis die »Mitte der Erdentwicklung«.[54] Christus ist zugleich der Wendepunkt: seinem Kommen ging eine »finstere« Epoche voraus, mit wachsendem Materialismus, eine Zeit des Egoismus, des Irrtums und der Lüge. Steiner führt das auf den wachsenden »luziferischen Einfluß« zurück. »Das alles, was im Menschen mangelhaft geworden ist, wird durch den Christus-Impuls wiederum geheilt.«[55] Entscheidend ist jedoch, daß es nicht bei dem einmaligen historischen Ereignis, bei der Inkarnation Christi in menschlicher Gestalt bleibt, »die das hohe Sonnenwesen vorbereitet hatte«,[56] sondern daß von ihm ein Impuls ausgeht, »durch den in den Menschen das Bewußtsein eingezogen ist, daß er in seinem Ich etwas von göttlicher Substanz und Wesenheit hat«.[57] Es ist das Bewußtsein der »Gottähnlichkeit in unserem Ich, die Aufnahme des Christus in unserem Ich«.[58] Immer wieder spricht Steiner von diesem »Christus-Impuls«, der ein »Impuls der Liebe«, der Brüderlichkeit ist[59], der aber auch das im Abendland entstandene Ich-Bewußtsein und die damit verbundene Entwicklung des Gewissensbegriffes voraussetzt[60], der dem Menschen die Freiheit gebracht hat. Das Christentum ist eine mystische Tatsache, ausgelöst durch das »Mysterium von Golgotha«. Steiner beruft sich auf Paulus und den Meister Eckhart, wenn er betont, es gehe um den Christus »in mir«[61], der aber zugleich ein Christus für die anderen ist. Nun ist der Christus »immer da«.[62] Allerdings dauert es lange, bis sich dieser Christus-Impuls durchsetzt, wobei Steiner der Jetztzeit eine besondere Bedeutung zuerkennt, obwohl in ihr die Macht des Bösen besonders stark gegen den Christus-Impuls ankämpft.

Steiner ist überzeugt, daß es einen vom Christus-Ereignis ausgehenden Fortschritt in der Geschichte gibt, daß die Fähigkeiten der Menschheit ständig wachsen. Das geschieht dadurch, daß die Menschen allmählich den Freiheitsgedanken aufnehmen, daß sie von Inkarnation zu Inkarnation das Gute in sich wachsen lassen können. Das esoterische Verständnis des Christus-Impulses führt den Menschen auf den sieben Stufen der Einweihung hinan,[63] wobei er zu einer immer tieferen Erkenntnis gelangt. Unverkennbar spielen dabei gnostische Einflüsse eine Rolle; die Anthroposophie ist ja »das verstandene Christentum«. Steiner hat auch buddhistisches Gedankengut aufgenommen, ist aber überzeugt, daß der christliche Weg sich dadurch vom Buddhismus unterscheidet, daß er einen Aufstieg der Menschheit und die Verantwortung dafür im Auge hat. Ziel ist »die geistige Vereinigung der Menschheit.«[64]

Joseph Beuys hat den Begriff »Christus-Impuls« und die damit gemeinte Sache inhaltlich von Rudolf Steiner übernommen. Selbstverständlich läßt sich das künstlerische Werk von Beuys nicht dadurch erklären, dazu war er als Künstler viel zu eigenständig. Aber sein Gedankensystem ist doch wesentlich von Steiner geprägt. Im Unterschied zu Steiner hat er sich aber prinzipiell an die Öffentlichkeit gewandt; was er sagt, soll weder esoterisch noch »Geheimwissenschaft« sein.

Den Begriff »Christus-Impuls« gebraucht Beuys viermal in einem Interview mit Horst Schwebel, das 1979 publiziert wurde. Das Interview beweist, wie tief die Auffassungen Steiners auf Beuys gewirkt haben. Gleich eingangs stellt er die Frage: »Wie kann man das, was ein Christusimpuls ist, herausarbeiten? Was ist das eigentlich? Ist das ein bloß historisches oder ist das ein gegenwärtig-reales Ereignis? Hier muß man ansetzen.«[65] Im Verlauf des Interviews beantwortet er selbst diese Frage: »Entweder ist er (Christus) real, dann lebt er im Menschen. Ist er nicht real, ist er nur historisch, ist Christus-Jesus nur ein Religionsstifter, der als historische Figur versucht hat, ein religiöses System zu begründen, dann gibt es keinen Christusimpuls. Ist es eine spirituelle Tatsache, ein wirkliches Geschehen, dann ist es vorhanden. Dann ist auch wahr, was geschrieben steht: ›Siehe, ich bin bei euch alle Tage, bis an der Welt Ende‹ (Mt 28,20). Dann lebt Christus im Menschen selbst.«[66] Das aber heißt: » ... kann ich nur vom Menschen sprechen als von einem gottähnlichen Wesen. Ich kann es auch nicht anders erwarten, wenn Christus im Menschen lebt, das heißt, wenn er in ihn eingezogen ist, dann muß doch der Mensch auch eine Art Christus sein oder partiell jedenfalls Christus sein. Und in der Tat kann man meines Erachtens nicht anders vom Schöpferischen im Menschen sprechen, als daß das Schöpferische etwas Göttliches ist. Das Schöpferische ist das Göttliche, das heißt das, was den

Fortgang der Dinge in der Welt entwickelt.«[67] Der letzte Satz beweist, daß Beuys den Begriff des Schöpferischen auf die Gestaltung der Welt bezieht, sei es nun im Künstlerischen im engeren Sinne, oder durch Politik, Wirtschaft, Ökologie usw. Mit anderen Worten: Der Christus-Impuls ist »ein kosmisches Ereignis«. Eine besondere Rolle spielt dabei die Wissenschaft. Die abendländische Wissenschaft hat zu einer »Metamorphose des menschlichen Bewußtseins« geführt, nur ist später das Spirituelle immer mehr vom Materialismus zurückgedrängt worden. Heute muß der Mensch die Anknüpfung an das Geistige wieder »aus eigener Kraft« leisten. »Wenn der Freiheitsbegriff das Wesentliche der Christussubstanz ist, dann ist das ein Befreiungsbegriff, ein Emanzipationsbegriff für die Zukunft des Menschen, daß der Mensch die Welt anders in die Hand nehmen muß im Evolutionskreis der Erde.«[68] Die Kirchen als Organisationen sind »nicht mehr fähig, über das Christentum etwas auszusagen.« Von ihnen ist nichts mehr zu erwarten.

In dem Gespräch mit Friedhelm Mennekes fünf Jahre danach wird der Grundgedanke des früheren Gesprächs ganz ähnlich formuliert: »Die Frage ist doch: Wo ist der (Christus) jetzt? Wer mit dem inneren Auge zu sehen sucht, der sieht, daß er längst wieder da ist. Nicht mehr in einer physischen Form, aber in der bewegten Form einer für das äußere Auge unsichtbaren Substanz. Das heißt, er durchweht jeden einzelnen Raum und jedes einzelne Zeitelement substantiell. Also ist er ganz nah da. Und die Schwelle zum Einbruch in den Menschen ist so gewaltig wie nie in der Geschichte. Nur es fehlt noch die offene Zuwendung, das zu erleben und sich dann als Mensch von Grund auf zu verändern.«[69] Das ist freilich nicht so gemeint, daß der Mensch jetzt etwas geschenkt bekomme. »Er kriegt nichts, gar nichts, von keinem Gott, von keinem Christus.[70] Der Mensch muß selbst tätig werden, um die Welt zu verwandeln. Das kann auch bedeuten, daß er »durch Leiden die Welt mit christlicher Substanz erfüllt«[71]. Leiden ist ein eminent kreativer Vorgang.

Was Beuys nun (ab 1963) mitteilen wollte, dafür waren die bisherigen Kunstformen ungeeignet, dazu brauchte er ein neues Medium: die Aktion. Mit gutem Grund nennt Uwe M. Schneede die Aktionen »das eigenliche Zentrum des Beuysschen Werks ... In der Beuysschen Aktion verband sich, was im Werk sonst gesondert ist: Objekt und Skulptur, Raum und Zeit, Zeichnung und Sprache, Körper und Musik: den Zusammenhalt schuf der handelnde Umgang mit diesen Elementen.«[72]

Damit waren auch ganz neue Möglichkeiten gegeben, die Christusthematik aufzugreifen. Beuys selbst sagt: »Und in der Aktionszeit tritt das Christliche ja ganz zentral auf. Schon in der ersten Aktion tritt es auf.« Mennekes fragt darauf: »Als Christus?« Die Antwort: »Ja, aber er tritt nicht auf als Korpus. Auch der Name tritt nicht auf.«[73]

Die 33 Aktionen, wozu noch 20 »zielgerichtete« Aktionen kommen, hat Uwe M. Schneede außergewöhnlich sorgfältig dokumentiert und interpretiert. Er hat nachdrücklich darauf hingewiesen, daß die Aktionen als Einheit zu verstehen sind; immer wieder werden Elemente früherer Aktionen aufgegriffen und schaffen so einen engen Zusammenhang. Die erste Aktion trug den Namen »Sibirische Symphonie, 1. Satz« und fand am 2. Februar 1963 im Rahmen des »Festum fluxorum fluxus« in der Staatlichen Kunstakademie Düsseldorf statt.

Der Begriff »Sibirien« taucht auch später wieder auf. Die 11. Aktion trägt den Titel »Eurasia. Sibirische Symphonie 1963, 32. Satz« und die 21. Aktion wird »Transsibirische Bahn« genannt. Mit diesem Titel wird bereits ein zentrales Anliegen von Beuys in allen Aktionen bezeichnet: »›Sibirien‹ ist hier Inbegriff jener intuitiven Qualitäten, deren Reaktivierung Beuys unter anderen in der EURASIA-Aktion zum Thema gemacht hat, und Sibirien ist zugleich der Ort jener Schamanen, die für Beuys das Urbild des (heilenden) Künstlers waren.«[74]

Alle Aktionen sind zugleich auch Demonstrationen des »erweiterten Kunstbegriffs«. Sie sind nicht allein vom Formalen her zu verstehen, in ihnen spielt Semantisches eine entscheidende Rolle. Sie sind geradezu mit Bedeutung aufgeladen. Beuys will damit geistige Inhalte transportieren, die die Betrachter zum Handeln motivieren sollen. Dieser »sozialen Ästhetik« geht es um »die Suche nach einer Methode zur konsequenten Gestaltung der Zukunft.«[75]

Das zeigt sich bereits bei der ersten Aktion.

Aktionsgegenstände waren ein Konzertflügel, eine Schultafel, eine Leiter und ein toter Hase, der kopfüber an der Tafel befestigt wurde. Beuys spielte auf dem Flügel zuerst eine eigene Komposition, dann eine von Erik Satie (dessen Musik auch in späteren Aktionen eine wichtige Rolle spielte) und schuf dann aus Tonklumpen, in denen Äste steckten, die ihrerseits wieder mit einem Draht verbunden wurden, eine »Landschaft«; der Draht führte dann weiter zum Hasen. Höhepunkt der Aktion war das Herausnehmen des Herzens des Hasen, das Beuys dann aufs Klavier legte. Das Herz wurde so »zur Schau gestellt«. Das war die letzte Handlung der Aktion. Diese wurde von den Teilnehmern als archaisches Ritual verstanden, das auch emotionell berührend wirkte. Elemente christlicher Überlieferung wurden integriert. Das Bild des aufgehängten Hasen spielt auf den Gekreuzigten an, das Herausnehmen des Herzens auf die Öffnung des Herzens Jesu.[76] Der Hase bleibt auch später ein zentrales Symbol, vor allem in der Aktion »Wie man dem toten Hasen die Bilder erklärt« (Düsseldorf, 1965). Der Hase versteht offenbar mehr als die Menschen, weil die Kräfte der Anschauung und der Intuition in ihm nicht durch einen Rationalismus verkümmert sind. Er hat einen tiefen Sinn für das Geheimnis der Welt und der Existenz. Mit dem Tier führt Beuys einen Dialog, es ist ein positives Gegenbild zum einseitig entwickelten Menschen. Damit spielen die Tiere für Beuys eine bedeutsamere Rolle als für Rudolf Steiner, der meinte, der Mensch müsse sich »herunterneigen« zum Tier, das auf einer »niedrigeren Stufe« stehe als der Mensch, dem er aber dankbar sein müsse, da es ihm erst das Dasein ermögliche.[77] Beuys hatte seinen Kopf mit Honig bestrichen, auf den er Blattgold »für zweihundert Mark« aufgetragen hatte: Zeichen dafür, daß es ihm um eine Transformation zum Geistigen und Spirituellen hin ging.

Schon mit der ersten Aktion ging Beuys auf Distanz zu den Künstlern der Fluxus-Bewegung und ihren neodadaistischen Intentionen. Ihm ging es nicht um »Bürgerschreck«, sondern um die Frage nach dem »richtigen« Leben, in den ersten Aktionen mehr für den einzelnen, dann zunehmend auch für die ganze Gesellschaft. Zwangsläufig mußte er in Konflikt mit dem herrschenden Materialismus und mit dessen gerade in den Jahren um 1968 dominierenden marxistischen Vertretern geraten. Der Konflikt eskalierte bei der Aktion »Ich versuche dich frei-

27 Joseph Beuys, Kreuzigung, 1962/65

zulassen (machen)« (Berlin, 1969). Der erste Teil des Titels stammte von Henning Christiansen, dem Beuys dann das »machen« hinzufügte. Die Anspielung auf das Johanneswort »Die Wahrheit wird euch freimachen« (Joh 8,32) und auf das paulinische »Zur Freiheit hat uns Christus befreit« (Gal 5,1) ist nicht zu übersehen. Die Aktion fand in einer aufgeheizten Stimmung statt, da gerade Präsident Nixon Berlin besucht hatte – zur Zeit des Vietnam-Krieges eine Provokation für die Studenten. Diese begannen alsbald die Aktion zu stören und es entstand das absolute Chaos. Uwe M. Schneede bringt die gegensätzlichen Positionen auf den Punkt: »Die Studentenbewegung wollte die Veränderung *sozial* von der *Gesellschaft* her, Beuys meinte eine *schöpferische* Veränderung des Individuums durch das *spiritualisierte Bewußtsein.*«[78]

Diese Intention von Beuys stieß anfangs auf großes Unverständnis, da Beuys seine Aktionen durch ein Verschlüsselungsverfahren einem raschen Verständnis bewußt entzog. Das zeigte sich bereits bei der 4. Aktion mit dem geheimnisvollen Titel »Kukei, akopec-Nein!, Braunkreuz, Fettkreuz, Modellfettecken« (Aachen, 1964). Ausgerechnet am 20. Jahrestag des Attentats auf Hitler geriet diese Aktion zu einer Demonstration der Intoleranz: ein Teilnehmer schlug Beuys ins Gesicht, dieser hob – mit blutender Nase – ein Kreuz hoch. Die Fotografie dieses Augenblicks ist sehr bekannt geworden.

Schon in der nächsten Aktion »Der Chef« (Kopenhagen und Berlin, 1964), die einen ruhigen Verlauf nahm, konnte Beuys in einem eindrucksvollen »Bild« seine Intentionen zum Ausdruck bringen. Beuys wickelte sich in eine Filzrolle ein und blieb dort acht Stunden in der Mitte des Raumes liegen. Er hatte ein Mikrophon mit, durch das befremdliche Laute übertragen wurden: Atmen, Keuchen, Räuspern, Hüsteln, Seufzen und der heisere Urlaut »ö.ö.« Als »Außenorgane« fungierten zwei tote Hasen, die am Kopf- und Fußende lagen, sozusagen als »Inbild der Natur«. Der Raum war noch durch einen Fettstreifen und eine Fettecke markiert, wobei Fett als formbarer Wärmespeicher fungiert, während Filz, in den er eingewickelt war, ein Material ist, das isoliert. Beide Materialien verwendete Beuys von nun an in vielen Aktionen. Den Sinn der Aktion hat Beuys selbst gedeutet: »Der Chef da drin ist das menschliche Haupt.

Das Wort Chef kommt von Kopf. Und den hat jeder Mensch. Jeder Mensch hat seinen Chef. Jeder Mensch hat also die Möglichkeit zu bestimmen. Es ist also das Element der Selbstbestimmung drin. Das heißt Chef.«[79] Daß es soweit kommt, daß der Mensch sein eigener Chef wird, ist allerdings ein langwieriger Prozeß: er muß sich erst allmählich herauswickeln (wie Beuys am Ende der Aktion), bis er endlich zu dem gemacht wird, »wozu er gemacht werden muß, nämlich zu einem geistigen Wesen.«[80] Auch hier gibt es eine Anspielung auf die christliche Ikonographie, nämlich auf das Leichentuch Christi, aus dem sich Christus zur Auferstehung befreit hat.

Als Höhepunkt der Aktionstätigkeit von Joseph Beuys können die vier Aktionen der Jahre 1966–1968 bezeichnet werden, die Schneede als Nr. 11–14 anführt: Eurasia, Manresa, Hauptstrom und Eurasienstab, die auch untereinander eine Einheit bilden. In ihnen geht es nicht mehr um die geistige Entfaltung des einzelnen, sondern um die Evolution der Menschheit. Einleitungsmotiv von »Eurasia. Sibirische Symphonie 1963, 32. Satz« (Kopenhagen und Berlin, 1966) war »The Division of the Cross«. Beuys hatte auf eine Tafel ein halbiertes Kreuz mit den Worten »Division the Cross« aufgezeichnet. Dann schulterte er einen Hasen, der an sechs senkrechten und einer waagrechten Stange befestigt war, und schleppte ihn mühsam, behindert durch eine Eisenplatte, die an einem Schuh befestigt war, von der rechten Seite des Raumes bis vor die Tafel, wo er den Hasen ablegte, »Division the Cross« auswischte und »Eurasia« auf die Tafel schrieb. Zwischen Hase und Tafel lagen noch zwei kleine Kreuze mit Uhren, außerdem Kreide und Waschlappen. Anschließend trug Beuys den Hasen ebenso mühsam wieder nach rechts zur dortigen Filzecke zurück.

Der Titel der Aktion gibt zusammen mit den Kreideinschriften bereits einen Hinweis zur Interpretation. Es geht um die Teilung von Eurasia, also der zusammenhängenden Landmasse zwischen Europa und China, und um die Notwendigkeit der Überwindung dieser Trennung des Ost- und des Westmenschen. Auch hier folgt Beuys Gedanken von Rudolf Steiner, der 1922 auf dem Ost-West-Kongreß in Wien gesagt hatte, der »Ostmensch« sei intuitiv und der Sinnenwelt verbunden, der »Westmensch« dagegen intellektuell.[81] Der Hase hat hier eine andere Bedeutung als in den vorangegangenen Aktionen – er steht für das Bewegungsprinzip. Der Weg zur Erneuerung ist mühsam – schließlich ist die Spaltung historisch begründet. Die beiden kleinen Kreuze könnten für die West- und die Ostkirche stehen, die seit fast 1000 Jahren getrennt sind.

»Manresa« (15. Dezember 1966, Düsseldorf) ist die wohl komplexeste Aktion von Beuys. Es gibt dazu mehrere voneinander abweichende Interpretationen, u.a. eine sehr ausführliche von Friedhelm Mennekes.[82] Wir können in diesem Rahmen nur auf zwei wesentliche Momente hinweisen. Beuys stellte zwei Elemente einander gegenüber: einerseits Element 1, ein halbiertes Filzkreuz, das er mit Kreide zu einem ganzen Kreuz ergänzte, und Element 2, eine Kiste, in der sich elektrische Materialien, u.a. ein Hochspannungs-Hochfrequenz-Generator, befanden. Ein drittes Element war nur akustisch präsent. Immer wieder wurde gerufen: »Wo ist Element 3?« Im Jahr 1991 wurde die Aktion – unter Beteiligung von Henning Christiansen – in St. Peter in Köln nachgespielt; mir klingen heute noch die wiederholten Fragerufe in den Ohren. Es ging also um die Suche nach einer Lösung – eine Antwort wurde nicht gegeben. Das Problem war die Trennung des intuitiv-spirituellen Denkens, symbolisiert durch Element 1, und des begrifflich-naturwissenschaftlichen Denkens, symbolisiert durch Element 2. Also eine ähnliche Problematik wie bei Eurasia. Daß die Lösung schwierig ist, wurde durch den dritten Beteiligten veranschaulicht, durch Bjorn Norgaard, einen jungen Dänen. Sein Part war es, Gips in einem Karton anzurühren, seine Füße hineinzustellen und dann, als der Gips eingetrocknet war, mit diesen »Gipsschuhen« herumzutrampeln.

Bei dieser Aktion, bei der hier nicht auf alle Einzelheiten eingegangen werden kann, kam aber noch etwas Wesentliches hinzu. Darauf weist schon der Titel »Manresa« hin: jener Ort, wohin sich Ignatius von Loyola zurückgezogen hatte, um seine Lebenskrise zu bewältigen, wo er seine Exerzitien zuerst einmal selbst machte, die dann später einer der maßgeblichen geistlichen Wege zur spirituellen Besinnung und Erneuerung im neuzeitlichen Katholizismus wurden. Obwohl Beuys der katholischen Kirche und auch den Jesuiten kritisch gegenüberstand, hat ihn Ignatius als spirituelle Gestalt doch beeindruckt und beschäftigt. Friedhelm Mennekes vermutet dafür dreierlei Gründe: »Die Konsequenz, mit der dieser geistliche Inspirator sein Leben aus einer tiefen Krise in eine positive Wende führte, die Kombination verschiedener Erfahrungsweisen, vor allem der Ratio und der Intuition, und schließlich der Aspekt des ›Handlungsmusters‹ zur Erlangung einer inspirierten Kreativität.«[83]

Auffällig ist nun, daß im gesprochenen Text Manresa dem Thorvaldsen-Museum in Kopenhagen gegenübergestellt wird. Die letzten Worte, die Beuys spricht, lauten: »Thorvaldsen-Museum ... Auf zu dir fliege ich, Manresa.« Thorvaldsen war ein klassizistischer dänischer Künstler, die kalte Atmosphäre des Museums hat Beuys beeindruckt. So kann man annehmen, daß mit diesen beiden Metaphern zwei Formen von Kreativität gemeint sind: rationale Klassizität (Thorvaldsen) und intuitive Spiritualität (Manresa-Ignatius). Die letzte Partitur zu Manresa, eine kleine Bleistiftzeichnung in der Sammlung van der Grinten (»Nord/Süd/Ost/West«) ist für das Gemeinte symptomatisch. In ihr entsteht ein geographisches Kreuz: eine Westostlinie (die im Westen von Ostende ausgeht) kreuzt sich mit einer Nordsüdlinie, die von Dänemark nach Manresa und Rom führt. Nicht nur die Begegnung von West und Ost ist anzustreben, sondern auch die von Nord und Süd, von klassischer Klarheit und mystischer Überwältigung. Eurasia hat dann eine Zukunft, wenn die positiven Kräfte, die in seinen Gegensätzen liegen, sich fruchtbar vereinen.

»Hauptstrom« (Darmstadt, 1967) bestand aus einer zehnstündigen Sequenz ritualisierter Handlungen, in denen Beuys zum Ausdruck bringen wollte, daß Kunst im Sinne seines erweiterten Kunstbegriffs die Aufgabe habe, auf die Bedeutung des intuitiven Momentes hinzuweisen. Nur auf eine paradigmatische Handlung sei hingewiesen: Beuys drückte einen Fettklumpen in die Achselhöhlen und ins Knie. Damit wollte er ausdrücken, »daß das weiterführende Denken nicht allein im Kopf stattzufinden habe, sondern mit allen Organen betrieben werden müsse, was er pointiert so ausdrückte: ›Ich denke sowieso mit dem Knie‹.«[84]

Die 82 Minuten dauernde Aktion »Eurasienstab« (Wien, 1967 und Antwerpen, 1968) ist von Antje von Graevenitz ausführlich dokumentiert und interpretiert worden[85]; die Antwerpener Version ist auch im Film festgehalten. Zentraler Aktionsgegenstand war der schwere aus Kupfer bestehende Eurasienstab. Kupfer ist ein Energie leitendes Material. Dieser Stab wurde zuerst um eine Glühbirne herum geführt (Symbol der Sonne) und dann in die vier Himmelsrichtungen bewegt (wir greifen nur die zentrale Handlung heraus). Eine Partitur erinnert an die genannte Zeichnung zu Manresa: auf der angedeuteten Karte von Europa kreuzt sich der »Eurasienstab« (darunter steht »Slawen«) mit einer vertikalen Linie, die von Dänemark bis zur Südspitze des italienischen Stiefels reicht. Im Zentrum, wo Deutschland liegt, umgreift der Eurasienstab wie ein Hirtenstab die Senkrechte; hier steht auch »Element 3«, was ein bezeichnendes Licht auf die Aktion »Manresa« wirft. Die Zusammengehörigkeit der vier Aktionen (11–14) ist nochmals unter Beweis gestellt.

Diese Zeichnung gibt Anlaß zum Hinweis, daß die Kreuzung der beiden Richtungen ein Kreuzzeichen bildet. In dieser Zeichnung ist es ein Vereinigungssymbol, es bedeutet die Vereinigung von Ratio und Intuition. Das Kreuz spielt bei Beuys eine wichtige Rolle, kann aber in verschiedenen Zusammenhängen vorkommen. Wir haben bereits frühe Kreuze kennengelernt, sind auch auf das geteilte Kreuz bei den Aktionen gestoßen. In der Aktionszeit ist das »Braunkreuz« eine häufige Version: es hat vier gleich lange Arme und erscheint in einer erdhaften Farbe. Bei der Stuttgarter »Kreuzigung«, einem frühen Beispiel (1962–65), wo es im Zusammenhang mit Blutkonservenflaschen steht, erinnert es an die Institution des Roten Kreuzes, darüber hinaus aber an die Rettung von Leben, an Heilung, an den Übergang vom Tod zum Leben. Schließlich verwendet Beuys dieses »griechische« Kreuz auch in seinen Stempeln. Aus all dem ist ersichtlich, daß das Kreuz weit über die christliche Bedeutung hinauswächst. Friedhelm Mennekes hat dem Thema unter dem Titel »Das Kreuz ... ist zur Kultur geworden« eine eingehende Untersuchung gewidmet.[86] Das Kreuz, so heißt es dort, wird »das Zeichen für den Menschen selbst, für seine Energie und sein Tun. In diese Bedeutung hebt sich schließlich die Symbolkraft dieses Zeichens auf, ins Wissen davon, daß jeder Mensch ein Künstler ist.«

28 Salvador Dalí, La gare de Perpignan, 1965

Abschließend soll noch auf zwei Aktionen hingewiesen werden, die in unserem Zusammenhang wichtig sind: auf die Aktion »Celtic« (Basel, 1971) und auf die »zielgerichtete« Aktion »Friedensfeier« (Mönchengladbach, 1972). In Basel begann Beuys mit einer Fußwaschung an sieben Personen. Dann setzte er sich auf den Boden und meditierte. Einige Filme früherer Aktionen wurden vorgeführt. In der Folge sammelte Beuys Gelatine, die an den Wänden klebte, in ein Blechgefäß, dessen Inhalt er dann, stehend, über sich kippte. Schließlich kniete er in eine Wanne und ließ Wasser aus einer Gießkanne über sich schütten – eine Anspielung auf die Taufe. Das Ende dieser programmatischen Handlung bezog sich wieder auf den Anfang. Taufe und Fußwaschung sind Initiationsriten; die Fußwaschung ist die erste Stufe der anthroposophischen Einweihung.[87]

Mit der »Friedensfeier« in Mönchengladbach hat Beuys klargemacht, daß er diese Riten nicht im Kontext der Institution Kirche versteht. Die Aktion fand an einem Karfreitag statt. Zuerst wurden Texte von Hölderlin, Platon, Montesquieu und aus dem Johannesevangelium gelesen, dann eine Christusstatue in Tücher eingeschlagen. Beuys drückte schließlich einen mit Essig gefüllten Schwamm an der Kirchentür aus und schrieb das Wort »Exit« auf die Tür. Die Aktion sollte sich »auf das Scheitern des sozialhumanen Anspruchs der christlichen Idee durch die Institution Kirche beziehen.«[88]

Betrachten wir rückwirkend nochmals das Wirken von Beuys, so können wir sagen, daß es ihm um eine Erneuerung des einzelnen und der Menschheit ging, wobei er der Kunst eine zentrale Aufgabe zusprach. Mit der damals häufig verfochtenen Anti-Kunst-These konnte er sich nie anfreunden (vgl. dazu die Aktion »Das Schweigen von Marcel Duchamp wird überbewertet«, Düsseldorf 1964). Beuys erweiterte den Kunstbegriff, hielt aber immer an der Differenz zwischen Kunst und Leben fest. Allerdings war er der Meinung, Kunst sei nicht um ihrer selbst willen da, sie habe »anthropologische Kunst« zu sein, müsse ein Anstoß zur Veränderung des Menschen sein, sowohl zur Versinnlichung als auch zur Vergeistigung. In ihr kommt der Christusimpuls zur Wirkung. Welche Bedeutung hat Christus für Beuys? Das historische Christusereignis führt dazu, daß die Christussubstanz in die Menschheit eingeht. Die Christussubstanz ist die Schöpferkraft, die uns befähigt, die Welt zu gestalten und zu verändern, und diese ist »das Göttliche im Menschen«. Es handelt sich um einen »Befreiungsbegriff«, einen »Emanzipationsbegriff«. Welt gestalten vermag der Mensch jetzt aus eigener Kraft, dazu braucht er keine Gnade, das ist die Meinung von Beuys, wie Karin von Maur zu Recht betont.[89] Darin liegt sicher ein wesentlicher Unterschied zur christlichen Lehre. Man kann sich freilich fragen, ob Beuys dem Menschen damit nicht zuviel zumutet. Wenn dem Menschen Kräfte zukommen, so aus der Natur, sagt Beuys. Daher auch sein Einsatz für die ökologische Bewegung.

Ein zweiter Unterschied zum überlieferten Christentum liegt darin, daß Beuys meint, man könne Glauben durch Wissen ersetzen. Allerdings versteht er unter »Wissen« etwas anderes als die exakten Wissenschaften, worin eines der großen Probleme der Rezeption liegt. Schließlich lehnt Beuys die gängige Vorstellung vom »Himmel« als dem Ziel menschlichen Lebens ab. Im Interview mit Mennekes heißt es: »Der Mensch kommt dann in den Himmel und so. Diesen Zinnober hasse ich wie die Pest. Ich hasse es wie die Pest, daß wir nicht fähig sind, daß die Kirche nicht fähig ist zu einem Dauerdiskurs, dem Menschen die Folgerichtigkeit des Christentums hinzustellen in einer verbindlichen Sprache und nicht in diesem verdammten Predigerton, in diesem Gelabere da.«[90] Sicher ist, daß Beuys am »Auferstehungsprinzip« festgehalten hat. Ob er das im Sinne einer Wiedergeburt verstanden hat, wäre zu untersuchen. Eindeutige Aussagen dazu sind mir nicht bekannt.

In diesem Zusammenhang muß noch darauf hingewiesen werden, daß »Spiritualisierung« für Beuys nicht eine Trennung von Geist und Materie bedeutet, sondern eine Vergeistigung der Materie. Das hat er anschaulich gemacht, indem er Tiere, aber auch Dinge ins Zentrum seiner Aktionen gesetzt hat, um zu zeigen, welche Energien darin stecken. Energie ist offensichtlich für Beuys eine geistige Kraft. Ein Vergleich mit Teilhard de Chardin liegt nahe, der ja auch annimmt, daß Geistigkeit bereits in der Materie angelegt ist und von einer »Geist-Materie« als »Stoff des Universum« spricht.[91]) Noch verblüffender ist es, wenn man die Bedeutung der »Christussubstanz« bei Beuys mit der Auffassung von Teilhard vergleicht, Christus, der »Punkt Omega« der Evolution, durchdringe den ganzen Kosmos, sodaß dieser »physisch christifiziert« sei.[92] Ein Vergleich der beiden in den 60er Jahren vieldiskutierten Geister muß einer eigenen Untersuchung vorbehalten bleiben.

Beuys hat, wie betont, viel von Steiner übernommen, wenigstens in seiner Lehre; das künstlerische Werk jedoch ist sein ausschließliches geistiges Eigentum. Doch auch in der Lehre wäre es töricht zu behaupten: »Joseph Beuys minus Rudolf Steiner = Null.« Er hat das akzeptiert, was ihn existentiell betroffen hat, während ihn viele Spekulationen Steiners nicht berührt haben. Auch der Ästhetik Steiners folgt er nicht.[93]

Wir haben uns vorwiegend mit der »Lehre«, der Theorie von Beuys auseinandergesetzt, allerdings auch damit, wie sie im Werk anschaulich umgesetzt wurde. Es wäre allerdings ein gewaltiges Mißverständnis, wollte man annehmen, daß Beuys diese Lehre nur künstlerisch illustrieren oder demonstrieren wollte. Eine Reduktion dieses Werkes auf Semantisches oder Symbolisches wäre ebenso verfehlt wie eine rein formalästhetische Betrachtung. Es ist genau umgekehrt: Beuys wollte mit seinen Aktionen den Menschen aktivieren, war sich aber bewußt, daß jedes Handeln nach einer Theorie verlangt. Die Kunst von Beuys hat appellativen Charakter. Seine Bedeutung liegt nicht zum geringsten darin, daß er gezeigt hat, daß auch eine autonome Kunst sich nicht in den Elfenbeintrum zurückziehen darf, daß sie vielmehr dem einzelnen und der Gesellschaft Impulse zu einer geistigen Erneuerung geben kann.

Rückblick: Transformationen

Blicken wir zurück auf die von uns behandelten Künstler unseres Jahrhunderts, so können wir feststellen, daß sie alle das überlieferte Christusbild auf gravierende Weise transformieren. Dieser Begriff erscheint uns passend, weil inhaltliche Veränderungen ihren Niederschlag im Formalen gefunden haben. Das geschieht in je eigener Weise, so daß der Eindruck eines großen Pluralismus entsteht. Allgemein kann gesagt werden, daß die überlieferte Ikonographie verlassen wird. Dadurch werden nicht nur äußerliche Korrekturen angebracht, vielmehr wird Christus anders gesehen wie noch bis weit ins 19. Jahrhundert.

Natürlich kann man einwenden, daß es auch »kirchliche« Künstler gegeben hat, die die überlieferte Ikonographie weiter tradiert haben. Doch haben die von uns ausgewählten Künstler anderen Rang, unterscheiden sich durch formale Qualitäten, durch ihre unverwechselbare Eigenständigkeit und die Radikalität des Ansatzes von den Künstlern, die dem Willen ihrer kirchlichen Auftraggeber voll entsprochen haben, dafür aber den hohen Preis bezahlen mußten, ins Ghetto abseits der Kunstentwicklung zu geraten.

Betrachtet man die hier vorgestellten Künstler, so fällt es schwer, eine durchgehende Entwicklungslinie von Rouault und Nolde bis zu Baselitz und Beuys zu ziehen. Zu unterschiedlich sind ihre Werke. Dennoch lassen sich – mit aller Vorsicht – einige Feststellungen treffen. In der sogenannten »klassischen« Moderne gibt es einige herausragende Künstler, die noch in der Tradition des christlichen Glaubens stehen, ihm allerdings einen neuen, man möchte sagen: frischen künstlerischen Ausdruck geben. Sie kommen aus verschiedenen kirchlichen Gemeinschaften: Rouault war katholischer, Nolde evangelischer, Jawlensky orthodoxer Christ. Alle drei versuchen, Hinweise auf die gottmenschliche Natur Christi zu geben: Rouault und Nolde durch das Licht, das Christus umspielt oder von ihm ausgeht, Jawlensky durch die Konstruktion einer Form des Gesichtes, die alles Individuelle abgestreift hat. Doch die Mehrzahl der Künstler stellt Jesus schon in dieser Zeit als bloßen Menschen dar, der den Schrecken der Passion ausgesetzt ist (Corinth, aber auch Chagall). Dadurch wird Jesus zugleich Identifikationsfigur für Menschen, deren Glaube ein durchaus angefochtener war (Kubin, Barlach, Beckmann). Gleichzeitig kommt aber auch bereits bittere Religionskritik zum Ausdruck (Max Ernst, Picasso).

In der Gegenwartskunst, also der Kunst der zweiten Jahrhunderthälfte, hat sich die Situation wesentlich verändert. Bei den Malern zeigt sich das im Gewinnen einer neuen Tiefendimension bei der Auseinandersetzung mit der Absurdität menschlicher Existenz (Rainer, Bacon, Saura). Um 1960 werden völlig neue Ausdrucksformen jenseits der Malerei gefunden. Dabei wird Christus von manchen Künstlern in einen fremden, archaischen Kontext gestellt, wie das bei Nitsch geschieht, oder in einen individuellen kultischen Rahmen eingebunden wie bei Pichler. Joseph Beuys will aus hoher ethischer Verantwortung heraus dem »Christusimpuls« zum Durchbruch verhelfen; seine Aktionen appellieren an den Rezipienten, seine Kreativität in der Gesellschaft solidarisch mit den Mitmenschen einzusetzen, und so in eigener Verantwortung das umzusetzen, was Christus in die Welt gebracht hat. Bei Beuys, in ganz anderer Weise auch bei Hrdlicka, wird das Christentum nicht mehr in erster Linie aus der Sicht des einzelnen betrachtet, sondern im Kontext der Gesellschaft und ihrer künftigen Entwicklung. Hierin scheint mir einer der gravierendsten Unterschiede zwischen der künstlerischen Auseinandersetzung mit der Christusgestalt in den ersten und den letzten Jahrzehnten unseres Jahrhunderts zu liegen. Bemerkenswert erscheint, daß Beuys sich Ende der fünfziger Jahre von der überlieferten christlichen Ikonographie abwendet und völlig neue Ausdrucksformen sucht. Darin äußert sich auch ein anderes Verhältnis zur Gestalt Christi, wodurch Anregungen von Rudolf Steiner aufgenommen und umgesetzt werden. Das ist symptomatisch. Soweit wir sehen, gibt es in der zweiten Jahrhunderthälfte keinen Künstler von Rang mehr, der versucht, dem überlieferten kirchlichen Glauben neuen künstlerischen Ausdruck zu verleihen.

Dieser Rückblick mußte zwangsläufig plakativ und vereinfachend ausfallen. Er soll bewußt machen, wie sehr sich die Kunst Ende des Jahrhunderts sowohl im Formalen als auch im Semantischen von den Ausdrucksformen an seinem Beginn entfernt hat. Das zeigt, daß sich auch der Blick auf Christus sehr verändert hat.

THEORIEN

Problematik einer vagen Begrifflichkeit

Wer sich mit dem Verhältnis von Kunst und Religion befaßt, sieht sich der Schwierigkeit gegenüber, daß die theologischen oder philosophischen Begriffe, die sich anbieten, von beträchtlicher Unschärfe sind. Ich selbst habe häufig auf den philosophischen Begriff des »Transzendierens« zurückgegriffen, um das Gemeinte begrifflich zu fassen. Das Wort leitet sich aus dem lateinischen »transcendere« her, was »übersteigen« bedeutet. Doch damit beginnen schon die Schwierigkeiten: was wird überstiegen und woraufhin wird es überstiegen? Wenn wir uns fragen, was überstiegen wird, so kann die Antwort lauten: das Subjekt, das sich im Akt des Anschauens und des Erkennens auf einen bewußtseinsunabhängigen Gegenstand hin überschreitet. Selbsttranszendenz ist ein Wesensmerkmal menschlicher Existenz. Der Mensch überschreitet sich in der Begegnung mit dem Mitmenschen, mit der Welt, mit Gott. Er überschreitet sich auch auf ein anderes hin, wenn er ein Kunstwerk schafft, das eine eigene, von ihm unabhängige Existenz gewinnt.

Der Begriff kann aber auch meinen, daß im Kunstwerk selbst der geistige Gehalt das materielle Substrat übersteigt. Diese Formulierung ist der Gefahr ausgesetzt, daß das Verhältnis von Materie und Geist dualistisch verstanden wird, so als sei das Geistige etwas vom Materiellen Abgehobenes. Theodor W. Adorno formuliert daher: »Was das Faktische am Kunstwerk transzendiert, sein geistiger Gehalt, ist nicht festzunageln auf die einzelne sinnliche Gegebenheit, konstituiert sich durch diese hindurch.«[1] Die Formulierung legt nahe, daß sich das Geistige am Sinnlichen zeigt, dieses jedoch übersteigt. Die Frage ist, ob es nicht besser ist, das Gemeinte in einer ganz anderen Begrifflichkeit zu fassen.

Fragen wir uns, woraufhin sich etwas – das Subjekt oder das Kunstwerk – überschreitet, so wird im allgemeinen die Antwort gegeben: auf Transzendenz hin. Doch was ist »Transzendenz«? Ist es etwas, was unsere Erkenntnis oder unsere Erfahrung übersteigt? Oder ist es gar etwas Überweltliches? Am intensivsten hat sich in unserem Jahrhundert Karl Jaspers mit dieser Frage beschäftigt. Er bezeichnet das Transzendieren, nämlich »das Hinausgehen über das Gegenständliche ins Ungegenständliche«[2]) geradezu als die Methode der Philosophie. Menschliche Existenz »verwirklicht sich nur in bezug auf ihre Transzendenz«, da sie sich bewußt ist, sich weder selbst geschaffen zu haben noch sich selbst als Freiheit sich allein zu verdanken. Das Problem ist, daß der Mensch transzendiert, daß aber Transzendenz nicht begrifflich zu fassen ist. Jaspers betont ausdrücklich, daß sie nicht mit Gott identisch ist. Denn wenn ich »Gott« sage, fixiere ich bereits; Transzendenz dagegen ist das Undenkbare und Ungegenständliche. Metaphysik geht als formales Transzendieren über alle Kategorien hinaus, geht vom Denkbaren zum Undenkbaren hin. Der Philosoph kann aber auch wie der homo religiosus in existentiellen Bezug zur Transzendenz treten. Und schließlich gibt es noch den dritten Weg, das »Lesen der Chiffreschrift«, das sich in Bildern und Vorstellungen bewegt, die nicht selbst Transzendenz sind, aber auf diese hinweisen. Das wäre – zumindest auch – der Weg der Kunst.

Dieser Gedankengang von Karl Jaspers stößt auf grundsätzliche Schwierigkeiten. Jaspers lehnt es ab, Philosophie als Wissenschaft zu bezeichnen. Schon Wolfgang Stegmüller hat auf die Inkonsequenz hingewiesen, die darin liegt, daß Jaspers die erkenntnistheoretische Position Kants weitgehend übernimmt, die ihrerseits sehr wohl den Anspruch erhebt, wissenschaftlich zu sein. Er setzt »nicht nur Problemstellungen, sondern auch die Endresultate einer wissenschaftlichen Philosophie voraus, die nach seiner eigenen Philosophie gar nicht möglich sind.«[3] Wenn Jaspers Philosophie als Wissenschaft ablehnt, impliziert das die Unmöglichkeit, allgemeingültige Aussagen zu machen. Philosophie wendet sich dann nicht an das »Bewußtsein überhaupt«, sondern an den einzelnen als einzelnen. Damit aber entzieht sie sich der Möglichkeit einer Verifikation oder Falsifikation. Auf die Philosophie der Kunst übertragen, bedeutet das den Verzicht auf eine wissenschaftlich exakte Begrifflichkeit.

In meinem Buch »Der Streit um das Bild« habe ich daher auf einen Begriff Kants zurückgegriffen, den des Unbedingten, das

29 Joseph Beuys, Aktion Eurasia, 1966

notwendige Voraussetzung zu allem Bedingten ist, doch als solches alle Erfahrung übersteigt. Damit ist zugleich ein breiteres Verständnis des Transzendierens der Kunst gewonnen: »Wenn wir behauptet haben, Kunst biete eine Weltdeutung, so besagt das, daß das Kunstwerk im Bedingten auf ein Unbedingtes verweist – nichts anderes ist die Bedeutung seines ›Transzendierens‹.«[4] Das Unbedingte begegnet nach Kant als transzendentales Subjekt, als Welt und als Gott. Auf die Kunst angewendet habe ich einen dreifachen Sinn des Transzendierens unterschieden: den »anthropologischen« auf das Menschenbild hin, den »kosmologischen« auf das Weltbild hin und den »theologischen« auf das Gottesbild hin.

Diese Deutung wurde als ein Versuch der theologischen Vereinnahmung der Kunst mißverstanden, obwohl es gerade darum ging, zu zeigen, daß sich nicht alles Transzendieren der Kunst auf Gott bezieht. Mittlerweile ist mir bewußt geworden, daß diese – zugegebenermaßen hochgestochene – Deutung der Kunst nicht auf alle Kunstwerke anwendbar ist. Sie wäre bei aller ornamentalen Kunst von der Band- und Schnurkeramik an verfehlt, die dem Schmuckbedürfnis dient. Es erhebt sich auch die Frage, ob sie bei der »trivialen« Kunst greift, die in jüngster Zeit einen immer breiteren Raum einnimmt. Es ist deshalb überzeugender, bei dem unproblematischen, offenen Begriff der »Selbsttranszendenz« zu bleiben.

Gibt es andere Begriffe, die besser geeignet sind, das Religiöse im Kunstwerk zu bezeichnen? Versuchen wir es mit »Spiritualität«! Irritierend ist, daß das »Lexikon für Theologie und Kirche« unter dem Stichwort »Spiritualität« einfach einen Verweis auf das andere Stichwort »Frömmigkeit« bringt. Doch ist »Spiritualität« und »Frömmigkeit« einfach dasselbe? Wenn die berühmte Ausstellung im Los Angeles County Museum 1986 den Titel »The Spiritual in Art. Abstract Painting 1890–1985« trug, so kann man das wohl nur – in gewollter Anspielung auf das literarische Hauptwerk von Kandinsky – mit »Das Geistige in der Kunst« übersetzen. Auch dieser Begriff ist offensichtlich vieldeutig und weist eine beträchtliche Unschärferelation auf. Zudem scheint »Spiritual in Art« etwas zu sein, was sich beträchtlich von dem unterscheidet, was Theologen meinen, wenn sie von »Spiritualität« sprechen und auf jene Formen des

Religiösen abzielen, die sich in Meditation und Kontemplation äußern. Dabei ist kaum zu bestreiten, daß Kandinskys »Geistiges« in Nachbarschaft zum Religiösen steht. Ihm geht es um eine Überwindung des Positivismus des 19. Jahrhunderts und der naturalistischen Kunst, um eine Erneuerung der ganzen Kultur. In dem von Kandinsky herausgegebenen Almanach »Der blaue Reiter« formuliert Franz Marc das Anliegen der Freunde: »Durch ihre Arbeit ihrer Zeit Symbole zu schaffen, die auf die Altäre der kommenden geistigen Religion gehören und hinter denen der technische Erzeuger verschwindet.« Doch die führende Rolle bei dieser geistigen Erneuerung spricht Kandinsky den Künstlern zu, vorweg den abstrakten. Zu den großen Religionen und den Kirchen und ihrer »Spiritualität« hat er wenig Vertrauen.

Der Spiritualität im religiösen Sinn liegt eine Konzeption zugrunde, die annimmt, daß sich der subjektive Geist auf eine transsubjektive geistige Wirklichkeit (im christlichen oder außerchristlichen Sinn) bezieht. »Spiritus« meint demnach sowohl den menschlichen Geist als auch den Heiligen Geist Gottes, die miteinander kommunizieren. Dies zeigt sich in diversen Formen der Meditation und Kontemplation. Die Kunst der ostkichlichen Ikonen ist unmittelbar aus der Meditation hervorgegangen. In der Moderne kommen am ehesten Jawlensky und Rouault dem nahe. Im übrigen kann vor einem inflationären Gebrauch des Wortes »spirituelle Kunst« nur gewarnt werden; er übersieht den Unterschied zwischen autonomer Kunst und religiöser Spiritualität.

Warum also nicht gleich beim Begriff »Religion« – »religiöse Kunst« bleiben? Gewiß, der Begriff »Religion« ist unverzichtbar. Doch muß man sich bewußt sein, daß es sich um einen rein formalen Begriff handelt. Der Umfang des Begriffes ist so weit, daß er inhaltlich völlig leer ist. Faßt man darunter die Naturreligionen ebenso wie die Hochreligionen, das Judentum wie den Buddhismus, das Christentum und den Islam wie den Hinduismus, so gibt es keinen Glaubensinhalt, der ihnen allen gemeinsam ist. Dazu gehört nicht einmal der Gottesbegriff: der frühe Buddhismus sieht davon ab und der chinesische Universismus lehrt einen Lebensweg, bei dem die Gottesfrage keine zentrale Rolle spielt. Das frühe Judentum, die älteren Schriften des Alten Testamentes sprechen nicht von einem Leben nach dem Tode und die Lehre von der Wiedergeburt in Indien unterscheidet sich grundlegend von der Hoffnung auf ein jenseitiges ewiges Leben im Christentum und im Islam. Daher kann Goldammer sagen: »Aus dieser Besinnung auf Tatsachen des Lebens und auf die historische Wirklichkeit kann deutlich werden, daß Religion nichts Einseitiges und nicht einmal etwas Eindeutiges ist. Religion kann im Grunde nur von der Erkenntnis ihrer Mannigfaltigkeit her begriffen werden. Es gibt nicht eine Religion, sondern nur Religionen, nicht ein stets gleiches Religiöses, sondern nur eine vielgestaltige Religiosität im Reichtum und in der Wandelbarkeit ihrer Formen.«[5] Selbst die einflußreiche Antwort von Rudolf Otto, Religion sei »Begegnung mit dem Heiligen«, das »Heilige« sei die eigentümliche Kategorie des Religiösen, kann man mit einem Fragezeichen versehen, weil sie in erster Linie an den in Vorderasien entstandenen Religionen abgelesen ist – Judentum, Christentum, Islam – und in den ostasiatischen Religionen nicht dieselbe Rolle spielt.[6] Am einleuchtendsten ist es, von einer »Familienähnlichkeit« der Religionen zu sprechen. Goldammer weist mit Recht darauf hin, daß die meisten Menschen unter Religion das verstehen, was sie selbst praktizieren. Aus dem Gesagten geht hervor, daß die Rede von »religiöser« Kunst keine eindeutige Bestimmung ergibt, was im konkreten Fall darunter zu verstehen sei. Das ist auch der Grund, warum ich in diesem Band nicht bei dem vieldeutigen Begriff der Religion angesetzt habe, sondern bei dem ikonographisch leicht nachweisbaren des Christus- bzw. Jesusbildes.

Bei der Interpretation von moderner Kunst wird in jüngster Zeit auch häufig auf den Begriff »Mythos« rekurriert. Das zeigt sich in Ausstellungs- und Buchtiteln wie »Mythos und Moderne«, »Mythos und Ritual in der Kunst der siebziger Jahre«, »Zeichen und Mythen«, »Märchen, Mythen, Monster«.[7] Besondere Beachtung hat Harald Szeemanns Begriff der »Individuelle Mythologien« gefunden.[8] Doch Mythos und Mythologie ist nicht dasselbe. Unter Mythen verstehen wir Erzählungen von den Taten der Götter »in jenen Zeiten«, die als Uranfang (arché) gedacht werden und auch unsere Gegenwart noch bestimmen. Sie bieten eine Welterklärung, die für ganze Völker und Kulturen maßgeblich ist und ihnen zur Identität verhilft. Paradigmatisch sind die Mythen der Griechen, die aus der engen Verbundenheit dieses Volkes mit den Mächten der Natur entstanden sind. In der griechischen Aufklärung bezweifelten die Sophisten ihre Wahrheit. Platon erzählt dort Mythen, wo das argumentierende rationale Denken am Ende ist, fügt aber hinzu, daß es sich wohl so oder ähnlich verhalte, ohne daß man die Mythen wörtlich verstehen dürfe. In Griechenland war der Mythos die Sprache der Religion. Das gilt mit Einschränkungen auch noch in der biblischen Religion. Die Bibel kennt die literarische Form des Mythos, etwa beim Schöpfungs- oder beim Sündenfallbericht, beim Hinweis auf Himmel und Hölle, bei den Berichten vom Eingreifen von Engeln und Dämonen. Doch finden sich in ihr auch ganz andere literarische Formen: historische Berichte, Gleichnisse und Parabeln, Gesetze und Moralvorschriften, Legenden und Märchen. Die Bibel hat auch antimythische Elemente und selbst der Schöpfungsbericht ist eine Entmythologisierung des babylonischen Schöpfungsmythos. Rudolf Bultmann hat vorgeschlagen, die Bibel zu entmythologisieren, um ihren »Kern« zu retten. Ob das möglich ist, ist eine andere Frage, doch wird man darauf hinweisen müssen, daß die Sprache der Mythen bildhaft ist und sich eine wörtliche Auslegung verbietet.

Wenn man den Begriff »Mythos« seines ursprünglichen Sinnes entkleidet und aus ihm die Wirksamkeit des Göttlichen streicht, so muß man sich bewußt sein, was man tut. Roland Barthes hat die Mythen als ein »sekundäres semiologisches System« bezeichnet, das dem primären, ursprünglichen Sinn der Wörter und Bilder einen neuen Sinn beilegt, also eine Metasprache darstellt.[9] Ihm geht es um die »Mythen des Alltags«, die sich in einer Panzanireklame, in der Bezeichnung eines schnellen Autos als »Deesse«, als Göttin, oder im Titelbild einer Zeitung, wo ein Neger der Trikolore die Ehre erweist und damit dem Mythos der »grande nation« Ausdruck verleiht, äußert. All das sind keine Mythen im ursprünglichen Sinn. Kurt Hübner hat aufgezeigt, daß es sich um Pseudomythen handelt, die eine bürgerliche Mythologie entlarven sollen.[10] Man kann sie auch Ideologien nennen.

Der Begriff »Mythologie« begegnet in dreifachem Sinn. Man

kann 1. die Wissenschaft vom Mythos so nennen, 2. mit diesem Begriff die Gesamtheit der Mythen eines Volkes bezeichnen (die »griechische« oder »germanische« Mythologie) und schließlich darunter das Aufgreifen und die Transformation des Mythos durch Dichtung und bildende Kunst verstehen. Kurt Hübner spricht von einer »bloßen Mythologie, die zwar eine Tochter des Mythos ist, aber nicht mehr zu ihrem kultischen Bestand gehört, also nicht ernsthaft geglaubt wird.«.[11] Hier sollte man differenzieren. Mythologien werden nicht mehr naiv, im wörtlichen Sinn geglaubt wie die Mythen, erschließen aber einen tieferen Sinn. Mythologie 3. ist also der in Kunst transformierte Mythos. Hübner selbst verdeutlicht die von ihm verteidigte »Wahrheit des Mythos« am Werk von Richard Wagner. Niemand wird die Gestalten des germanischen Mythos, die darin auftreten, anders auffassen denn als Personifikationen von dahinterstehenden Mächten. Wagners künstlerische Weltdeutung veranschaulicht im »Ring« die zerstörerische Kraft der Machtgier, im »Parsifal« die erlösende Kraft der Liebe. Er läßt uns »im Mythos Lebensmächte wie in Urbildern verdichtet anschauen«.[12] Allerdings sollte man hier nicht von einem Mythos, sondern von einer individuellen Mythologie sprechen. In ihr werden bewegende Lebenserfahrungen verdichtet; deshalb können Kunstwerke uns existentiell ergreifen.

Doch ist die Rede von »individuellen Mythen« überhaupt gerechtfertigt? Friedhelm Mennekes erklärt: »Individuelle Mythen gibt es nicht. Der Begriff ist in sich ein Widerspruch. Mythologien lassen sich nicht ›schaffen‹, sondern sie werden in dem transindividuellen Raum des Kollektivs ›gefunden‹, ›erklärt‹, ›verkündet‹ oder eben auch nur mit brutaler Gewalt durchgesetzt.«[13] Hier liegt offenbar eine Verwischung der Begriffe »Mythos« und »Mythologie« vor. Es ist richtig, daß es keinen individuellen Mythos gibt, weil Mythen Gemeingut eines Volkes, einer Kultur sind. Sie können auch nicht mit Gewalt durchgesetzt werden, weil auf diese Weise nur Pseudomythen entstehen (z.B. nationalsozialistische). Wohl aber kann es individuelle Mythologien geben, die subjektive Weltsicht einzelner Künstler. Aus ihnen spricht die tiefe Sehnsucht nach der verlorenen ganzheitlichen Weltsicht, wie sie dem Mythos eignete und wie sie uns verloren gegangen ist. Ein Sym-

30 August Walla, Heilige Statue, Jesus Christus, um 1970

ptom ist der »Hang zum Gestamtkunstwerk«, wie wir ihn auch bei Hermann Nitsch kennengelernt haben.

Bleibt noch der Begriff »Mystik«, der ebenfalls oft in einem sehr unpräzisen Sinn gebraucht wird. So hat man im Hinblick auf Arnulf Rainer von Mystik gesprochen. Rainer hat sich dagegen verwahrt.[14] Er hat sehr wohl mystische Literatur gelesen, so etwa Johannes von Kreuz, doch heißt das noch lange nicht, daß seine Kunst »mystisch« ist, auch wenn das Schwarz seiner Übermalungen an die »dunkle Nacht« des Johannes von Kreuz erinnert.

Rainer Volp hat 1988 ein ganzes Heft von »Kunst und Kirche« unter das Thema »Spuren des Mystischen in der modernen Kunst« gestellt (2/88). Darin sind vorwiegend abstrakte Künstler wie Mark Tobey, Gotthard Graubner, Raimund Girke und Alexandre Hollan, aber auch Wolfgang Laib, Ben Willikens, Enzo Cucchi, ja selbst gegenständliche Künstlerinnen wie Frida Kahlo oder Meister des Lichts wie Edward Hopper und Katzuo Katase auch optisch eindrucksvoll vorgestellt worden.

Der durchaus kritische Hauptbeitrag des Heftes stammt von Gottfried Boehm. Er geht von der Feststellung aus, daß die Esoterik heute en vogue ist und verweist auf die bekannte Tatsache, daß esoterische Lehren schon auf die Meister der klassischen Moderne einen großen Einfluß gehabt haben, allen voran die Theosophie und ostasiatische Einflüsse. Die Ausstellung »The Spiritual in Art. Abstract Painting 1890–1985« (Los Angeles 1986) hat das ja in aller Deutlichkeit herausgestellt. Doch Gottfried Boehm bemerkt sogleich kritisch: »Wer sich mit moderner Kunst beschäftigt, hatte mit diesen Fragen seit langem zu tun. Die Vergleichbarkeit oder Identität esoterischen und mystischen Wissens blieb dabei weitgehend undiskutiert.«[15] In der Tat hat das breite Angebot heutiger Esoterik mit der Hermetik mystischer Erfahrung wenig zu tun.

Was verstehen wir überhaupt unter Mystik? Die mystische Überlieferung spricht von einer »unmittelbaren Gotteserfahrung«. Man sagt, Gott könne nicht nur mittelbar in seiner Schöpfung oder in seinem Wort (das ja Gotteswort in Menschenwort ist) erfahren werden, sondern unmittelbar im eigenen Inneren, im »Seelenfünklein« (Meister Eckhart). Hierin liegt die Schwierigkeit einer kommunikativen Vermittlung solcher Erfahrungen, da ja nicht festgestellt werden kann, ob der Mystiker nur seinem eigenen Bewußtsein oder wirklich Gott begegnet. Mystik liegt durchaus nicht aller echten Frömmigkeit zugrunde. Die nüchterne, weltzugewandte Frömmigkeit des Alten Testamentes kennt keine solche unmittelbare Gottesschau durch Versenkung ins eigene Innere. Mose und die Propheten vernehmen den Anruf Gottes in Erscheinungen, im Gewitter oder auch im leisen Säuseln des Windes. Im Neuen Testament hat man bei Paulus und Johannes von mystischen Erfahrungen gesprochen. Paulus sagt: »Ich bin mit Christus gekreuzigt. Nicht mehr ich lebe, Christus lebt in mir« (Gal 2,19). Derselbe Paulus sagt aber auch: »Jetzt schauen wir durch einen Spiegel, unklar, dann aber von Angesicht zu Angesicht« (1 Kor 13,12). Herausragende Vertreter einer mystischen Theologie in der Geschichte des Christentums sind Dionysius Areopagita und Johannes von Kreuz. Beide sind Vertreter einer negativen Theologie. Dionysius betont die »je größere Unähnlichkeit Gottes«[16], die alle Ähnlichkeit übersteigt. Johannes spricht von der »dunklen Nacht der Seele«. Hans Urs von Balthasar sagt dazu: »Das ganze Werk durchzieht eine ungeheure Negation oder genauer Reduktion. Kein Geschaffenes ist Gott, und weil alles Geschaffene Gestalt hat, muß alle Gestalt überstiegen und fahrengelassen werden, wenn Gott ansichtig werden soll. Daß die Sinne Gott nicht erfassen ist selbstverständlich. Für Juan aber nicht weniger, daß der Verstand (entendimiento) einzig durch die Sinne vermittelt etwas denken kann (solo lo que alcanza por los sentidos), und dazu braucht er die ›Figuren und Formen der Gegenstände, die durch sich selbst oder durch Abbilder gegenwärtig sind‹. Und so kann ›nichts von dem, was die Einbildungskraft einbilden und der Verstand hienieden empfangen und denken kann, ein geeignetes Mittel (medio proximo) zur Einigung mit Gott sein‹.«[17] Daher weist Juan alle Figuren und Formen ab. Freilich stößt seine Kritik aller weltlichen Formen bereits bei Theresa von Avila auf Gegenkritik. Doch bleibt bestehen, daß alle Mystik die Differenz zwischen Gott selbst und seinen Bildern, auf der bereits das Bilderverbot des Alten Testamentes insistierte, im Bewußtsein hält.

Doch wie verhalten sich Mystik und Kunst zueinander? Rainer Volp meint: »Dabei ist das ›Mystische‹ der vielleicht härteste, deutlichste und sicher auch ergiebigste Testfall für das Verhältnis zwischen Religion und Kunst.«[18] Diese These wird in derselben Publikation von Gottfried Boehm doch sehr kritisch behandelt. Zum ersten konzentriert er sich auf jene Tendenzen der modernen Kunst, denen es um eine »Aufhebung der sichtbaren Wirklichkeit, von Sichtbarkeit überhaupt« gegangen ist und wählt als Beispiel die schwarzen Bilder von Ad Reinhardt.[19] Dann aber stellt er zweitens die Frage, ob denn »die Bildstrategie der Entgrenzung bzw. ›Aufhebung‹ die Darstellung einer mystischen Erfahrung« sei, ob man in diesem Sinne von »mystischen Bildern« sprechen könne? In Zusammenhang damit fällt der entscheidende Begriff der *Analogie* zwischen mystischer Erfahrung und entgrenzenden Bildern. Und weiter: »Schließlich haben wir es mit der *Formulierung* von Erkenntnis zu tun, mit *Bildern*, d.h. mit *Modellen* von Erfahrung. So sehr diese Bilder auf die Konstituierung von unvergleichlichen Einsichten zielen, so weit diese den Betrachter in seinem Leben betreffen mögen (also nicht nur ästhetische Aussagen sind), sie bleiben doch *Bilder*, die wir mit der Wirklichkeit, ganz besonders mit der Superrealität, von der die mystische Literatur und Kunst immer wieder berichtet, nicht verwechseln dürfen. Die Erfahrungsanalogie setzt eine *Barriere*, von der man hoffen mag, daß sie die New age-Begeisterten, die Morgenlandfahrer, oder die möglichen Trendsetter einer ›mystical art‹ in Distanz hält.«

Mit diesen Unterscheidungen hat Gottfried Boehm einen deutlichen Trennungsstrich zwischen Kunst und Mystik gezogen. Wovon man legitimerweise sprechen kann, ist allein eine Analogie zwischen der Mystik und manchen Werken der abstrakten Kunst. Die Verwischung dieser Grenzen ist höchst problematisch.

Die Autonomie der Kunst

Die Unterscheidung von religiösem Mythos und künstlerischer Mythologie ebenso wie jene von mystischer Erfahrung und entgrenzenden abstrakten Bildern hat uns gezeigt, daß Religion und Kunst sich grundsätzlich voneinander unterscheiden.

Wir stoßen dabei auf das moderne Phänomen der Autonomie der Kunst. Der Begriff geht von zwei griechischen Wörtern aus: »autos« = selbst und »nomos« = Gesetz. Von der Wortbedeutung her kann man davon sprechen, daß Kunst sich ihr Gesetz selbst gibt. Der Begriff war bei den Griechen ursprünglich eine politische Kategorie, wurde im Mittelalter gar nicht gebraucht und erlangte erst durch Kant umfassende Bedeutung. »Autonomie meint jetzt nicht mehr nur ein beschränktes Recht auf institutionelle Selbstbestimmung, sondern der Begriff der Autonomie steht jetzt für die Möglichkeit und Bestimmung des Menschen, sich durch sich selbst in seiner Eigenschaft als Vernunftwesen zu bestimmen.«[20] Gemeint ist die Freiheit der Selbstbestimmung. Die Autonomie des Willens ist für Kant oberstes Prinzip der Sittlichkeit. Daraus ergibt sich der kategorische Imperativ, der in der Fassung der »Metaphysik der Sitten« so lautet: »Handle so, daß du die Menschheit, sowohl in deiner Person als in der Person eines jeden anderen, jederzeit zugleich als Zweck, niemals als Mittel zum Zweck brauchst«, kurz gesagt: »Handle so, daß du jederzeit den Menschen als Selbstzweck, niemals als Mittel zum Zweck brauchst.«

Die Autonomie der Kunst ist analog dazu zu verstehen. Sie besagt, daß das Kunstwerk um seiner selbst willen da ist, und daß der Kunst deshalb die Freiheit der Selbstbestimmung zukommt. Die entsprechende Handlungsanleitung könnte man so formulieren: »Betrachte das Kunstwerk nicht als Mittel zum Zweck, sondern als Selbstzweck.« Der eigentliche Bereich der Autonomie der Kunst, das, wo ihr niemand hineinzureden hat, ist der formale, der erst Kunst zur Kunst macht. Das besagt allerdings nicht, daß Kunst sich nicht auf die menschliche, die individuelle und gesellschaftliche Wirklichkeit beziehen könne und solle. Auch Peter Handke, der 1967 den Essay geschrieben hat »Ich bin ein Bewohner des Elfenbeinturms«, der es als Aufgabe der Literatur ansah »Über mich selbst klar, klarer zu werden« und es ablehnte, ein engagierter Autor zu sein, hat später sehr wohl auch zu politischen Themen Stellung bezogen.[21] Autonomie und gesellschaftliche Bezüge schließen sich keineswegs aus. Am klarsten hat das Theodor W. Adorno gesagt: »Der Doppelcharakter der Kunst als eines von der empirischen Realität und damit dem gesellschaftlichen Wirkungszusammenhang sich Absonderndes, das doch zugleich in die empirische Realität und die gesellschaftlichen Wirkungszusammenhänge hineinfällt, kommt unmittelbar an den ästhetischen Phänomenen zutage. Diese sind beides, ästhetisch und faits sociaux.«[22] Kunst ist autonom, muß aber vor der »Fetischisierung ihrer Autonomie« gewarnt werden. Hervorzuheben ist, daß Adorno den gesellschaftlichen Zusammenhang nicht nur, ja nicht einmal in erster Linie im Inhaltlichen entdeckt, sondern in der formalen Struktur. Die Disharmonien von Kunstwerken weisen auf gesellschaftliche Spannungen hin.

Das Beharren auf der Autonomie ist allerdings ein relativ junges historisches Phänomen. Nochmals Adorno: »Die Geschichte der Kunst (ist) die des Fortschritts ihrer Autonomie.«[23] Daß dieser Satz jedenfalls für die europäische Neuzeit gültig ist, hat Hans Belting nachgewiesen, wie wir gesehen haben. Man kann dabei wohl von drei Stufen sprechen. Die erste war das Andachtsbild, das in Italien im 13. Jahrhundert vor allem durch die städtischen Kommunen gefördert wurde, in der Folge aber immer mehr auch in die private Sphäre Eingang fand. Die Reformatoren lehnten dann das Kultbild gänzlich ab und die Renaissance betonte den Kunstcharakter des Kunstwerks. Die dritte Stufe ist die Aufklärung, die den engen Zusammenhang zwischen Kunst und Religion auch im katholischen Bereich entscheidend lockert. Von nun an übernimmt die »weltliche« Kunst die Führung. Das 19. Jahrhundert findet die Formel »l'art pour l'art«: Kunst ist für die Kunst da, nicht aber für außerkünstlerische Zwecke. Das brachte der Kunst eine bis dahin unbekannte Freiheit. Doch der Preis, der dafür bezahlt werden mußte, war hoch: Kunst verlor ihren Rückhalt im Volk, wurde immer weniger verstanden (außer von einer kleinen Elite). Noch Paul Klee (fünfzig Jahre nach seinem Tod einer der beliebtesten Künstler!) konnte sagen: »Uns trägt kein Volk.«

Die Diktaturen nahmen dann die Kunst an die Kandare. Die Künstler wurden »gleichgeschaltet« und mußten der Ideologie dienen. Viele Künstler verließen ihre Heimat; wer dies nicht konnte oder wollte, ging in die innere Emigration. Bezeichnend ist die Tagebucheintragung von Max Beckmann, der Deutschland verlassen und sich in Amsterdam niedergelassen hatte:

31 Walter Pichler, Gehängter, 1974

»Bei alledem den Kopf hoch zu halten ist nicht einfach und es ist eigentlich ein Wunder, daß ich überhaupt noch existiere. Zu welcher Plage und Entsetzen, oder zu welcher Freude und Verdienst, hat mich mein eigenes Karma noch aufgespart? Das Eine ist sicher, Stolz und Trotz den unsichtbaren Gewalten gegenüber soll nicht aufhören, möge das Allerschlimmste kommen. – Ich habe mich mein ganzes Leben bemüht eine Art »Selbst« zu werden. Und davon werde ich nicht abgehen und es soll kein Winseln um Gnade und Erbarmen geben und sollte ich in aller Ewigkeit in Flammen braten. Auch ich habe ein Recht« (am 4. Mai 1940, kurz vor dem Überfall auf Holland geschrieben).[24]

Nach dem Krieg waren die verfolgten Künstler auf einmal die guten Deutschen, die man auch im Ausland herzeigen konnte. Sie standen für das Recht auf künstlerische Freiheit, sie hatten recht behalten. Das wirkte wie eine Bestätigung der Autonomiethese. Doch das alles änderte sich in den späten 60er Jahren. Der Widerstand kam von links. Die linken Propheten sahen in der Kunst eine »bürgerliche Angelegenheit«, puren Luxus. Jetzt zähle allein, was zur Veränderung der Gesellschaft tauge. Es war die Zeit, als Kunststudenten das Studium abbrachen und auf die Straße gingen, um zu demonstrieren. Über dem Heiligtum der Kunst, dem Fridericianum in Kassel, hing anläßlich der documenta V ein Transparent »Kunst ist überflüssig«. Karl Ruhrberg charakterisierte damals diese bilderstürmerischen Tendenzen so: »Der christliche Kulturphilosoph Wilhelm Hausenstein glaubte, daß heilsgewisse Gesellschaften und Gruppen, wie die Urchristen, keiner Kunst bedürften und – les extrèmes se touchent – sozialistische Gruppen mögen, des irdischen Paradieses sicher, ähnlich denken. Ihre teils gleichgültige (›Laßt doch den Bürgern ihr Spielzeug‹), teils verquälte (›Wo bleibt die gesellschaftliche Relevanz?‹), teils verbissene Haltung (›Sperrt die Steuergelder, stürmt die Musentempel‹) trägt die Tradition der Bilderfeinde vom Byzanz des 8. Jahrhunderts über Calvin und seine Jünger, bis in die zweite Hälfte des 20. Jahrhunderts.«[25]

Mittlerweile haben auch diese Revoluzzer begriffen, daß das Paradies nicht so nahe und die Kunst nicht so überflüssig ist, wie sie glaubten. Doch der Ruf nach einer engeren Verbindung der Kunst mit der Gesellschaft ist seither nicht verstummt und kommt nun aus der Mitte der Kunst selbst. Wenn wir recht sehen, kommen die Initiativen vor allem von drei Seiten her: von der Stadtgestaltung, der ökologischen Bewegung und der Psychopathologie. Die Tristesse der neuerbauten Städte und Vorstädte stößt seit den 60er Jahren auf zunehmende Kritik. Jane Jacobs erkannte den Städtebau als komplexes Problem (»Tod und Leben großer amerikanischer Städte«, 1961) und Alexander Mitscherlich polemisierte gegen »die Unwirtlichkeit, die sich über diesen neuen Stadtregionen ausbreitet«.[26] Es ist bewußt geworden, daß uns sowohl die unverwechselbare Eigenart mittelalterlicher Städte als auch die Großzügigkeit von Stadtplanungen des 19. Jahrhunderts (Paris, Wien) verlorengegangen ist. Abhilfe ist schwer zu schaffen. Einzelne Oasen der Natur oder der Kunst zu schaffen, ist zwar besser als nichts, löst das Problem aber nicht. Man denke etwa an die gewiß eindrucksvollen Skulpturenausstellungen im Stadtraum von Münster. Auch wenn man sich bewußt ist, daß eine große Stadt kein reines Kunstwerk sein kann (Jane Jacobs), ist man doch ratlos angesichts des Wucherns etwa der großen chinesischen Städte, wie uns das die Fotografien von Rem Kohlhaas auf der documenta X so anschaulich vor Augen geführt haben. Immerhin ist klar geworden, daß die moderne Bewegung hier auch falsche Wegmarken gesetzt hat, so die Forderung der Charta von Athen, die Stadt in verschiedene, voneinander getrennte Funktionsbereiche zu trennen (Wohngebiete, Industriegebiete, Verkehrszonen und Freizeitbereiche), was Alison und Peter Smithson bereits in den 50er Jahren als fatal bezeichnet haben. Die documenta X hat bemerkenswerte positive Beispiele gezeigt, so etwa die Wohnhäuser und Spielplätze von Aldo van Eyck in Amsterdam. Doch das alles sind nur Tropfen auf dem heißen Stein.

Daß Kunst auch ökologische Akzente setzen kann, hat Joseph Beuys mit seiner Aktion »7000 Eichen« – aber nicht nur damit – unter Beweis gestellt. Auch in dieser Hinsicht suchte die documenta X Akzente zu setzen, etwa mit der Installation »Interieur/Landschaft« von Olaf Nicolai oder den Unkrautgärten von Lois Weinberger (selbst zwischen Bahngeleisen). Doch auch gutgemeinte Aktivitäten wie »Better Homes, better Gardens« in Chicago, können statt zur Integration zur Isolation der farbigen Bevölkerung führen, wie die Bilder von Kerry James Marshall bewußtgemacht haben – hoffentlich bleibt uns in Zukunft mehr als die Flucht in die »Escape Vehicles« von Andrea Zittel, so verlockend sie auch sein mögen.

Ein dritter Zugang ist von der Psychopathologie nicht nur gesucht, sondern – so meinen wir – auch gefunden worden. Es ist ein weiter Weg von der ersten Publikation von Hans Prinzhorn über »Die Bildnerei der Geisteskranken« (1922) bis zur Arbeit von Leo Navratil mit den Gugginger Künstlern. Die Nationalsozialisten haben bekanntlich versucht, Moderne Kunst in die Nähe der Geisteskrankheit zu rücken, um sie als »entartet« diffamieren zu können. Navratil hat nachgewiesen, daß »die Destrukturierung des normalen Bewußtseins nicht immer zu einer Neuorganisation auf ›niedrigerer‹ Stufe führt: In der schizophrenen Psychose kommt es wie in vielen anderen Zuständen veränderten Bewußtseins auch zu Neustrukturierungen, die über das Niveau des normalen Bewußtseins hinausgehen.«[27] Mit anderen Worten: Auch Schizophrene können bedeutende Kunstwerke schaffen.

Fazit: Der Begriff der »Autonomie« bedarf einer Neuinterpretation. Einerseits darf die einmal gewonnene Freiheit der Kunst nicht verloren gehen; sie ist vielmehr mit Zähnen und Klauen zu verteidigen. Andererseits muß sich die Kunst ihrer gesellschaftlichen Verantwortung bewußt sein. Mit anderen Worten: Kunst darf sich nicht in eine selbstgewählte, bequeme, aber unfruchtbare Isolation begeben, sondern muß aus freien Stücken, von niemand gezwungen, die existentiellen Probleme aufgreifen, seien sie persönlicher oder gesellschaftlicher Art, die den Menschen betreffen und betroffen machen. Sie muß das mit ihren eigenen Mitteln tun, ohne vordergründig plakativ zu werden.

Kunst als Feld offener Kommunikation

Wir stellen die Frage nach jenen Entwicklungen, die der Transformation des Jesusbildes in unserem Jahrhundert zugrunde liegen. Zwei von ihnen scheinen unübersehbar zu sein. Einerseits hat sich das Verhältnis zwischen dem Kunstwerk und dem

Rezipienten geändert: »offene«, mehrdeutige Kunstwerke ermöglichen eine offene Interpretation. Andererseits sind an die Seite der »Schönheit« als alleiniger Kategorie der Kunst immer neue Kategorien getreten, die den Bereich der »Kunst« sehr stark ausgeweitet haben. Es ist zu prüfen, ob beide Entwicklungen sich auch in den Jesusbildern niederschlagen, die eine lange Tradition haben, was eher vermuten läßt, daß hier die Entwicklung langsamer verläuft.

Das Problem des Verhältnisses zwischen Kunstwerk und Rezipient beschäftigt die Wissenschaft in zunehmendem Maße. Vor allem die Semiotik hat sich des Themas angenommen. Die Semiotik als Kommunikationswissenschaft, als Wissenschaft von den Zeichen, die sich durch begriffliche Exaktheit auszeichnet, bietet die besten Voraussetzungen für die Untersuchung des Problemkreises. Akustische (sprachliche) und visuelle Zeichen sind die wichtigsten, durch die Menschen anderen Menschen etwas über etwas mitteilen. Im Kunstwerk als visuellem Zeichen wendet sich ein Sender (der Künstler) an einen Empfänger (den Rezipienten). Das Zeichen selbst hat eine formale Struktur, die zugleich sinnhaft, bedeutungsvoll ist. Die formale Struktur des Werkes unterliegt einem Code, d.h. einem System von syntaktischen Regeln. Während in früheren Perioden der Code ein kollektiver war (die Regeln eines »Stils«), gehört es zu den charakteristischen Besonderheiten der Kunst der letzten beiden Jahrhunderte, daß jeder Künstler einen individuellen Code entwickelt. Wieweit ihm dies gelingt, wird geradezu als Maßstab für seinen künstlerischen Rang angesehen (wobei die Frage offen bleibt, ob das der einzige Qualitätsmaßstab ist).

Betrachten wir die Christusbilder unserer Zeit im Hinblick auf ihren Code, so können wir drei Möglichkeiten unterscheiden: 1. konventionelle Codes, wie wir sie noch in zahlreichen Kirchengebäuden finden. Diese Bilder reproduzieren Bekanntes, greifen die alte Christusikonographie in formal traditioneller Weise auf. 2. innovatorische Codes. Dabei handelt es sich durchwegs um Idiolekte, also individuelle Codes, wo einzelne Künstler neue Wege gehen und das Jesusbild auf neuartige Weise interpretieren. 3. kritische Codes, wo das Christusbild in aggressiver oder ironischer Weise verfremdet wird.

Damit haben wir bereits einen wesentlichen Unterschied auch zwischen den Christusbildern der Vergangenheit und den bemerkenswertesten Jesusbildern unserer Zeit festgestellt: es gibt keinen gemeinsamen Code mehr, der für ein ganzes Zeitalter verbindlich wäre; an seine Stelle sind subjektive Bilder getreten, die zugleich die verschiedenen Tendenzen spiegeln, die für die Kunst dieser Zeit charakteristisch sind. Das gilt primär für den ästhetischen Code, betrifft aber auch die drei Hauptfunktionen der Kunstwerke: die semantische (die Bedeutungs- oder Darstellungsfunktion), die emotionale (die Ausdrucksfunktion) und die imperative (oder appellative) Funktion. Wir haben gesehen, daß der Akzent jeweils verschieden gesetzt sein kann. Bei abstrakten Bildern dominiert die ästhetische Funktion, die freilich bei keinem Kunstwerk fehlen darf, bei expressionistischen Werken die Ausdrucksfunktion, bei Künstlern wie Hrdlicka und – in ganz anderer Weise – bei Beuys die appellative Funktion. Auf die Bedeutungsfunktion kommen wir in der Folge zu sprechen.

Schon diese Differenzierung macht darauf aufmerksam, wie wichtig die Rolle des Rezipienten ist. Es kommt darauf an, daß er die verschiedene Akzentuierung richtig zu lesen versteht. Es ist zwar richtig, daß bei jedem Kunstwerk einzelne oder alle Funktionen vorhanden sein können, dennoch können sie verschieden gewichtet sein. Das ist bei der Interpretation zu beachten. Wer nur die formalen Qualitäten eines Werkes beachtet, übersieht alle anderen Seiten. Weil die Kunstgeschichtsforschung lange Zeit so vorgegangen ist, hat sie die bedeutsame Rolle, die Jesusbilder in unserem Jahrhundert gespielt haben, weithin übersehen, bei denen semantische, emotionale und appellative Aspekte wesentlich sind.

Auf einen weiteren wesentlichen Unterschied moderner Werke zu denen früherer Zeiten hat Umberto Eco in seinem Werk »Opera aperta« (Das offene Kunstwerk) hingewiesen. Bilder unterscheiden sich grundlegend von Begriffen durch ihre Mehrdeutigkeit. Daher spricht Eco von der »fundamentalen Ambiguität der künstlerischen Botschaft als Konstante jedes Werkes aus jeder Zeit.«[28] Das war auch früheren Zeiten durchaus bewußt. Eco weist auf die berühmte Stelle in Dantes dreizehnter Epistola hin: »Diese Behandlungsart läßt sich an

32 Hermann Nitsch, Fünfzigste Aktion, 1975

folgenden Versen verdeutlichen: In exitu Israel de Egypto, domus Jacob de populo barbaro, facta est Judea sanctificatio eius, Israel potestas eius. Wenn wir allein den Buchstaben betrachten, dann ist der Auszug der Kinder Israel aus Ägypten zur Zeit des Mose gemeint; sehen wir auf die Allegorie, so ist unsere Erlösung durch Christus bedeutet; der moralische Sinn ist die Wendung der Seele aus Trauer und Elend der Sünde zum Stand der Gnade; der anagogische der Ausgang der heiligen Seele aus der Knechtschaft der Verderbnis der ewigen Herrlichkeit.«[29] Die mittelalterliche Lehre vom vierfachen Sinn ist allerdings stricto sensu gemeint: es gibt vier eindeutig festgelegte Bedeutungen des Schriftwortes. Das Werk (das Mittelalter kümmert sich mehr um die Interpretation der Heiligen Schrift als um die Interpretation von Kunstwerken) ermöglicht verschiedene Lesarten. In der Moderne wird die Bedeutung der Offenheit in zweifacher Weise erweitert. Nun legt es der Künstler geradezu auf Mehrdeutigkeit an oder rechnet wenigstens mit ihr; bei manchen Werken wird der Rezipient sogar am Machen des Werkes beteiligt.

Eine Schlüsselrolle beim Entstehen dieser Auffassung muß man wohl Friedrich Nietzsche zugestehen, der die Überzeugung von der Eindeutigkeit der Erfassung der Wahrheit perhorresziert und von einem »Perspektivismus« der Erkenntnis spricht.[30] Das entspricht seiner Ästhetisierung aller Bereiche des Daseins, da ja das Dasein und die Welt »nur als ästhetisches Phänomen gerechtfertigt« ist.[31] Nietzsche überträgt die Mehrdeutigkeit der Interpretationsmöglichkeiten des Kunstwerks auf jegliche Erkenntnis.

Verlaine und Mallarmé sprechen es dann deutlich aus, es müsse vermieden werden, daß ein einziger Sinn sich aufdrängt.[32] Ebenso sagt Paul Verlaine: »Il n'y a pas de vrai sens d'un texte.«[33] Für Eco sind Franz Kafka und James Joyce Kronzeugen für diese bewußte Vermeidung eines einzig möglichen Sinnes. Die zahlreichen verschiedenen Interpretationen der Dichtungen der beiden sind der beste Beleg dafür. In der bildenden Kunst ist ein Extrem in dieser Hinsicht der Tachismus; der Fleck (»tache«) regt zu den unterschiedlichsten Deutungen an, wofür der Rorschachtest in der Psychologie das beste Vergleichsbeispiel bildet.

Wir haben mehrfach auf die Mehrdeutigkeit von Bildern hingewiesen, die eine offene Interpretation erfordert. Vincent van Gogh, einer der Väter der modernen Kunst, gibt uns in einem seiner Briefe einen Hinweis: »Ich bewundere durchaus gar nicht den ›Christus im Olivengarten‹ von Gauguin, von dem er mir eine Zeichnung schickte. Ebensowenig Bernard ... Nein, in ihre biblischen Deutereien habe ich mich nicht eingemischt. Ich sagte, Rembrandt, Delacroix hätten das wundervoll gemacht und ich liebte das mehr als die Primitiven, aber damit Schluß. Ich will nicht noch einmal mit diesem Kapitel beginnen. Wenn ich hierbleibe, werde ich nicht versuchen, einen Christus im Olivengarten zu malen; vielmehr die Olivenernte, so wie man sie noch sieht, und wenn ich darin die wahren Verhältnisse der menschlichen Gestalt auffinde, so kann man dabei an jenes denken.«[34]

Betrachten wir eines seiner Bilder vom Sämann (es gibt mehrere Varianten davon). Die Sonne steht wie ein Heiligenschein über seinem Kopf. Ein alltäglicher Virgang wird ins Monumentale gesteigert, wozu der mächtige Baumstamm zur Rechten beiträgt. Die Assoziation zum biblischen Gleichnis stellt sich ein, man »kann dabei an jenes denken«. Doch der Bezug bleibt offen, und diese Behutsamkeit des Verweisens ist für die ganze moderne Kunst paradigmatisch.

Immer wieder frappierend ist die »Doppelgesichtigkeit« Christi im »Roten Christus« von Corinth. In der einen Sicht richtet Christus die Augen auf den Betrachter, die dunklen Verschattungen der unteren Partien erscheinen als Bart; in der anderen ist das Antlitz nach oben gewendet, der Sonne zu, ist bartlos, und die Schwärzen erscheinen als Schatten. Die Verschiedenheit in der Deutung des Gesichtes wirkt sich auf die Interpretation aus: entweder ertrinkt Christus in der Düsternis, oder er blickt erwartungsvoll nach oben.

Bei Max Beckmann haben wir es mit einer bewußten Verrätselung der Bilder zu tun. Das zeigt sich am stärksten bei den großen Triptychen des Spätwerks. Friedhelm W. Fischer hat einige dieser Werke bis zu einem gewissen Grade »entschlüsselt«, doch bleibt immer ein Geheimnis übrig.

In besonderem Maße ist die Vieldeutigkeit ein Kennzeichen der Werke von Arnulf Rainer. Beim »Weinkruzifix« haben wir auf diese Vielschichtigkeit hingewiesen: man kann auf die Biegung des Querbalkens hinweisen und diesen als »Waage« sehen, man kann das herunterrinnende Rot als das Rot der Reben oder als das Blut Christi deuten und so darin eine Anspielung auf den »Christus in der Kelter« erblicken. Man kann das Kreuz auch in der Tradition der Astkreuze interpretieren. Verschiedene Sichten der formalen Struktur implizieren auch verschiedene semantische Deutungen. Die Mehrdeutigkeit der Werke Rainers ist prinzipieller Art. Die Übermalungen können als formale Experimente oder als Auseinandersetzungen mit Werken der Kunstgeschichte gedeutet werden. Wenn es sich um Kruzifixe handelt, bleibt offen, ob es sich um ein Verdecken, ein Verhüllen oder um Aggressionen handelt, um eine negative Theologie oder um eine Negation der Theologie. Die unaufhörliche Suchbewegung, die Rastlosigkeit Rainers kann als Indiz gelten, daß er nicht nur mehrdeutig sein will, sondern gar nicht anders kann. Die Offenheit der Interpretation entspricht einer tief verwurzelten Offenheit der Werke selbst.

Ein weiteres Beispiel: Antoni Tàpies (geb. 1923). Er legt es bewußt darauf an, Zeichen zu setzen, die vieldeutig sind. Dafür eignet sich in besonderer Weise das Kreuz. Dieses kommt ja in den verschiedensten Kulturen mit allen möglichen Bedeutungen vor. Es ist Zeichen für den Menschen, wenn er die Arme ausbreitet. Es ist ein kosmisches Zeichen, das die Himmelsrichtungen anzeigt. Es kann auch ein gewöhnliches Pluszeichen sein oder einfach formale Bedeutung haben, sei es als Bereicherung der Komposition oder als Möglichkeit der Verfestigung der Struktur. Tàpies löst das Kreuz von der christlichen Bedeutungsdominanz und setzt es als offenes Zeichen, das viele Assoziationen ermöglicht. Oder mit den Worten von Barbara Catoir: »Das Zeichen öffnet sich dem assoziativen Denken im Labyrinth der Vieldeutigkeit.«[35]

Was Tàpies besonders wichtig ist, ist die Einbeziehung der alltäglichen Realität, der Wirklichkeit der Dinge, die uns umgeben. Die vielfältige Struktur der Mauer eignet sich dafür sehr gut, Tàpies läßt sich dadurch zu vielen Bildern anregen. Er bezieht auch reale Materialien ein: Sand, Mauerstaub, Kartons, Rupfen, Schnüre, Bretter, Spielkarten und folgt damit der Tradition der Collage.

Die »Vieldeutigkeit« der Bilder von Tàpies soll an dem »Großen Diptychon in Rot und Schwarz« (1980) verdeutlicht werden. [36] Das Diptychon ist auf zwei Holztafeln gemalt, die mit einer beigen Masse aus Farbe, Leim und Marmorstaub überzogen ist. Darüber wird eine schwarze Farbschicht gelegt; auf der rechten Seite und im oberen linken Eck wird mit Hilfe einer Schablone die untere beige Farbschicht freigehalten. Es entsteht eine Großform, die an ein unregelmäßiges Kreuz erinnert. In den beiden oberen Ecken werden Kreuze eingeritzt. Die rechte untere Ecke wird durch Striche graphisch bearbeitet. Verschiedene kleine Zeichen wie ein Kreis oder der Abdruck einer Schere und der Buchstabe T, der wohl als Anfangsbuchstabe seines Namens zu deuten ist (wie auf vielen anderen Bildern), heben sich vom schwarzen Untergrund ab. Entscheidend jedoch ist, daß die Bruchstelle zwischen beiden Tafeln durch ein halb eingeritztes, halb aufgezeichnetes Kreuz überbrückt und mit roten Pinselstrichen überstrichen wird. Das Bild läßt viele Deutungsmöglichkeiten offen. Eine optisch gut begründete ist die, daß hier zwei verschiedene Tafeln, die in ihrer Farbigkeit gegensätzlich sind, miteinander verbunden werden. Es ginge also um die Verbindung von Gegensätzlichem. Oder – hegelianisch gesprochen – um die Synthese von These und Antithese. Indem man das so formuliert, wird einem bewußt, daß es sich schon um eine Interpretation handelt, die sich allerdings auf das Bild bezieht, also ein »fundamentum in re« hat.

Es scheint so, als habe die Offenheit der Kunstwerke und ihrer Interpretation in der Zeit nach 1960 noch zugenommen. Bei jenen Künstlern, die den Rezipienten ermutigen, sich am Entstehungsprozeß des Kunstwerks zu beteiligen, wie etwa den Vertretern des Happenings, ist das offensichtlich. Das gilt ebenso von manchen Fluxus-Künstlern. Es hängt wohl damit zusammen, daß sie stark von der neuen Musik beeinflußt sind. Musiker wie John Cage, Pierre Boulez oder Hans Stockhausen legen ihre Partituren so an, daß sie mehrere Interpretationsmöglichkeiten offen lassen. Sie provozieren bewußt Akte der Freiheit.

Es ist auffällig, daß dieser letzte Schritt, den Rezipienten zum »Mitschaffen« des Werkes anzuregen, bei den Werken, die wir besprochen haben, nicht getan wird. Das gilt auch für Nitsch oder Beuys. Das dürfte in der Sache begründet sein. Es geht ja um eine mentale Auseinandersetzung. Daher wird der Schritt vom Betrachter und Mitdenker zum Mitspieler nicht getan.

Ein Mißverständnis des Gesagten soll hier ausdrücklich zurückgewiesen werden: eine »offene« Interpretation bedeutet keine Beliebigkeit der Interpretation. Diese hat sich immer am Werk zu orientieren, darf nicht in Willkürlichkeit ausarten. Eco spricht von der »Logik der Signifikanten, welche eine Dialektik zwischen der Freiheit der Interpretation und der Treue zum strukturierten Kontext der Botschaft aufrechterhält«. Es geht also durchaus um die »Kontrolle des Freiheitsraums der Interpretationen«.[37]

Eine zweite grundsätzliche Bemerkung: alle Interpretationen sind sprachlicher Natur und liegen daher auf einer anderen Ebene wie die Anschauung. Vieles, was in der Anschauung gegeben ist, läßt sich nicht verbalisieren. Man denke nur an die vielen Farbnuancen; im Vergleich dazu wirken die sprachlichen Bezeichnungen (z.B. grün, gelbgrün, türkis, blau, violett, lila usw.) geradezu plump. Aber auch in anderer Hinsicht bleibt die Sprache hinter der Anschauung zurück, die den Primat behält. Keine Interpretation kann das Werk ausschöpfen, das bildet aber auch den Anreiz, immer wieder zur Anschauung zurückzukehren.

Schließlich fragt sich, was diese Erweiterung der Offenheit des Kunstwerks und seiner Interpretation kulturhistorisch bedeutet. Ist das »offene Kunstwerk« so etwas wie eine Anzeige für ein »offenes Weltbild«? Anders ausgedrückt: Hat sich das Weltbild des europäischen Menschen seit dem Mittelalter, das Ausdruck eines streng hierarchischen Ordnungsdenkens war, in Richtung auf ein Weltbild verändert, das nicht mehr einheitlich und definitiv, sondern diskontinuierlich und voller Interpretationsmöglichkeiten ist, das an Sicherheit verloren, aber an Freiheit gewonnen hat? Eco vertritt diese Auffassung. Nach ihm ermöglicht uns das Kunstwerk »neue Aspekte der Welt zu erfassen«.[38] »An die Stelle einer nach allgemeinen Gesetzen geordneten Welt ist eine auf Mehrdeutigkeit sich gründende getreten, sei es im negativen Sinne des Fehlens von Orientie-

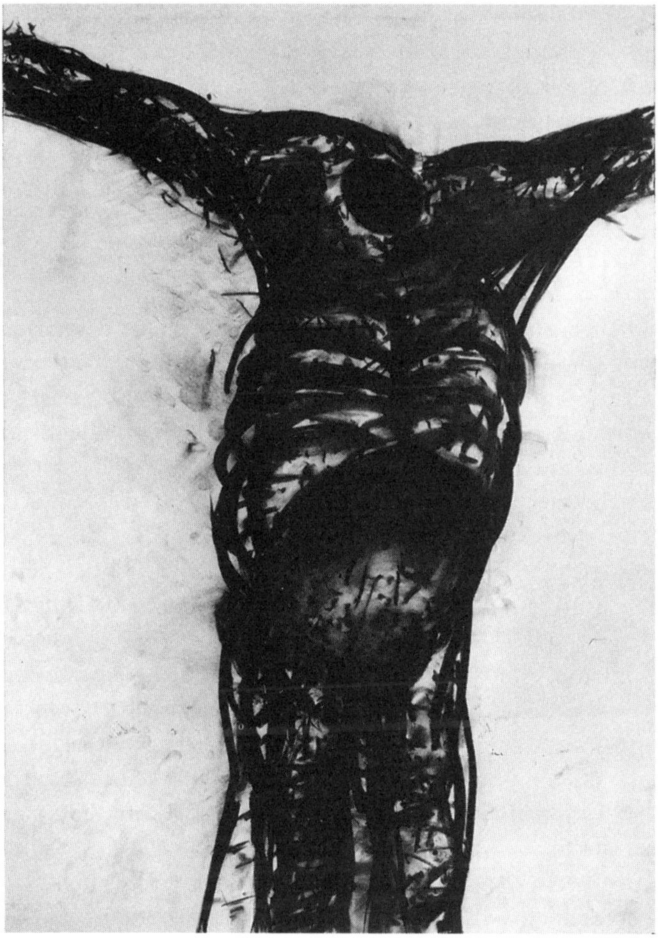

33 Werner Knaupp, Nervenkrankenhaus Bayreuth, 24. 11. 77

rungszentren oder im positiven einer dauernden Überprüfbarkeit der Werte und Gewißheiten.«[39] Dafür spricht aber nicht nur die Offenheit der Struktur des Kunstwerks, sondern auch der radikale Wandel, der in der Vervielfältigung der Kategorien der Kunst offenbar wird und der zeigt, daß sich die Erwartungshaltung ihr gegenüber völlig verändert hat. Dem wenden wir uns jetzt zu.

Zur Theorie des Schönen und des Erhabenen

Wir haben zuvor zwei Charakteristika der Gegenwartskunst hervorgehoben: ihre Autonomie und die größere Bedeutung des Rezipienten. Eine dritte wesentliche Bestimmung ist die, daß die Schönheit nicht mehr als einzige Kategorie der Kunst gilt. Zuvor noch ein Wort über das Verhältnis von Kunst und Kunsttheorie. Eine Kunsttheorie im eigentlichen Sinne des Wortes gibt es erst seit der Renaissance. Vorher gab es eine Ontologie der Schönheit, die sich nicht nur, ja nicht einmal in erster Linie auf die Kunst bezog. Mit der Etablierung der Ästhetik durch Baumgarten um die Mitte des 18. Jahrhunderts beginnt die Philosophie, sich mit der sinnlichen Erkenntnis (aisthesis) intensiver auseinanderzusetzen, was eine Voraussetzung darstellt, eine Philosophie der Kunst zu begründen. Schon Hegel versteht unter »Ästhetik« nur mehr eine Philosophie der Kunst. Obwohl Hegel sagt: »Die Wahrheit ist konkret«, bleibt er bei der Suche nach allgemeinen Prinzipien (das ist ja Philosophie ihrem Anspruch nach). Mit dem Aufkommen der Kunstgeschichte als Wissenschaft im 19. Jahrhundert wird ein neuer Ansatz der Kunsttheorie versucht: sie geht vom Kunstwerk und der Geschichte der Kunst aus und fragt von daher nach ihren Kategorien. Zunehmend beschäftigen sich auch Künstler mit der Kunsttheorie, Reflexion wird eines ihrer Geschäfte. Nun kommt die Philosophie nicht mehr darum herum, sich mit der konkreten Kunst auseinanderzusetzen, wie das bei Theodor W. Adorno in paradigmatischer Weise geschieht (»Ästhetische Theorie«, 1970). Philosophische Ästhetik und konkrete Kunsttheorie wachsen immer mehr zusammen. Die Probe aufs Exempel liefern die neuen französischen Denker

Roland Barthes, Jean-François Lyotard, Baudrillard usw., von denen es klassische Interpretationen von Kunstwerken gibt, wie etwa die Texte von Barthes über den Eiffelturm, über Arcimboldo und Cy Twombly oder von Lyotard über Barnett Newman, Interpretatioen, die auf die Tiefenstruktur dieser Werke abzielen. Umgekehrt bedienen sich Kunsthistoriker wie Max Imdahl oder Gottfried Boehm eines philosophischen Rüstzeugs. Innerhalb der Philosophie ist Ästhetik ein zentrales Forschungsgebiet geworden, sie liefert die Maßstäbe einer Analyse des Menschen und des geschichtlichen Augenblicks, in dem er lebt.

Die Antike hat eine Ontologie der Schönheit ausgebildet, die für das ganze Mittelalter verbindlich war und bis ins 18. Jahrhundert maßgeblich blieb. Da es mir um die Kunsttheorie der Gegenwart geht, muß ich mich hier mit Andeutungen begnügen, die zwangsläufig plakativ ausfallen. Die maßgeblichen Denker, auf die diese Konzeption zurückgeht, sind Xenophon und Platon. Schon Xenophon (um 430–355) liefert eine idealistische Theorie des Schönen. Schönheit, wo immer sie begegnet, ist keine subjektive Schöpfung, sondern eine ontologische Realität. Sie gehört in den Bereich des »Sich-Zeigens des Seins«.[40] Kunst ist Mimesis, Darstellung des Schönen, aber die Schönheit erscheint auch in der Natur, im menschlichen Körper, in der Tugend und wird hier der Sache nach identisch mit dem Guten. »Am Beispiel der Malerei wird die Kunst als Mimesis bestimmt, als Nachahmung der sichtbaren oder geistigen Schönheit ... Die Kunst ist somit als Teilproblem der Schönheit zu betrachten.«[41]

Vollender dieser idealistischen Schönheitstheorie ist Platon, der der Schönheit mehrere seiner Dialoge widmet (Hippias maior, Symposion). Sein Symposion ist dem Eros gewidmet, dem großen Dämon, der zum Schönen führt. Der Stufenweg zur Erkenntnis des Schönen (Symposion 210–212) beginnt mit der Liebe zu den Leibern, erhebt sich dann zu der Liebe zu den Seelen und führt schließlich zur Schau des Schönen selbst, des »auto to kalon«, das »an und für und in sich selbst ewig überall dasselbe ist«. Es ist »das göttliche Schöne«, das mit dem Sein selbst identisch ist. Kunst ist Nachahmung (»mimesis«) der Wirklichkeit, ihre Darstellung, wobei die Idee die eigentliche

Wirklichkeit ist. So erklärt sich, daß Malerei für Platon etwas Drittes im Hinblick auf die Wahrheit ist: die erste Wirklichkeit ist die Idee, die zweite die sichtbare Weltwirklichkeit, die dritte die Nachahmung dieser Wirklichkeit, eben die Malerei. Platon verdeutlicht das an einem Beispiel: die drei Stufen sind die Idee des Bettes – das reale Bett – das gemalte Bett. Der Künstler ist daher Nachahmer einer Nachahmung (Politeia 597–600).

Die von Platon abweichende Theorie des Aristoteles wurde geschichtlich erst in der Neuzeit wirksam. Während Dichtung für Platon »mania« ist, ein von Gott bewirkter Wahnsinn (Phaidros 102), ist sie für Aristoteles »techné«, ein Hervorbringen des Werkes, damit auch eine Art des Wissens. Kunst richtet sich nicht auf Darstellung dessen, was ist, sondern dessen, was sein könnte. »Ziel der Kunst ist das Sichtbarmachen menschlicher Möglichkeiten in ihrem Gelingen oder Scheitern.«[42] Mimesis ist daher »Offensichtlichmachen«, »Zeigen«.

Die mittelalterliche Ästhetik bleibt ganz im Banne eines christlich gedeuteten Platon. Gott ist die Schönheit, der platonische Aufstieg zum Schönen an sich wird zu einem Aufstieg zu Gott. Die Schlüsselstellung bei der Umbildung Platons in eine christliche Schönheitslehre kommt Dionysios Areopagita zu, der durch die lateinische Übersetzung des Scotus Eriugena im 9. Jahrhundert Allgemeingut des Abendlandes wird. Das hohe Mittelalter entwickelt eine Transzendentalienlehre, eine Lehre von den allgemeinen Bestimmungen des Seienden: »Omne ens est unum, verum, bonum« = »Alles Seiende ist eins, ist wahr und gut«. Das Schöne aber ist die Anschaubarkeit des Wahren und Guten. Ulrich Engelbert von Straßburg nennt daher auch das Schöne ein »Transcendentale«. Es geht also um eine Metaphysik der objektiven Schönheit. Sie zeigt sich anschaulich in der Ordnung der Proportion, in der »Vollkommenheit« (perfectio) und in der Klarheit des Lichtes (Thomas von Aquin). Die Hochschätzung der Ordnung ist Ausdruck des ungeheuren Seinsoptimismus des Mittelalters, der alle Unordnung herunterspielt. Die Klarheit des Lichtes ist Abbild des göttlichen Lichtes, an dem alle Dinge teilhaben. Otto von Simson hat in seinem berühmten Buch »The Gothic Cathedral« auf die Beziehungen des christlichen Platonismus zur gotischen Kathedrale hingewiesen, wie sie vor allem in den Schriften des Erbauers von Saint Denis, des Abtes Suger (1081–1155) zum Ausdruck kommt: »Der schwache Geist erhebt sich zum Wahren durch das Materielle. Und sehnend erhebt er sich durch das Licht aus seiner Versunkenheit.«

Am Beginn der Neuzeit wird das Schöne aus seinem ontologischen Himmel geholt. Künstler wie Alberti und Leonardo stellen erste Kunsttheorien auf. Schönheit verliert ihren Rang als »Transzendentale«, bleibt aber nach wie vor die einzig entscheidende Kategorie der Kunst. Während Transzendentalien allgemeine Seinsbestimmungen meinen, die jedes Seiende betreffen, versteht man unter Kategorien Aussageschemata, die nur für bestimmte Klassen des Seienden, also in diesem Fall für Kunstwerke gelten.

In der Renaissance ist die Schönheit etwas, was manchem Seienden zukommt, anderem nicht, was aber jedes echte Kunstwerk auszeichnen soll. Sprechend ist der Brief Raffaels an den Grafen Castiglione: »Um eine schöne Frau zu malen, müßte ich mehr schöne Frauen sehen, und zwar unter der Bedingung, daß ihr mir bei der Auswahl behilflich wärt (Kompliment an den Grafen, G.R.); aber da es so wenig schöne Frauen und gültige Richter gibt, so bediene ich mich einer gewissen Idee, die mir in den Sinn kommt. Ob die von künstlerischem Werte ist, vermag ich nicht zu sagen; ich bemühe mich schon sehr, sie zu haben.«[43] Aufgabe des Künstlers ist es demnach, die Wirklichkeit nicht nur nachzuahmen, sondern sie zu übertreffen. Der Schönheit begegnen wir also eher im Kunstwerk als in Wirklichkeit.

Erst im 17. und 18. Jahrhundert verliert die Schönheit ihren unangefochtenen Rang als *die* Kategorie der Kunst. An ihre Seite tritt das Erhabene. Der Begriff des Erhabenen taucht zum erstenmal in der Schrift »peri hypsos« auf, die wahrscheinlich im ersten nachchristlichen Jahrhundert verfaßt wurde und die man fälschlich dem Longinos zuschrieb. In dieser Schrift zur Rhetorik geht es um den »erhabenen Stil« der Rede. Der Begriff spielt dann lange keine Rolle mehr, bis er Ende des 17. Jahrhunderts von einigen französischen Ästhetikern aufgegriffen wird. Entscheidend für die weitere Entwicklung wird aber erst Edmund Burke mit seiner Schrift über das Erhabene und das Schöne (»A Philosophical Enquiry into the Origin of our Ideas of the Sublime and the Beautiful«, 1757).

Edmund Burke setzt das Erhabene schroff dem Schönen entgegen. Seine empiristisch-sensualistische Ästhetik geht zwei Fragen nach. Die gegenstandsanalytische lautet: Wie sind erhabene und schöne Dinge beschaffen? Die deskriptiv-psychologische kann man so formulieren: Wie ist der Zustand beschaffen, den sie hervorrufen? Burke lehnt die überlieferte Ansicht ab, schöne Dinge seien durch Proportionalität, Brauchbarkeit und Vollkommenheit charakterisiert; statt dessen meint er, schöne Dinge seien klein, glatt, zart und anmutig. Im Gegensatz dazu sind erhabene Objekte riesig, dunkel, schroff, mächtig, vor allem aber schrecklich. Schönheit bewirkt zärtliche Zuneigung, das Erhabene jedoch Erschauern. »Erschauern aber ist derjenige Zustand der Seele, in dem alle ihre Bewegungen gehemmt sind und ein gewisser Grad von Schrecken besteht.«[44]

Anschaulich präzisiert Lyotard: »Dieser Schrecken ist an Beraubungen gebunden: Beraubung des Lichts: Schrecken der Finsternis; Beraubung des Nächsten: Schrecken der Einsamkeit; Beraubung der Sprache: Schrecken des Schweigens; Beraubung der Gegenstände: Schrecken der Leere; Beraubung des Lebens: Schrecken des Todes.[45] Als ästhetisches Gefühl allerdings ist das Erhabene nur möglich, wenn Schmerz und Schrecken gemäßigt sind »und der Schrecken nicht den unmittelbaren Untergang der Person vor Augen hat«.[46] Dann kann der Schrecken mit einer Art Frohsinn verbunden sein (»delightful horror«). Der Schrecken bleibt ja im Bereich der Anschauung, ist nicht eine reale Bedrohung.

Immanuel Kant setzt sich in seiner Kritik der Urteilskraft mit den Kategorien des Schönen und Erhabenen auseinander und bezieht sich dabei auf Burke, doch ist sein Ansatz ein ganz anderer. Er lehnt die empiristisch-sensualistische Betrachtungsweise von Burke ab und ersetzt sie durch eine transzendentale. Kant unterscheidet drei Vermögen unseres Gemütes: das Erkenntnisvermögen, das Gefühl der Lust und Unlust und das Begehrungsvermögen. Erkenntnis- und Begehrungsvermögen hatte Kant in seinen beiden ersten Kritiken untersucht, nun wendet er sich dem Gefühl zu. Für dieses liefert die Urteilskraft das Prinzip a priori, das transzendentale Prinzip: die Zweckmäßigkeit der Natur. In der transzendentalen Betrachtungsweise liegt allerdings die Zweckmäßigkeit nicht in der

34 Arnulf Rainer, Kruzifikation, 1979

Natur selbst, sondern im Betrachter: »Ich nenne alle Erkenntnis transzendental, die sich nicht sowohl mit Gegenständen, sondern mit unserer Erkenntnisart von Gegenständen, sofern diese a priori möglich sein soll, überhaupt beschäftigt« (Kritik der reinen Vernunft, Einleitung).

Der Betrachter kann die Natur »schön« oder »erhaben« finden. Im Schönen erfährt der Mensch die harmonische Einheit von Verstand und Einbildungskraft. Das Schöne ist das, was ohne Interesse allgemein gefällt, wobei sich die Lust an der Gesetzmäßigkeit der Form einstellt. Anders ist es beim Erhabenen. Erhaben ist »das, was schlechthin groß ist« (Kritik der Urteilskraft, B 80). Das Erhabene ist aber »nicht in den Dingen der Natur, sondern allein in unseren Ideen zu suchen« (B 84). Daher beeilt sich Kant hinzuzufügen: »Erhaben ist, was auch nur denken zu können ein Vermögen des Gemüts beweist, das jeden Maßstab der Sinne übertrifft« (B 85). Es kommt zu einem Bruch: der Mensch erfährt die Unangemessenheit seiner Einbildungskraft für die Ideen, für ihre Unendlichkeit. Nicht alle Beispiele, die Kant wählt, überzeugen. Am besten greifen die Anschauung des bestirnten Himmels und des Ozeans, allerdings nicht, wie wir sie denken, sondern wie wir sie erfahren, etwa wenn der Ozean unruhig ist, »wie ein alles verschlingender Abgrund«. Das löst ein Gefühl der Unlust aus. Doch erfährt der Mensch zugleich seine Überlegenheit. Es ist »das moralische Gesetz in seiner Macht«. Der Mensch als sittliches Wesen steht über den Gewalten der Natur (selbst wenn er ihnen unterliegt). »Diese Macht macht sich eigentlich nur durch Aufopferungen ästhetisch kenntlich (welches eine Beraubung, obgleich zum Behuf der inneren Freiheit ... in uns aufdeckt)« (B 120). Diese Beraubung zeigt sich in einer Negation des sinnlich Wahrnehmbaren.

Daraus ergibt sich – und das ist für unsere Fragestellung von größter Bedeutung – daß für die Ideen nur eine negative, eine abstrakte Darstellung möglich ist. Die wichtigste und höchste aller Ideen ist die Idee Gottes. Bilder treffen die Wirklichkeit nur in den Grenzen der sinnlichen Erfahrung. Kant bezieht sich auf das Bilderverbot des Alten Testamentes: »Vielleicht gibt es keine erhabenere Stelle im Gesetzbuche der Juden, als das Gebot: Du sollst dir kein Bildnis machen, noch irgendein

Gleichnis, weder dessen was im Himmel, noch auf der Erden, noch unter der Erden ist u.s.w. Dieses Gebot allein kann den Enthusiasm erklären, den das jüdische Volk in seiner gesitteten Epoche für seine Religion fühlte, wenn es sich mit anderen Völkern verglich, oder denjenigen Stolz, den der Mohammedanism einflößt« (B 125). Und er fügt hinzu, daß es »ein Wahn ist, über alle Grenze der Sinnlichkeit hinaus etwas sehen zu wollen (B 126). Wenn Theologie zu einer anthropomorphistischen Vorstellungsart des höchsten Wesens herabsinkt, wird sie zur »Dämonologie«, ebenso wie Religion in Idololatrie gerät, d.h. in einen »abergläubischen Wahn, dem höchsten Wesen sich durch andere Mittel, als durch eine moralische Gesinnung, wohlgefällig machen zu können« (B 440).

Kant konnte nicht ahnen, welche Bedeutung seine Aussage, die Darstellung des Unendlichen könne »niemals anders als bloß negative Darstellung sein« (B 125) in einer Zeit erlangen sollte, in der die abstrakte Kunst weite Bereiche der Kunst erfaßte.

Während Kant das Erhabene vorzüglich in unserem Verhältnis zur Natur verankerte, hat Schiller es auf die Kunst bezogen. Doch in der Folge machte sich eine Tendenz bemerkbar, das Erhabene wieder im Schönen aufgehen zu lassen und es so seiner widerständigen Momente zu berauben. Besonders die Brüder Schlegel wirkten in dieser Richtung. Im 20. Jahrhundert schien das Erhabene seine Bedeutung völlig einzubüßen. Eine Wende brachte erst die »Ästhetische Theorie« von Adorno (1970). Allerdings kommt es dabei zu einer neuerlichen Transformation. Adorno wendet sich kritisch gegen Kant, aber auch gegen die weitere Interpretation dieser Kategorie. Zum einen stört ihn die Verwechslung von Inhalt und Form; es war ein Irrweg, das Erhabene durch »große Stoffe« repräsentieren zu wollen. Des weiteren wirft Adorno Kant vor, durch seine Bezeichnung des Erhabenen als eines »Geistesgefühls«, durch seine Behauptung der Größe des Menschen »als eines Geistigen und Naturbezwingenden«[47] sich zum Komplizen mit Herrschaft zu machen. Demgegenüber muß der Mensch einsehen, daß er selbst Teil der Natur ist und schon deshalb nicht dazu berufen sein kann, die Natur zu unterjochen oder sich über sie zu erheben.

Adorno entwickelt eine andere Interpretation des Erhabenen. Er betont die Positivität des Negativen. »Je mehr Kunst ein Nichtidentisches, unmittelbar dem Geist Entgegengesetztes in sich hineinnimmt, desto mehr muß sie sich vergeistigen. Umgekehrt hat Vergeistigung ihrerseits der Kunst zugeführt, was, sinnlich nicht wohlgefällig und abstoßend, dieser zuvor tabu war; das sensuell nicht Angenehme hat Affinität zum Geist.«[48] So ist das Gefühl des Erhabenen ein »zwischen Natur und Freiheit in sich Erzitterndes«.[49]

Adorno reflektiert auch über die ästhetische Bedeutung des Bilderverbotes. Dieses wird nun maßgeblich für die Ästhetik. »Das alttestamentliche Bilderverbot hat neben seiner theologischen Seite eine ästhetische. Daß man sich kein Bild, nämlich keines von etwas machen soll, sagt zugleich, kein solches Bild sei möglich. Was an Natur erscheint, das wird durch seine Verdoppelung in der Kunst eben jenes Ansichseins beraubt, an dem die Erfahrung von Natur sich sättigt. Treu ist Kunst der erscheinenden Natur einzig, wo sie Landschaft vergegenwärtigt im Ausdruck ihrer eigenen Negativität.«[50]

Hier wird nun Adornos Theorie relevant für die Deutung der modernen Kunst. Sie ist durch einen anderen Bewußtseinsstand charakterisiert. Daher zielt sie von Anfang an aufs Abstrakte: »Von Anbeginn war ästhetische Abstraktion, bei Baudelaire noch rudimentär und allegorisch als Reaktion auf die abstrakt gewordene Welt, eher ein Bilderverbot.« Und der folgende Satz sagt, worauf die ästhetische Abstraktion sich bezieht: »Es (das Bilderverbot) gilt dem, was schließlich die Provinzialen unterm Namen der Aussage sich herüberzuretten hofften, der Erscheinung als einem Sinnhaften; nach der Katastrophe des Sinns wird Erscheinung abstrakt.«[51] Was Adorno unter der »Katastrophe des Sinns« versteht, wissen wir: für ihn ist Geschichte eine »permanente Katastrophe«, wie sie sich am deutlichsten in Auschwitz gezeigt hat. Das tritt in der Musik zutrage, bei Schönberg, Cage, Ligeti und Stockhausen, u.z. im Übergewicht der Dissonanzen, wobei aber Konsonanz als Moment beibehalten wird. In der Literatur wird die Kategorie des Absurden dominant, etwa bei Kafka, Celan oder Beckett, und in der bildenden Kunst in der Antithese zum Impressionismus, jener »mit Stimmung geladenen Kunst«, nämlich in der

Methode der Montage. »Negation der Synthesis wird zum Gestaltungsprinzip.«[52] Das antihegelianische Grundkonzept Adornos tritt hervor: These und Antithese vereinigen sich nicht in einer Synthesis, vielmehr bleibt die Dialektik eine negative, offene. Weiter schreibt er: »Der Prozeß zwischen Ganzem und Einzelnen ist, nachdem die oberste Instanz versagte, an das Untere zurückverwiesen, an die Impulse des Details, gemäß dem nominalistischen Stande. Nur ohne jegliche Usurpation eines vorgegebenen Übergreifenden ist Kunst überhaupt noch vorzustellen. Ein Analogon zur antiorganischen Praxis der Montage bieten die Flecke in rein expressiven, organischen Gebilden, die nicht sich wegradieren lassen.«[53] Auch wenn sich Adorno hier unmittelbar auf die Musik Ligetis bezieht, ist die Entsprechung zum Tachismus und Informel in der Malerei, aber auch schon zu Kandinsky in der entscheidenen Zeit um 1913/14 frappant.

Wir wissen, daß Adorno unter dem Eindruck des Zweiten Weltkriegs und des Holocaust einen Pessimismus entwickelt hat, der den von Schopenhauer übertrifft. Auch wenn man ihm darin nicht zu folgen vermag, ist seine Theorie einleuchtend, daß sich die Zerrüttung der Gesellschaft in den formalen Strukturen der Kunst unseres Jahrhunderts wiederfinden läßt. Jene Harmonie, die etwa die Kunst der Renaissance und noch die des Barock gekennzeichnet hat, ist heute unglaubwürdig, ja unmöglich geworden.

In jüngster Zeit hat François Lyotard entscheidend zur Belebung des Diskurses über das Erhabene beigetragen. Hier liegt seit längerem der Schwerpunkt seiner Untersuchungen. Das gilt schon für die »Postmoderne für Kinder« (1986, deutsch 1987), setzt sich fort in den Vorträgen, die er in dem Band »Das Inhumane« (1988, deutsch 1989) publiziert hat und zeigt sich nochmals in seiner Interpretation von Kants Kritik der Urteilskraft: »Die Analytik des Erhabenen« (1991, deutsch 1994).

Lyotards Denken wird vom Ursprung her von einer Frustration geprägt, von der historischen Erfahrung des Scheiterns des Projektes der Moderne. Die »großen Erzählungen« vom Fortschritt in all ihren Varianten haben getrogen. Das gilt für die »große Erzählung« der Aufklärung vom Fortschritt in Freiheit, Gleichheit und Brüderlichkeit, von der »großen Erzählung« der spekulativen Philosophie Hegels von der Entfaltung des absoluten Geistes in der Geschichte, der von Synthese zu Synthese fortschreitet und zuletzt vom Scheitern des Marxismus, der das Paradies der klassenlosen Gesellschaft verhieß. Nur eine »große Erzählung« (man kann sie auch Ideologie nennen!) ist geblieben: die des Kapitalismus, der von der Steigerung des Bruttosozialprodukts steigenden Wohlstand und so das Glück für alle, wenn auch zuerst für die Reichen, verheißt, eine fatale Verkümmerung der Fortschrittsidee. Entscheidendes Ereignis, das dieses Scheitern repräsentiert, ist für Lyotard wie für Adorno Auschwitz. Er sieht darin eine letzte Konsequenz des falschen Einheitsdenkens von Hegel, das im Terror endet. Daher gibt es für Lyotard nur eine Antwort: »Krieg dem Ganzen, zeugen wir für das Nicht-Darstellbare, retten wir die Differenzen, retten wir die Ehre des Namens.«[54] Er spricht von einer »Postmoderne«, die er aber gegen eine eklektizistische Version abgrenzt. Im Grunde geht es ihm um eine Radikalisierung der Moderne, wobei er jene Tradition der Aufklärung meint, für die Immanuel Kant steht, den er allerdings neu interpretiert. In diesem Zusammenhang steht seine Beschäftigung mit dem »Erhabenen«. Er zielt darauf ab, »in Kants Text die Analyse eines Widerstreits im Gefühl zu isolieren, die zugleich Analyse eines Gefühls des Widerstreits ist, und das Motiv dieses Gefühls auf die Ergriffenheit zu beziehen, die jedes Denken (einschließlich des kritischen) an seine Grenzen führt«.[55]

Lyotard verlagert den Akzent auf das Gefühl der Unlust, das aus dem Scheitern der Einbildungskraft resultiert, das Absolute darzustellen, das doch zumindest gedacht werden kann. Das ist eine – wie wir sehen werden – bemerkenswerte Aktualisierung der Theorie des Erhabenen, wird jedoch zweifellos dem Anliegen Kants nicht gerecht, der ja darauf bestand, daß das Gefühl der Lust am Ende überwiege, das aus dem Bewußtsein der Überlegenheit des Menschen über die Natur erwächst. Dieses Gefühl der Überlegenheit ist für Lyotard ebensowenig nachvollziehbar wie für Adorno. Damit wird aber auch jene Versöhnung der Vermögen fragwürdig, die doch das Ziel der Kritik der Urteilskraft war, die sich auch darin zeigt, daß für Kant das Schöne immer noch dominant gegenüber dem

35 Dorothee von Windheim, Salve Santa Facies, 1980

Erhabenen war. Dabei ist sicher zu beachten, daß es für Kant die Versöhnung von Heterogenem war, das nicht – wie bei Hegel – zu einer Synthese zusammengezwungen wird. Das Erhabene wird von Lyotard demnach anders interpretiert wie von Kant, und das gilt auch für die deutschsprachigen Untersuchungen von Wolfgang Welsch und Christine Pries, die seither erschienen.[56]

Das ändert nichts daran, daß diese Neuinterpretation des Erhabenen, die sich mit gutem Recht auf den Fortgang der Geschichte und die damit verbundenen Erfahrungen der Menschheit stützen kann, ein erhellendes Licht auf die Kunst unseres Jahrhunderts wirft. Lyotard beruft sich auf den Vorteil, den wir gegenüber Kant haben, daß »wir über jene Experimente und Versuche verfügen, die von abendländischen Malern und Musikern seit zweihundert Jahren unternommen worden sind.«[57] Lyotard ist überzeugt, »daß in der Ästhetik des Erhabenen die moderne Kunst (einschließlich der Literatur) ihre treibende Kraft und die Logik der Avantgarden ihre Axiome finden«.[58] »Modern nenne ich eine Kunst, die ihre ›kleine Technik‹, wie Diderot sagen würde, darauf verwandte zu zeigen, daß es ein Nicht-Darstellbares gibt.«[59] Am markantesten zeigt sich das in der abstrakten Kunst. Das Absolute kann zwar gedacht, aber nicht dargestellt werden. Es bleibt demnach präsent, wenn die Kunst auf seine Nicht-Darstellbarkeit anspielt. Was nun die Postmoderne von der Moderne unterscheidet besteht darin, daß in der modernen Kunst »die Form dank ihrer Erkennbarkeit dem Leser oder Betrachter weiterhin Trost gewährt«, während die Postmoderne »sich dem Trost der guten Form verweigert«[60], was man mit Fug und Recht eine »Radikalisierung« nennen kann (wir erinnern an das, was wir über die Kunst seit 1960 gesagt haben). Die realistischen Tendenzen, wie sie von den Diktaturen unserer Zeit gefördert (und gefordert) wurden, sind für diese kennzeichnend. Konservatives Denken kann man Lyotard beileibe nicht nachsagen.

Die Theorie des Erhabenen war, so haben wir gesehen, einem bemerkenswerten Wandel unterworfen. Burke hat den Begriff neuerlich ins Gespräch gebracht, Kant hat dem Diskurs einen neuen Tiefgang verliehen, indem er auf den Widerstreit im Gefühl des Erhabenen hingewiesen hat. Schiller hat die Verlagerung des Gegenstands von der Anschauung der Natur auf die der Kunst gebracht, Adorno die Dominanz des Lustgefühls aus dem Bewußtsein der Überlegenheit des Menschen über die Natur bezweifelt und Lyotard den Wandel von der »schönen« zur »nicht mehr schönen« Kunst thematisiert. Das Erhabene ist nun Ausdruck einer Grenzerfahrung, einer Ohnmachtserfahrung angesichts der Nicht-Darstellbarkeit des Absoluten.

Vom Erhabenen in der Kunst

Die kunsttheoretischen Überlegungen zur Kategorie des Erhabenen haben nachweislich Einfluß auf das Schaffen einiger prominenter Künstler des 19. und 20. Jahrhunderts gehabt, zumindest haben sie ihre Intentionen darin wiedererkannt. Man hat die Kategorie des Erhabenen häufig in Beziehung zum Religiösen gebracht (wir wissen bereits, daß dieser Begriff inhaltlich vage ist). Lassen sich Bezüge zum Gottesbild, vielleicht gar zum Christusbild herstellen?

Die Berufung auf das Erhabene erfolgt im 19. und 20. Jahrhundert unter völlig verschiedenen Voraussetzungen, da sich sowohl der kunsttheoretische als auch der kunstimmanente Bezugsrahmen geändert hat. Künstler des 19. Jahrhunderts machen Erfahrungen des Erhabenen angesichts der Landschaft, im 20. Jahrhundert wird das Erhabene im Ungegenständlichen gesucht. Erwartet man ausdrückliche Belege in den Schriften der Künstler, so sind William Turner (1775–1851) und Barnett Newman (1905–1970) unsere Kronzeugen. Betrachtet man das Werk, so sind Caspar David Friedrich (1774–1840) und Marc Rothko (1903–1970) sicher genauso wichtige Künstler, denen es um das Erhabene geht.

Caspar David Friedrich hat die Landschaft in einer ganz neuen Weise gesehen. Am deutlichsten wird das in seinem epochemachenden Bild »Der Mönch am Meer« (1809). Im Vordergrund breitet sich der Strand, dahinter liegt das Meer, und über dem tief liegenden Horizont weitet sich der sturmverhangene Himmel, der 4/5 des Bildes einnimmt. Am Strand steht ein winziger Mensch in einem langen Talar: der Mönch am Meer. Er vertritt – als Rückenfigur – gleichzeitig den Betrachter, blickt sozusagen mit ihm auf die Weite von Meer und Himmel, gleichsam Chiffren der Unendlichkeit. Der Kontrast zwischen der Kleinheit des Menschen und der überwältigenden Macht der Natur könnte größer nicht sein.

Es liegt nahe, diesem Bild eine religiöse Dimension zuzuerkennen, die sich näher spezifizieren läßt. Wir wissen längst, daß Friedrich und der evangelische Theologe Schleiermacher in Verbindung miteinander standen.[61] Für Friedrich Schleiermacher war die »Anschauung des Universums« der entscheidende Akt der Religion, der im Betrachter ein »Gefühl der schlechthinnigen Abhängigkeit« hervorruft, worin das Wesen der Religion besteht (»Über die Religion – Reden an die Gebildeten unter ihren Verächtern«, 1795). Das hat Entsprechungen im Werk von C. D. Friedrich.

Von zentraler Bedeutung für unsere Fragestellung ist »Das Kreuz im Gebirge«, der 1807/8 entstandene »Tetschener Altar«. Das für eine Kapelle geschaffene Bild befindet sich jetzt in der Dresdner Gemäldegalerie. Der von dem Bildhauer Kühn gefertigte Rahmen zeigt oben fünf Engelsköpfe, unten auf einer Leiste das alte Symbol der göttlichen Allwissenheit zwischen Ähren und Trauben, die auf den Leib und das Blut Christi hinweisen. Auf dem Bild selbst dominiert das auf dem Gipfel eines Felsens hoch aufgerichtete Kreuz, das von den Strahlen der Abendsonne umspielt wird.

Der Altar erregte Aufsehen, war aber von Anfang an umstritten. Der Kammerherr von Ramdohr stellte die Frage, ob es ein »glücklicher Gedanke« sei, »die Landschaft zur Allegorisierung einer bestimmten religiösen Idee, oder auch nur zur Erweckung der Andacht zu gebrauchen« und fuhr fort: »Es ist eine wahre Anmaßung, wenn die Landschaftsmalerei sich in die Kirche schleichen und auf die Altäre kriechen will.« Friedrich selbst sah das anders: »Jesus Christus, an das Kreuz geheftet, ist hier der sinkenden Sonne zugekehrt, als das Bild des ewigen, allbelebenden Vaters ... Auf einem Felsen steht aufgerichtet das Kreuz, unerschütterlich fest wie unser Glaube an Jesum Christum. Immergrün, durch alle Zeiten während, stehen die Tannen um das Kreuz, wie die Hoffnung des Menschen auf ihn, den Gekreuzigten.«

Werner Hofmann hat in einem frühen Artikel, der bereits

zwanzig Jahre zuvor das Anliegen seiner Luther-Ausstellung vorwegnahm, diese Kontroverse zum Anlaß genommen, dem Problem des Verhältnisses von Religion und moderner Kunst nachzugehen.[62] Überraschenderweise nimmt er für Ramdohr Partei, der scharfsinnig den Prozeß der Ästhetisierung des Kultraums kritisiert habe. Es sei bezeichnend, daß Friedrich keine Kreuzigung mehr male, wie dies jahrhundertelang geschehen ist, sondern ein Gipfelkreuz inmitten der Natur. »Der Künstler, der den unmittelbaren Verkehr mit dem Himmel nicht mehr vollbringen kann, flieht zur Chiffre – etwa dem erzenen Kruzifixus – und endet in der privaten Hieroglyphe ... Sein Weltbegreifen, obzwar leidenschaftlich um das Spontane und Ursprüngliche bemüht, ist mehr und mehr von Reflexion gebrochen, von Unsicherheit umstellt, von der Flucht ins Private bedroht.« Werner Hofmann fährt fort: »Ich glaube, daß Friedrich mit seinem ›Tetschener Altar‹, unbeschadet des subjektiven Tiefsinnes, die Kunst befördert hat. Indes, hat er die Religion befördert?« Und er schließt daraus, daß das Eindringen der modernen Kunst in den Sakralraum, nun im 20. Jahrhundert, ambivalent zu sehen sei. Werde dadurch die »religiöse Kunst« nicht dermaßen in Kunst aufgelöst, daß man umgekehrt die ganze Kunst religiös vereinnahmen könne? Er hatte wohl Monsignore Mauer im Auge, wenn er mit den Worten schloß: »Mag der Theologe solcherart die summarische ›Heimholung‹ der modernen Kunst vollziehen – der Kunsthistoriker wird ihm dabei nur zögernd folgen können.«

Aus heutiger Sicht würde ich differenzieren: Werner Hofmann hat sicher recht, wenn er sich dagegen wehrt, die ganze moderne Kunst religiös zu vereinnahmen. Andererseits wird man zugestehen müssen, daß die Ausdrucksformen des »Religiösen« (nicht zufällig ein unpräziser Begriff!) zu verschiedenen Zeiten verschieden sind. In der Zeitenwende der Aufklärung lebend, schafft Friedrich ein Bild »erhabener Sachlichkeit« (W. Hofmann). Wen wundert das? In einem Zeitalter der Reflexion waren Werke naiver Frömmigkeit nicht mehr – oder höchstens noch als »Volkskunst« – möglich.

In England galt um 1800 das Erhabene (»the sublime«, was subtiler und weniger pathetisch klingt wie das deutsche »erhaben«) als das Ziel aller Malerei, wohl unter dem Einfluß von

Edmund Burke. In einem Vortrag, den Joshua Reynold 1790 hielt und den der junge William Turner hörte, sagte dieser: »In der Malerei ist das Sublime wie in der Dichtkunst so überwältigend und ergreift so völlig Besitz vom Geist, daß kein Raum für die Beachtung kleinlicher Kritik bleibt.«[63] Turner hat diesen Gedanken auch in seinem theoretischen Hauptwerk, dem »Liber studiorum« aufgegriffen. Die Wirkung des Sublimen zu erreichen, galt ihm als Ziel seiner Malerei. Mittel dazu war die Farbe: »Die Farbe ist erhaben. Sie ist natürlich – sie ist das, was einem schöpferischen Geist Mitleid und Grauen einflößen muß.«[64] Die Farbe wird – vor allem im Spätwerk – das Medium, in dem das Fascinosum des Lichts zur Erscheinung gebracht wird in den glühenden Bildern von Sonnenuntergängen. Die entgegengesetzte Stimmung des Tremendum vermitteln Bilder von Schnee- oder Seestürmen. 1842 wollte Turner einen Seesturm hautnah erleben und ließ sich während eines Sturmes an den Mast eines Schiffes binden. Ergebnis war das wildbewegte und nahezu abstrakte Bild mit dem ellenlangen Titel: »Schneesturm – ein Dampfer vor einer Hafeneinfahrt gibt Signale in der Untiefe und bewegt sich nach dem Lot. Der Autor war in diesem Sturm in der Nacht, als die Ariel vom Hafen auslief.«

Solche Bilder rufen jene Stellen der Kritik der Urteilskraft ins Gedächtnis, wo Kant den wild bewegten Ozean als Auslöser erhabener Gefühle nennt. Wie bei Kant ist auch bei Friedrich und Turner das Erhabene eng mit dem Naturerlebnis verknüpft, was offenbar dem Empfinden dieser Zeit entsprach. Im Gegensatz zu Friedrich spielen bei Turner religiöse Allegorien kaum eine Rolle. Man könnte höchstens auf die beiden Sintflutbilder (1843) verweisen, bei denen aber auch die Farbe und das Licht das eigentliche Sujet sind. Im Titel erwähnt Turner Goethes Farbenlehre, wohl deshalb, weil Goethe die emotionale Wirkung der Farben hervorhebt, die Turner wichtig war. Wieder eine Parallele zu Kant: es geht nicht um Bilder der Natur, sondern des Naturerlebnisses.

Ganz anders bei jenem Maler unseres Jahrhunderts, der eine Malerei des Erhabenen schaffen wollte: Barnett Newman. Vergleichbar ist allerdings, daß auch bei ihm die Farbe und ihre emotionale Wirkung dominant ist. Newman hat riesige Quer- oder Hochformate gewählt. Es handelt sich um schockierend

36 Antoni Tàpies, Stèle en forme de T, 1983

starkfarbige, monochrome Bilder, meist in Rot oder Blau, die aber durch schmale vertikale Streifen in anderer Farbe in Schwingung versetzt werden. Diese Streifen, die Newman auch »zips« (»Reißverschlüsse«) nannte, setzen das Bild in Spannung. Die Bilder wirken ganz flach. Max Imdahl, der einem der Hauptwerke »Who's afraid of red, yellow and blue III« (1966/67) eine ausführliche Interpretation gewidmet hat, spricht von einer »wandartigen Unüberschaubarkeit«. »Diese wandartige Unüberschaubarkeit des Bildes isoliert den Beschauer und verweist ihn auf sich selbst. Der Beschauer findet sich in der konkreten Situation räumlicher Desorientierung und Ortslosigkeit, und diese folgt daraus, daß – namentlich unter der Bedingung der vom Maler geforderten Nahdistanz vom Bilde – der Beschauer das Ganze niemals simultan, das heißt niemals mit einem Blick erfassen kann.«[65] Newman hatte für die erste Ausstellung seiner großen Bilder die Anweisung gegeben: »There is a tendency to look at large pictures from a distance. The large pictures in this exhibition are intended to be seen from a short distance.«[66] So wird der Betrachter auf sich selbst zurückgeworfen; seine Wahrnehmung wird überfordert.

Newman hat nicht nur einigen Bildern Titel gegeben, die auf das Erhabene anspielen (»Vir heroicus sublimis«), sondern in einem berühmt gewordenen Artikel seine Auffassungen zum Erhabenen zusammengefaßt: »The Sublime ist now« (1948). Darin polemisiert er gegen die europäische Moderne, vor allem gegen Mondrian, und wirft ihr vor, sie sei »befangen in einem Inhalt ohne das Erhabene, und unfähig, ein neues erhabenes Bild zu schaffen.«[67] Dagegen stellt er sein Programm: »Wenn wir in einer Zeit ohne eine erhabene Legende oder einen erhabenen Mythos leben ... wie können wir eine Kunst des Erhabenen schaffen? Wir bestehen auf der naturgegebenen Sehnsucht des Menschen nach der Gefühlserhebung (›exaltation‹) im Hinblick auf unsere Beziehung zu absoluten Gefühlen (›absolute emotions‹). Wir brauchen nicht die Stütze einer aus der Mode gekommenen und antiquierten Legende. Wir schaffen Bilder, die in sich evident sind und die, frei von allen Stützen und Krücken, die Assoziationen zu aus der Mode gekommenen Bildern wecken, beides sind: erhaben und schön. Wir befreien uns von allen Behinderungen durch Erinnerung, Assoziation, Nostalgie, Legende, Mythos oder was immer, die Mittel der westeuropäischen Malerei gewesen sind. Anstatt Kathedralen aus Christus, aus dem Menschen oder aus dem ›Leben‹ zu schaffen, schaffen wir sie aus uns selbst, aus unseren eigenen Gefühlen. Das Bild, das wir hervorbringen, ist das in sich evidente der wirklichen und konkreten Offenbarung, das von jedermann verstanden werden kann, der es ohne die nostalgische Brille der Geschichte betrachtet.«[68] Der Text beweist eindeutig, daß es Newman nicht um erhabene Gegenstände (worin sollten sie auch bei abstrakten Bildern bestehen?), sondern um erhabene Gefühle ging. Sie sollen durch die aggressive Farbe evoziert werden.

In den Jahren 1958–1966 schuf Newman einen Zyklus von insgesamt 14 Bildern, denen er den Titel »The Stations of the Cross« gab. Jedes Jahr entstanden zwei oder drei Bilder, je 198 x 152 cm groß. Erst nach den ersten vier Bildern ging ihm auf, daß daraus ein ganzer Zyklus werden würde, der »sein Verständnis des Kreuzwegs« beinhalte. Die Bilder unterscheiden sich stark von seinen sonstigen aggressiven starkfarbigen Bildern. Die ersten Stationen zeigen nur zwei oder drei schwarze »zips« auf der ockerfarbigen Leinwand, wobei oftmals ein klar begrenzter und ein ausgefranster »zip« einen Gegensatz bilden. Mit der neunten Station beginnt etwas Neues: erstmals wird das Schwarz durch Weiß ersetzt, ebenso in der zehnten und elften Station. In der zwölften erscheint wieder Schwarz, von links her das Bild überflutend, wobei selbst eine »Lichtlinie« auf der rechten Seite noch überschritten wird. Die dreizehnte Station enthält zwei große schwarze Felder, dazwischen ein breiter weiter Vertikalstreifen. Das letzte Bild zeigt nur links einen schmalen unbemalten Streifen, alles andere ist strahlend weiß.[69]

Warum sollen diese Bilder, auf denen außer der Leinwandfarbe nur schwarze und weiße Linien bzw. Flächen zu sehen sind, einen Kreuzweg darstellen? Sicher, man kann das Schwarz als Metapher für den Tod, Weiß als dessen Überwindung deuten. Daß in der zwölften Station Schwarz überwiegt, in der vierzehnten Weiß endgültig triumphiert, mag der Tradition des Kreuzweges entsprechen. Doch warum die völlige Abstraktion? Soll damit wirklich der Kreuzweg Jesu gemeint sein? Auch zu dieser Werkgruppe gibt es eine Äußerung von Newman. Sie lautet – etwas gekürzt – folgendermaßen:

»*Lema Sabachthani* – warum? Warum hast du mich verlassen? Warum hast du mich verlassen? Zu welchem Zweck? Warum? Dies ist die Passion. Dieser Aufschrei von Jesus. Nicht der schreckliche Gang durch die Via dolorosa, sondern die Frage, die keine Antwort hat .....

Lema? Zu welchem Zweck – ist die unbeantwortbare Frage des menschlichen Leidens. Kann die Passion durch eine Reihe von Anekdoten, durch vierzehn sentimentale Illustrationen ausgedrückt werden? Erzählen nicht die Stationen von einem einzelnen Ereignis?

Die ersten Pilger schritten die Via dolorosa entlang, um sich mit dem ursprünglichen Ereignis zu identifizieren, nicht um sie auf eine fromme Legende zu reduzieren; auch nicht, um die Geschichte eines einzigen Menschen und seiner Agonie zu verehren, sondern um die Geschichte der Agonie jedes Menschen zu bezeugen: die Agonie, die einzigartig, immerwährend, unvermindert, gewollt ist – Welt ohne Ende.

Alle, die geboren wurden, müssen sterben
Gegen deinen Willen wirst du geformt
Gegen deinen Willen wirst du geboren
Gegen deinen Willen lebst du
Gegen deinen Willen stirbst du.

Jesus kannte diese Worte sicher aus dem Pirke Abot, der ›Weisheit der Väter‹. Niemand wird mit jemandes Erlaubnis geboren. Niemand bittet darum zu leben. Wer kann sagen, daß er mehr Erlaubnis hat als ein anderer.«[70]

Nun zur Interpretation des Textes. Der Aufschrei Jesu, den Markus überliefert (Mk 15,34), zitiert das Alte Testament, nämlich Psalm 22,2. Markus will zweifellos darlegen, daß sich dieses Schriftwort erfüllt habe. Damit wird aber Jesu Aufschrei in einen größeren Kontext gestellt, nämlich den Aufschrei des Menschen schlechthin. Verschärft wird die Frage für Newman, der nicht Christ, sondern Jude war, durch das schreckliche Geschehen der Shoa. Newman geht es nicht um die Passion Jesu, sondern um die »Agonie jedes Menschen«, die Frage, auf die der Mensch keine Antwort erhält, die quälende Frage nach dem Sinn des Leidens und Sterbens. Doch gerade dies ist für

Newman ein Anlaß, ein erhabenes Bild zu schaffen: in diesem Aufschrei liegt die Würde des Menschen. So kann Newman – wir erinnern uns an den früheren Text – »aus sich selbst eine Katherale schaffen«, »aus den eigenen Gefühlen«. Was entsteht, ist ein selbstevidenter Zyklus, den jedermann versteht, weil jeder die Erfahrung des Leidens macht. Der Kreuzweg Newmans meint den Kreuzweg jedes Menschen, die Leidenschaft seines Aufschreis.

Ein Künstler, der mit Barnett Newman befreundet war und immer wieder in einem Atemzug mit ihm genannt wird, war Marc Rothko (1903–1970).[71] Und doch unterscheidet er sich wesentlich von ihm. Während Newman wandartige Flächen geschaffen hat, sind die Bilder Rothkos raumhaltig. Rothko schafft atmosphärische Farbräume. Verschiedenfarbige, unscharf begrenzte und meist diaphane (durchscheinende) Farbflächen scheinen vor dem unbestimmten Grund zu schweben. Dieser bleibt als »Rand« gegenwärtig. In den Bildern Rothkos gibt es nichts, was – wie die »zips« bei Newman – über das Bild hinausweist, sondern sie sind alle zentriert, nach innen gerichtet. In den Bildern der fünfziger Jahre dominieren meist Rot, Rosa, Orange, also warme, freudige Farben von außerordentlicher Schönheit. In den sechziger Jahren werden die Bilder düster; Rothko wählt nun mit Vorliebe graue, braune, schwarzblaue Farben. Dadurch ändert sich der Stimmungsgehalt der Bilder wesentlich. Es ist berechtigt, von »Stimmungsgehalt« zu sprechen – wir wissen ja, wie stark Farben die Gefühle ansprechen. Rothko hat das gewußt und angestrebt. Er selbst sagt: »Ich bin überhaupt nicht interessiert an Beziehungen von Form und Farbe oder irgendsoetwas ...Was mich interessiert, ist nur, wie ich menschliche Gefühle ausdrücken kann – Tragik, Ekstase, Verhängnis usw. –; und die Tatsache, daß viele Leute vor meinen Bildern zusammenbrechen und weinen, zeigt mir, daß ich in Verbindung stehe mit den menschlichen Grundgefühlen. Die Leute, die vor meinen Bildern weinen, machen die gleiche religiöse Erfahrung wie ich, als ich die Bilder malte. Und wenn Sie – wie Sie sagen – lediglich durch die Beziehungen der Farben angesprochen werden, dann haben Sie mich nicht verstanden.«[72] Natürlich sind solche Äußerungen sehr subjektiv und bedeuten nicht, daß sich ihnen jeder Betrachter anschließen muß. Immerhin geben sie die Intention des Künstlers wieder und sind insofern nachvollziehbar, als Farben eben eine starke emotionelle Wirkung haben. Daher hat man früh erfaßt, daß diese Bilder meditativen Charakter haben.

Es verwundert nicht, daß das Ehepaar DeMenil Marc Rothko beauftragte, eine Kapelle in Houston, Texas zu gestalten. Der Zentralraum enthält an den Wänden acht Bilder von ihm. Es sind Bilder in tiefem Purpurrot, Dunkelblau, Dunkelbraun und Schwarz, wie sie sich im Spätwerk häufig finden. Die Kapelle, die keiner bestimmten Religion gewidmet ist, evoziert religiöse Gefühle, die an kein bestimmtes Dogma gebunden sind.

Fazit unserer Auseinandersetzung mit den »erhabenen« Bildern von Barnett Newman und Marc Rothko: hier kann man – trotz des Titels »Kreuzweg« – nicht von »Christusbildern« sprechen. Auch wenn man von »religiösen« Bildern spricht, muß man genau sagen, was gemeint ist: es geht nicht um Chiffren für das Absolute, das Göttliche, sondern um den Ausdruck von Gefühlen, die qualitativ mit religiösen Gefühlen vergleichbar sind, weil sie Ausdruck von Freude, Ekstase, Schmerz und Ausweglosigkeit sind.

Dies geschieht auf höchstem künstlerischen Niveau. Wenn wir die Kunst nach dem Tod der beiden amerikanischen Vertreter des »abstrakten Expressionismus« betrachten, fällt es schwer, Werke zu finden, denen man das Epitheton »erhaben« zusprechen kann. Hat sich die Kunsttheorie und die Philosophie »post festum« mit dem Erhabenen beschäftigt? Oder wird es eine Wiederkehr des Erhabenen in der Kunst geben?

Neue Kategorien der Kunst – Auswirkungen auf das Jesusbild

Wir haben gesehen, daß das Erhabene schon in der Philosophie des 18. Jahrhunderts und alsbald auch in der Kunst an die Seite des Schönen getreten ist. Doch dabei ist die Entwicklung nicht stehen geblieben. Das Erhabene hat schon in der Ästhetik des 19. Jahrhunderts neue Kategorien aus sich entlassen – und seien es auch Kategorien, die sich im Gegensatz dazu etablieren.

37 Georg Baselitz, Der Abgarkopf, 23. 3. 1984

Hier ist in erster Linie das Lächerliche zu nennen. Napoleon hat – als sein Schicksal sich wendete – gesagt, vom Erhabenen zum Lächerlichen sei nur ein Schritt. Der erste, der sich unter Bezug auf Kants Theorie des Erhabenen mit dem Lächerlichen auseinandersetzte, war Jean Paul in seiner »Vorschule der Ästhetik« (1804). Er war sich der Schwierigkeit des Unterfangens bewußt. Das Kapitel der »Vorschule« über das Lächerliche hebt mit den Worten an: »Das Lächerliche wollte von jeher nicht in die Definitionen der Philosophen gehen.«[73] Jedenfalls ist es der »Erbfeind des Erhabenen«.[74] Hat dieses mit dem unendlich Großen zu tun, so das Lächerliche mit dem unendlich Kleinen. Es ist der »sinnlich angeschaute unendliche Unverstand«.[75] Wie das Erhabene, so wurzelt auch das Komische nie im Objekt, sondern im Subjekt. Am reinsten zeigt es sich im Humor: »Der Humor, als das umgekehrte Erhabene, vernichtet nicht das Einzelne, sondern das Endliche durch den Kontrast mit der Idee. Es gibt für ihn keine einzelne Torheit, keine Toren, sondern nur Torheit und eine tolle Welt; er hebt – ungleich dem gemeinen Spaßmacher mit seinen Seitenhieben – keine einzelne Narrheit heraus, sondern er erniedrigt das Große, aber – ungleich der Parodie – um ihm das Kleine, und erhöhet das Kleine, aber – ungleich der Ironie – um ihm das Große an die Seite zu setzen und so beide zu vernichten, weil vor der Unendlichkeit alles gleich ist und nichts.«[76] Jean Paul selbst ist der Meister der humoristischen Darstellung – man denke nur an das »Leben des vergnügten Schulmeisterlein Maria Wutz in Auenthal«, diese liebevolle Schilderung einer ländlichen Pfarreridylle, wo der Autor den Humor, die »Kunst der Weltverlachung« in vollendeter Weise sprechen läßt. Darin offenbart sich allerdings noch eine grundsätzliche Bejahung der Welt, die im weiteren Verlauf des 19. Jahrhunderts immer mehr erschüttert wird, weshalb der Humor durch Satire und Ironie verdrängt wird. Jean Paul ist sich bewußt, daß seine humorvolle Sicht der Welt schon »unzeitgemäß« ist; vielmehr ist die Persiflage als Mittlerin zwischen Satire und Scherz das wahre »Kind unserer Zeit«.

So tritt immer stärker die *Ironie* als die eigentliche moderne Kategorie des Lächerlichen hervor, obwohl sie eine lange Vorgeschichte hat. Ursprünglich ist der Begriff in der antiken Rhetorik beheimatet, wo er eine Redeweise bezeichnet, die einen

Sachverhalt durch das Gegenteil ausdrückt oder auch die Methode eines Sokrates, sich unwissend zu stellen, um den Gesprächspartner seiner Unwissenheit zu überführen. In der Romantik wird die Ironie ein zentraler Begriff in der Ästhetik von Friedrich Schlegel. Er hebt die rhetorische Figur in den Rang eines philosophischen Vermögens, in dem sich Poesie und Kritik treffen. Während im 19. Jahrhundert noch vielfach eine »humoristische Ironie« begegnet, dominiert in unserem Jahrhundert eindeutig die »kritische Ironie«. Einer ihrer frühen Meister ist Charles Baudelaire in seinen »Fleurs du mal«. Er ironisiert die bürgerliche Moral und schockiert durch unverblümte Verherrlichung der sexuellen Lust. Mit tiefem Ernst setzt Karl Kraus die Ironie als Waffe gegen die Wiener Gesellschaft der Jahrhundertwende ein; eine Waffe allerdings, die drei Jahrzehnte später angesichts der tödlichen Bedrohung durch den Nationalsozialismus aus seinen Händen glitt: »Mir fällt zu Hitler nichts ein.«[77] Auch bei Dürrenmatt wird die Ironie bitterböse, deckt die Wetterwendigkeit der Kleinstadtbürger beim »Besuch der alten Dame« auf. In der bildenden Kunst steckt das graphische Frühwerk von Paul Klee voller ironischer Anspielungen, so etwa die Radierung »Zwei Männer, einander in höherer Stellung vermutend, begegnen sich« (1903/5), wo jeder der beiden nackten Männer sich zutiefst vor dem anderen verneigt.

Es würde nicht schwer fallen, weitere Beispiele zu nennen. Wir wollen uns hier auf ein Werk beschränken, das mit der Thematik unseres Buches zusammenhängt: den »Christus mit der Gasmaske« von George Grosz (1928). Grosz hat nach dem Ersten Weltkrieg aus seiner kommunistisch-revolutionären Position heraus eine Tendenzkunst geschaffen, in der Generäle, Kriegsgewinnler und den Krieg predigende Pfaffen scharf aufs Korn genommen werden. 1928 veranlaßte die Lektüre der »Abenteuer des braven Soldaten Schweijk« den Künstler, eine Mappe von 17 Zeichnungen mit dem Titel »Hintergrund« herauszubringen. Eine dieser Zeichnungen, unter die Grosz schrieb »Maul halten und weiter dienen«, zeigt Jesus am Kreuz, mit einer Gasmaske vor dem Gesicht und mit Militärstiefeln. Das Blatt rief Empörung hervor; es kam zu einem Gotteslästerungsprozeß. Grosz verteidigte sich folgendermaßen: »Dieses

Blatt ist als eine kleine Randnotiz zu dem Buch von Schweijk entstanden. Da ist in einem Kapitel etwa folgendes geschildert – ich erzähle es ganz grob, weil ich mich im einzelnen auch nicht mehr so genau darauf entsinnen kann. Da liegen zwei Soldaten auf einer Pritsche in einer Zelle, glaube ich, und erzählen sich beide Kriegserlebnisse. Sie schimpfen auf den Krieg. Da sagt dann der eine ungefähr: Ja, Maul halten und weiter dienen. Als ich diese Schilderung las, entstand das Blatt so ungefähr in meiner Vorstellung. Ich stellte mir vor, daß Christus jetzt kommen würde ... Man würde ihn packen, ihm eine Gasmaske geben und Militärstiefel anziehen, also kurz, man würde ihn überhaupt nicht verstehen. Also hier kommt Christus sogar sehr gut weg. Er wird von einer anderen Macht vergewaltigt.«[78]

Grosz agiert durchaus im Sinne des Buches von Hašek, das voller funkelnder Ironie steckt (der brave Soldat Schweijk deckt ja mit teils echter, teils gespielter Naivität den ganzen Unsinn eines Krieges auf, in den er wie die Jungfrau zum Kind kommt). Es war ein komplettes Mißverständnis, darin eine Gotteslästerung zu sehen; das Blatt wendet sich nicht gegen Christus, sondern wendet sich mit den Waffen der Ironie gegen eine kriegslüsterne Welt, die dazu noch im Namen Jesu zu handeln vorgab (»Gott mit uns«). Der katholische Publizist Walter Dirks verteidigte George Grosz gegen alle Mißverständnisse. Dieser wurde freigesprochen, doch das inkriminierte Blatt wurde vernichtet. 1935/36 wurde es nochmals als Photolithographie publiziert und so dem Vergessen entrissen.

Karl Rosenkranz war der erste, der die Kategorie des *Häßlichen* zum Thema machte (»Ästhetik des Häßlichen«, 1853). Er vertritt eine idealistische, klassizistische Ästhetik; das Schöne ist für ihn »der sinnlich erscheinende Ausdruck der Idee«,[79] das Häßliche die Negation des Schönen, ein relativer Begriff, der das Schöne zur Voraussetzung hat. »Nur in der Kombination mit dem Schönen erlaubt die Kunst dem Häßlichen das Dasein; in dieser Verbindung aber kann es große Wirkungen hervorbringen. Die Kunst bedarf seiner nicht zur Vollständigkeit der Welterfassung, sondern vorzüglich auch zur Wendung einer Handlung ins Tragische oder ins Komische.«[80] Jedenfalls ist das Komische ohne einen Anteil des Häßlichen nicht denkbar.

Das Häßliche wird durch Formlosigkeit, Inkorrektheit und

Defiguration charakterisiert. Unter letzterer versteht Rosenkranz eine »Verbildung der Gestalten«. So entsteht das Gemeine und Widrige, etwa in der Übertreibung des Charakteristischen in der Karikatur. Im Gegensatz zu Kant sieht Rosenkranz das Erhabene als Form des Schönen an; das Gemeine ist seine Negation.

Bei aller Anerkennung der Verdienste von Rosenkranz müssen wir zugeben, daß die von Hegel inspirierten Voraussetzungen seiner Sicht des Problems für uns nicht mehr nachvollziehbar sind. Die Situation hat sich verändert, die Gewichte haben sich verschoben. Wohl kann es kein Kunstwerk geben, dessen Gestalt bar jeder Schönheit ist, doch der Anteil des Häßlichen ist in den letzten 150 Jahren gestiegen. Adorno sagt in der Passage seiner Ästhetischen Theorie, die der »Kategorie des Häßlichen« gewidmet ist: »Das Gewicht dieses Elements (des Häßlichen) wuchs in der Moderne derart an, daß daraus eine neue Qualität entsprang.«[81] In der Musik überwiegen häufig die Dissonanzen, in der bildenden Kunst ist oft bloß ein Rest an Schönheit verblieben, sodaß man den Eindruck gewinnt, als sei das Schöne nur noch als Kontrast zum Häßlichen geduldet. Dahinter steht wohl eine andere, verdüsterte Sicht der Wirklichkeit. Zudem unterliegt der Geschmack ständigen Veränderungen. Was zuvor als häßlich erschien, wird von uns ganz selbstverständlich rezipiert. Man denke nur daran, wie kritisch die Werke der deutschen Expressionisten aufgenommen wurden, die uns heute als Meisterwerke der klassischen Moderne erscheinen.

Daß die Schönheit in der modernen Kunst nur noch ein Moment ist, zeigt sich auch bei den Jesusbildern unserer Zeit. Man denke nur an den »Roten Christus« von Corinth, an die im Schwarz ertrinkenden Bilder von Rainer, an die grotesken Verfremdungen bei Picasso, Bacon und Saura.

Ich möchte auf einen anderen Künstler hinweisen, dessen Werk von Anfang an in der Spannung zwischen Häßlich und Schön steht: WERNER KNAUPP (geb. 1936). Heute lassen sich verschiedene Werkphasen überblicken, die scheinbar grundverschieden sind, in Wirklichkeit aber doch eine Kontinuität aufweisen. Am Anfang stehen die »Landschaften«, mit Kugelschreiber gezeichnet (ab 1965). Es handelt sich um keine Landschaftsbilder im üblichen Sinn. Knaupp hat in seinem Leben immer Extremsituationen gesucht, die ihn an den Rand der physischen und psychischen Belastbarkeit getrieben haben. Solche Grenzerfahrungen erlebte er auf Reisen in die Wüste und auf die Lofoten. Die Bewältigung dieser Erfahrungen geschah im Zeichenvorgang, der aber in der strengen Schwarz-Weiß-Technik nichts von der Härte der Erfahrung wegnimmt.

Nach diesen Exkursionen in die unendliche Weite der Landschaft begibt sich Knaupp auf den Weg nach innen. Er führt ihn in die Tiefe der menschlichen Leidenserfahrung und an die Schwelle des Todes. 1976 beginnt er eine Serie von gezeichneten, gerissenen und gebrannten Köpfen. Im folgenden Jahr tritt er an Felix Böcker, den Leiter des Nervenkrankenhauses Bayreuth, mit der Bitte heran, in dieser Klinik Studien betreiben zu können. Die Zeichnungen, die daraus hervorgingen, lassen niemand unberührt. Es sind deformierte, gekrümmte Leiber, aus manchen scheinen Schlangen zu wachsen, sie sind ausgeliefert oder aggressiv, aber allesamt schwarz und nur schwarz. Eine äußerste Verdichtung erfolgt in einigen Gestalten mit ausgebreiteten Armen, ein Rumpf ohne Kopf, denn diesen hat der Künstler ausgebrannt. Diese Gestalten haben Knaupp, und nicht nur ihn, an eine Kreuzigung erinnert. Er selbst schreibt über die Bildfindung: »Ich habe dort (im Krankenhaus) eines Tages eine Figur gezeichnet, die nicht richtig im Raum stand. Ich wollte sie wegwerfen. Aber dann habe ich sie zu retten versucht, indem ich sie auf der Fläche verspannt habe. Und plötzlich sah sie aus wie eine Kreuzigung. Da ist mir ganz heiß geworden, denn ich war der Meinung, daß man heute überhaupt keine Kreuzigung mehr malen kann. Seit Grünewald nicht mehr. Ich habe den Körper gezeichnet wie einen Gegenstand, der 2000 Jahre benutzt wurde – ausgelaugt, ausgebrannt. Ich habe den Körper dann noch vermenschlicht und den Brustkorb besonders betont. Und dort, wo der Kopf, das Allerheiligste ist, habe ich ganz bewußt mit Feuer ein richtiges Loch hineingebrannt.«[82]

1979 fuhr Knaupp nach Kalkutta, um als Helfer von Mutter Teresa in den indischen Slums zu arbeiten. Diese Erfahrung hat ihn sehr beeindruckt. Zuhause hat er sich mit seinen Erlebnissen auseinandergesetzt: es entstanden große unförmige

38 Jiři Georg Dokoupil, Der kleine Christus von Santa Cruz, 1987

schwarze Köpfe, aus denen kleine Augen herausblicken. Durch die meisten Köpfe geht ein Riß; manche Zeichnungen sind teilweise ausgerissen, geblieben sind nur Fragmente. Aus den Bayreuther und den indischen Zeichnungen hat Knaupp zwei »Kreuzwege« zusammengestellt. Er hätte sie gerne in Kirchen gesehen, doch haben die Menschen dort diese harte Konfrontation mit dem menschlichen Elend nicht ausgehalten. So hängen die beiden Folgen heute in Museen (Nürnberg, Heilbronn).

Es folgte eine Krematorium-Serie mit schwarzen oder dunkelbraunen verbrennenden Leibern und dann Eisenplastiken, deren Ausgangsmaterial Gasflaschen waren, die mit Hilfe eines Schmieds in röhrenartige Gebilde mit dunklen Löchern an beiden Enden umgeformt wurden, die an menschliche Leiber erinnern. Andere Eisenplastiken gemahnen an Totenköpfe, von denen ein makabres Ensemble sich im Kasseler Museum für Sepulkralkultur befindet. Jedesmal, wenn Knaupp eine Werkgruppe auf alle ihre Möglichkeiten ausgelotet hatte, geriet sein Schaffen in eine Krise. Er merkte, daß er etwas Neues versuchen mußte. Zur großen Überraschung vieler Freunde begann er 1987 eine Serie starkfarbiger Pastellzeichnungen mit dem Thema »Vulkan«. Auch hier gingen ausgedehnte Reisen voraus. Rundflüge über den Vulkanen von Hawai ließen ihn Vulkane von oben beobachten. So sehen auch die Zeichnungen aus: kraftvolle Formationen in Gelb, Blau oder Rot, und in der Mitte ein schwarzes Loch. Man erinnert sich an den ausgebrannten Kopf des Kranken und an die Enden der Hüllen-Plastiken und entdeckt Verwandtes in den verschiedenen Werkphasen. Bedenkt man, daß der Vulkan »ein hochgradig metaphorisches Thema« ist,[83] so wird einem bewußt, daß auch die »Landschaften« und »Vulkane« von Knaupp auf den Menschen bezogen sind, auf Leiden und Leidenschaft, auf Eros und Tod. In allen seinen Werken hat Knaupp versucht, zum Grund des Seins vorzudringen.

Daß er dabei auf die Gestalt Christi gestoßen ist, kann man kaum als Zufall bezeichnen. Denn in Christus sind menschliche Grenzerfahrungen gebündelt, von den Ekstasen der Liebe bis zum Grauen von Leiden und Tod. Daher hat die christliche Tradition zwei gegensätzliche Stellen des Alten Testamentes auf ihn bezogen: »Du bist der Schönste von allen Menschen, Anmut ist ausgegossen über deine Lippen, darum hat Gott dich für immer gesegnet« (Ps 45,3) und das Jesajawort vom Gottesknecht: »Er hatte keine schöne und edle Gestalt, sodaß wir ihn anschauen mochten. Er wurde verachtet und von den Menschen gemieden, ein Mann voller Schmerzen, mit Krankheit vertraut. Wie einer, vor dem man das Gesicht verhüllt, war er verachtet, wir schätzten ihn nicht« (Jes 53,2f).

Von Anfang an gibt es in der Theologie die doppelte Tradition vom schönen und vom häßlichen Christus. Bei manchen Autoren finden sich beide Aussagen, so bei Clemens von Alexandrien und Origenes.[84] Die Häßlichkeit Christi wird am schärfsten von Tertullian betont. Augustinus begründet die Theologie des »sermo humilis«, die sich auf Christus beruft: »Christus humilis, vos superbi«. Bei ihm heißt es: »Deformitas Christi te format ... Pendebat enim in cruce deformis, sed deformitas illius pulchritudo nostra est.«[85] Darin liegt »der Ansatzpunkt einer neuen, unantiken Rechtfertigung des Häßlichen: die deformitas Christi begründet die Möglichkeit, daß etwas in häßlicher Gestalt erscheinen und doch von seelischer Schönheit sein kann«.[86]

Es ist bemerkenswert, daß diese in der Theologie von Anfang an vorhandenen Ansätze einer christlichen Neubewertung der Häßlichkeit in der bildenden Kunst erst so spät zum Ausdruck kamen. Den Gründen dafür können wir hier nicht nachgehen. Erst die Spätgotik hat es gewagt, den leidenden Christus so darzustellen, daß auch die Häßlichkeit des Leidens sichtbar wird. Gegen Ende dieser Zeit kommt es zudem in der Darstellung der Schergen der Passion zu einer Verhäßlichung des menschlichen Gesichts, für die es vorher kein Beispiel gibt; man denke an Jörg Breu, Jörg Ratgeb oder Hieronymus Bosch. Renaissance und Barock stellen wieder den schönen, den herrlichen Christus dar. Erst im 20. Jahrhundert wird die Tradition des »häßlichen« Christus wieder aufgenommen. Im Hinblick auf die Aussagen der Kirchenväter wird man nicht behaupten können, daß dies im Widerspruch zur christlichen Botschaft stünde. Eher wird man sagen können, daß gerade auf diese Weise eine existentielle Tiefe erreicht wird, die es vermag, Menschen zu berühren.

Die in der Moderne wichtig gewordene Kategorie des *Primitiven* steht von Anfang an in Verbindung mit der Kategorie des Häßlichen. Die Genese der Kategorie des Primitiven, die als häßlich empfunden wurde, in der Geschichte der griechischen Kultur sieht Adorno hellsichtig so: »Der Begriff des Häßlichen dürfte allerorten entstanden sein in der Abhebung der Kunst von ihrer archaischen Phase: er markiert deren permanente Wiederkunft, verflochten mit der Dialektik der Aufklärung, an welcher die Kunst teilhat. Archaische Häßlichkeit, die kannibalisch drohenden Kultfratzen waren ein Inhaltliches, Nachahmung von Furcht, die sie als Sühne um sich verbreiteten. Mit der Depotenzierung der mythischen Furcht durchs erwachende Subjekt werden jene Züge von dem Tabu ereilt, dessen Organon sie waren, häßlich erst angesichts der Idee von Versöhnung, die mit dem Subjekt und seiner sich regenden Freiheit in die Welt kommt.«[87]

Mit der Tabuisierung des Primitiven als eines Häßlichen ging die Geburt des Schönen Hand in Hand, Ausdruck der Selbstbefreiung des Menschen von den Mächten der Natur. Schon André Malraux hat bemerkt, daß mit der klassischen griechischen Kunst zugleich das Lächeln des Menschen in der Kunst geboren wird – Ausdruck seiner Lösung von archaischer Furcht, und das zum erstenmal in der Geschichte.

Während die griechische Kunst den Weg vom Primitiven zum Schönen gegangen ist, kommt es in den letzten beiden Jahrhunderten zu einer Rückspulung dieses Vorgangs: der Weg führt von der »schönen« Kunst zurück zum Primitiven. Als sich die Kunstgeschichte Ende des 18. Jahrhunderts als eigenständige Wissenschaft etablierte, hatte sie normativen Charakter: für Johann Joachim Winckelmann gaben Antike und Renaissance den absoluten Maßstab der Kunst ab. Die Brüder Boisserée erkannten die Bedeutung der Gotik. Im Verlauf des 19. Jahrhunderts wurden zuerst die Romanik, später das Barock rehabilitiert. Erst in unserem Jahrhundert kam die außereuropäische Kunst ins Blickfeld, ebenso die Kunst der frühen Kulturen. Die lange als häßlich eingestufte Kunst der sogenannten »Primitiven« wurde in ihrer Eigenart gewürdigt. Im Unterschied zur Kunst der Primitiven der Frühzeit beeindruckte allerdings jetzt nicht mehr das Schreckliche dieser Masken, sondern ihre formale Kraft. Zu den ersten, die davon fasziniert waren, gehörten Künstler: 1904 beeindruckte die formale Stärke der Südseekunst in der ethnographischen Abteilung des Dresdner Zwinger Ernst Ludwig Kirchner zutiefst; gleichzeitig entdeckten Derain und Vlaminck in Paris Negermasken und machten Matisse und Picasso darauf aufmerksam. Das Schlüsselwerk »Les Demoiselles d'Avignon« von Picasso (1907) beweist, wie sehr der Künstler von früher iberischer Kunst und von Negermasken beeinflußt war. Ebenso lassen sich die Spuren der Beschäftigung der Brücke-Maler mit dieser Kunst nachweisen.

Ein untrüglicher Beweis, wie sehr diese Faszination auch auf das Christusbild wirkte, ist die Christus-Mappe von KARL SCHMIDT-ROTTLUFF aus dem Jahr 1918. Diese neun Holzschnitte sind einerseits Niederschlag der religiösen Erschütterung, die der Erste Weltkrieg bewirkt hatte, andererseits ein Ausdruck geradezu barbarischer Kraft. Die Holzschnitte sind so aus dem Stock geschnitten, daß ein harter Schwarz-Weiß-Kontrast entsteht. Gleich der erste Holzschnitt zeigt einen Christuskopf, von dem Strahlen ausgehen. Er trägt negroide Züge, hat wulstige Lippen, eine kräftige Nase, Augen mit asymmetrischen, rechteckigen Pupillen, lange Haare und einen spitzen Bart. Auf der Stirn steht die Jahreszahl 1918, unter dem Kopf ist die Schrift eingefügt: »ist euch nicht Kristus erschienen«. Andere bekannte Blätter der Mappe sind »Petri Fischzug«, »Christus verflucht den Feigenbaum«und der »Gang nach Emmaus«, wo Christus die beiden Jünger aufrichtet. Weitere religiöse Holzschnitte folgen 1919: »Christus bei Maria und Martha«, »Christus und Nikodemus« oder der ekstatisch wirkende »Heilige Franziskus«. Die expressive Kraft dieser Holzschnitte legt elementare Emotionen bloß; ihr hoher Rang liegt in der formalen Bewältigung, die durch äußerste Reduktion erreicht wird.

In der Folge werden weitere Bereiche des »Primitiven« erschlossen: zuerst durch Hans Prinzhorn die »Bildnerei der Geisteskranken« (1922), darauf auch die Werke von Kindern. In beiden Bereichen spielt das Religiöse eine große Rolle. Die Bildnerei der »Geisteskranken« oder – wie man heute sagt – die »zustandsgebundene Kunst« zeichnet sich durch reiche Phantasie und ikonographische Originalität aus. Es gibt große Qualitätsunterschiede, einige ragen heraus. Im Hinblick auf unsere Thematik seien Peter Moog, Louis Soutter, Oswald Tschirtner und August Walla hervorgehoben.

Peter Moog (geb. 1871), von Prinzhorn entdeckt, fühlte sich in seinen späteren Jahren zum »Heiligenmaler« berufen, nachdem er in der Jugend ein flottes Leben geführt hatte.[88] Seine Zeichnungen und Aquarelle sind randvoll mit Darstellungen gefüllt, wobei oft teppichartige Wirkungen entstehen. Christus und Maria erscheinen in hieratischer Würde; sie sind immer frontal wiedergegeben, so im »Abendmahl«, im »Jüngsten Gericht«, in der »Pietà« (alle um 1920). Louis Soutter (geb. 1871) ist durch seine späten Fingermalereien bekannt geworden. Die überlängten schwarzen Figuren winden und drehen sich meist in wilder Bewegung. Davon machen auch der Gekreuzigte und die ihn umgebenden Klagenden oder die Mitgekreuzigten keine Ausnahme. Es ist kein Zufall, daß Arnulf Rainer Soutter hoch schätzt (»der größte religiöse Maler unserer Zeit«) und sammelt.

Oswald Tschirtner (geb. 1920) und August Walla (geb. 1936) sind von Leo Navratil, Psychiater wie Prinzhorn, gefördert worden und gehören zu seinem Gugginger Kreis. »Tschirtner hat eine ausgeprägte Neigung, Gestalten zu verschmälern und in die Länge zu ziehen. Es handelt sich um eine Art der Disproportion, die sich bekanntlich auch bei einigen Berufskünstlern als stilistische Eigenart findet. Oswald Tschirtner kennt diese geistige Verwandtschaft nicht. Die Elongation beruht bei ihm auf dem Zurücktreten der Wahrnehmungs- und Gestaltungskonstanten des normalen Bewußtseins ... Man kann diesen Stil einen ›halluzinatorischen Stil‹ nennen.«[89] Eindrucksvoll ist sein »Jüngstes Gericht« (1972), eine feingliedrige Federzeichnung, wo der thronende Gott übergroß mitten unter der großen Zahl der Gerichteten sitzt. Mit zartem Strich hat Tschirtner auch eine »Kreuzigung« gezeichnet (1977), die allerdings dadurch von den meisten Werken abweicht, daß die Gestalten – der Gekreuzigte, seine Mutter, die Frauen und der Hauptmann – halbwegs normale Proportionen aufweisen. Wahrscheinlich hat er sich hier mit einer Vorlage auseinandergesetzt, die Dr. Navratil ihm gegeben hat.

39 Marlene Dumas, Männeransichten, 1989

Der in unserem Zusammenhang vielleicht interessanteste Künstler ist August Walla. Er schrieb und zeichnete von Jugend auf viel; als Sechzehnjähriger kam er zum erstenmal in psychiatrische Behandlung. Bei seinem zweiten Spitalsaufenthalt 1970 lernte Leo Navratil ihn kennen und wurde auf seine zeichnerische Begabung aufmerksam. Von da an betreute der Arzt August Walla (Diagnose: Schizophrenie), der seit 1983 in Gugging lebt.

August Walla hat eine religiöse Welt erschaffen, eine private Mythologie, in der es einen ganzen Götterhimmel gibt. Der jüdisch-christliche Gott Sabaoth figuriert darin gleichberechtigt neben »Buddhas«, »Woddan«, »Schiwa« und selbst erfundenen Göttern wie »Ssararill« oder »Sseirill«. Es gibt eine Genealogie, an deren Spitze der »Weltallendegott« steht. Die Verwandtschaftsbeziehungen sind nicht immer eindeutig. Jesus wird einmal als Sohn des Ewigkeitendegottes Sattus bezeichnet, ein andermal als sein Enkel und Sohn des Gottes Sabaoth. Jesus wird zuweilen auch mit Verkleinerungsformen bezeichnet (»Jesuschen«). Götter können gut oder böse sein (»Teufelgott«), wovon Jesus aber ausgenommen ist: Auf einem Bild aus dem Jahr 1986 steht: »Jesuschen lobe ich im Himmel! JESUS!; »GUT.BRAV!«; »Christus ehre nur heilig! JESUS!«; »Sabaoth ist König!«[90]

Die Götter haben – sofern sie nicht bedrohlich sind – beschützende Funktion, ähnlich wie die Engel. Die größte Gefahr ist der Tod, der selbst ein Gott ist. Die Doppelwertigkeit des Göttlichen zeigt sich auch darin, daß das Weltende von den Göttern herbeigeführt wird. Zwischen den Göttern gibt es Kämpfe. »Daß sich der ganze Kampf im Inneren Wallas abspielt, zeigt sich daran, daß August abwechselnd der eine oder andere Gott selber ist.«[91] Er kann aber auch ein Teufel oder Halbteufel sein. Daß das Weltende in Wallas Denken eine so große Rolle spielt, hat sicher mit seinem »apokalyptischen« psychotischen Erleben zu tun. Navratil urteilt: »Die ganze schriftlich und zeichnerisch niedergelegte Mythologie August Wallas ist als eine geistige Ausarbeitung seines schizophrenen psychotischen Erlebens zu verstehen.«[92]

Walla hat Zeichnungen, Radierungen und Ölbilder geschaffen. Er hat seine eigene Wohnung in der Nervenheilanstalt ausgemalt, aber auch Hütten in den Donauauen, hat Bäume und Straßen bemalt. Charakteristisch für Walla ist die große Bedeutung, die die Schrift hat. Neben den Buchstaben und Wörtern, von denen viele selbst erfunden oder aus fremdsprachigen Wörterbüchern entnommen sind, spielen auch »heilige Zeichen« eine Rolle, die für ihn etwas Magisches an sich haben. Seine Bilder sind bis zum Rand vollgemalt, wobei aber die formale Sicherheit, mit der das geschieht, erstaunlich ist.

Wie sehr Walla die Götterwelt auf sich und seine Familie bezieht, zeigt eine Zeichnung, in der sich die Worte »Jesus, Statue, Heilige« auf dem Querbalken des Kreuzes befinden, an das Jesus genagelt ist. Unter dem Kreuz steht der mit erhobenen Armen betende August Walla, daneben seine Mutter Aloisia und ein Nachbar namens Kottus. Das ganze Bild ist in einer für Walla überaus typischen Weise mit allen möglichen Figuren übersät, mit Blumen, Tieren (Eichhörnchen, Schnecken und Hirschkäfer), geometrischen Figuren, Worten und zwei Flugzeugen, die über den Querbalken des Kreuzes fliegen. Es entsteht ein ornamentales Gefüge von hohem Reiz.

Längst hat sich die Überzeugung durchgesetzt, daß auch psychisch belastete Menschen künstlerische Begabung haben können. Bei ihnen sind manche rationale Sperren nicht gegeben, weshalb Vorstellungen, die aus der Tiefe der Psyche kommen, wozu vor allem Religiöses und Erotisches gehört, in ihren Bildern eine große Rolle spielen. Die religiöse Welt, die August Walla zur Darstellung bringt, ist ein Produkt dieser Tiefen; sie beweist einmal mehr, welch große Rolle das Religiöse im seelischen Haushalt spielen kann – auch wenn es noch so sonderbare Formen annimmt. Wallas Bilder sind Ausdruck seiner Hoffnungen und Ängste und helfen ihm, letztere zu überwinden.

Noch ein kurzes Wort zu den Bildern von Kindern, deren kreative Begabung sich ungehemmt entwickeln kann, bevor sie durch Erziehung und die Entwicklung der rationalen Kräfte verschüttet wird. In der Bildwelt der Kinder besitzen Gott, Christus, Maria oder die Engel denselben Realitätsgrad wie die uns vertrauten »realen« Phänomene. Die Frische und Unbefangenheit dieser Zeichnungen kann bezaubernd sein.

Die nächste Kategorie der modernen Kunst, die wir nicht übergehen können, ist die des *Absurden*. Auch bei ihr ist der

Zusammenhang mit der Kategorie des Häßlichen unübersehbar. Adorno bezeichnet sie nicht nur als Kategorie,[93] sondern geht ihr nach, obwohl sie »gegen Interpretation am widerspenstigsten« ist. Ihr entscheidendes Merkmal ist der Sinnverlust. Allerdings ist dieser dialektisch zu sehen, was Adorno herausarbeitet. Er verhandelt das Problem angesichts der Literatur. »Auch die sogenannte absurde Literatur hat in ihren obersten Repräsentanten teil an der Dialektik, daß sie als Sinnzusammenhang, in sich teleologisch organisiert, ausdrückt, daß kein Sinn sei, und dadurch in bestimmter Negation die Kategorie des Sinns bewahrt; das ist es, was ihre Interpretation möglich macht und verlangt.«[94] An einem Beispiel exerziert: »Becketts Stücke sind absurd nicht durch Abwesenheit jeglichen Sinns – dann wären sie irrelevant – sondern als Verhandlung über ihn.«[95] Adorno spricht in diesem Zusammenhang vom »ästhetischen Sinn« im Unterschied zum »theologischen Sinn«.

Die Krise des Sinns hat eine Vorgeschichte. In aller Schärfe kommt sie bei Friedrich Nietzsche zum Ausdruck. Schon in der »Geburt der Tragödie« spricht er vom »Widerspruch im Herzen der Welt«.[96] Gipfel der Sinnlosigkeit ist die Lehre von der ewigen Wiederkehr des Gleichen, wie sie von Zarathustra verkündet wird. Das Leben zu leben und zu bejahen, ist der einzige »Sinn« des Lebens, einen darüber hinausgehenden gibt es nicht. Im Angesicht der schrecklichen Absurdität des Lebens ruft Zarathustra aus: »War das das Leben? Wohlan! Noch einmal!« Albert Camus war sicher zutiefst von Nietzsche beeindruckt, als er seinen Essay »Der Mythos von Sisyphos« schrieb, dem er den Untertitel »Ein Versuch über das Absurde« gegeben hat. Allerdings insistierte er – im Gegensatz zu Nietzsche – darauf, »daß die Frage nach dem Sinn des Lebens die dringlichste aller Fragen ist«.[97] Der Mythos von Sisyphos ist Ausdruck der existentiellen Situation des Menschen: »Die Götter hatten Sisyphos dazu verurteilt, unablässig einen Felsblock einen Berg hinaufzurollen, von dessen Gipfel der Stein von selbst wieder hinunterrollte. Sie hatten mit einiger Berechtigung gedacht, daß es keine fürchterlichere Strafe gibt als eine unnütze und aussichtslose Arbeit.« Der Mythos ist Ausdruck der »fundamentalen Absurdität des ganzen Daseins.«[98] Camus versucht zu zeigen, daß es in dieser Situation falsch ist, zu fliehen (Selbstmord zu begehen), auch nicht an Gott zu glauben, den es nicht gibt oder der sich nicht zeigt, wenn es ihn gibt, sondern standzuhalten.[99] »Der Kampf gegen Gipfel vermag ein Menschenherz auszufüllen. Wir müssen uns Sisyphos als einen glücklichen Menschen vorstellen.«[100]

Adorno hat auf die absurde Literatur hingewiesen, auf Beckett und Kafka. In der bildenden Kunst wird man auf Marcel Duchamp und den Dadaismus hinweisen müssen. Über Duchamp und seine Zeichenhandlungen – das Urinoir oder der Flaschentrockner im Museum – ist bereits unendlich viel geschrieben worden. Man wird nicht verkennen können, daß sie absurde Züge aufweisen, womit die Frage aufgeworfen wird, was Kunst überhaupt sei. Der Dadaismus ist während des Ersten Weltkriegs entstanden, als Europa sich anschickte, kollektiven Selbstmord zu begehen. Mit seinen »sinnlosen« Gedichten und all seinem Klamauk war er Ausdruck einer absurden Situation. Vieles davon ist in den Surrealismus eingegangen, in vorzüglicher Weise in das Werk von Max Ernst, auf den wir bereits hingewiesen haben. Seine drei Collage-Romane sind Hauptwerke der Kunst des Absurden. Absoluter Höhepunkt des absurden Christusbildes allerdings sind die beiden Triptychen von Francis Bacon. Sie wollen die Sinnlosigkeit dieses Geschehens demonstrieren. Bei ihnen handelt es sich auch nicht um eine Kritik am Menschen Jesus, sondern am Erlösungsgeschehen als solchem. Insofern sind sie »Christusbilder«, allerdings negative. Die Welt ist grausig-schön, aber unerlöst.

Rosenkranz weist auch auf das *Triviale* als eine Ausformung des Häßlichen hin.[101] Bei Adorno spielt es keine Rolle; das lag nicht auf seiner Linie; ihn interessierten nur die Werke »höchster Dignität«. In der Gegenwartskunst, der Kunst seit Ende der 50er Jahre jedoch spielt das Triviale eine große, wenn nicht gar eine führende Rolle. Das beginnt mit der Pop Art sowohl der englischen als auch der amerikanischen Variante. Der englische Kunstkritiker Alloway, dem man die Findung des Begriffs zuschreibt, weist auf den engen Zusammenhang mit der Volks- und Subkultur hin. David Hamilton greift auf die industrielle Werbetechnik zurück, Allen Jones manipuliert mit erotischen Stimulantien, Jim Dine greift auf Kinderkritzeleien zurück. Auf die Hauptvertreter der amerikanischen Pop Art wurde bereits hingewiesen, ebenso auf die europäischen Künstler des Nouveau Realisme. Bei ihnen wurden Speisereste ebenso bildwürdig wie Verpackungsmaterial oder gebrauchtes und verbeultes Küchengeschirr. Von nun an werden banale Alltagsgegenstände ganz selbstverständlich in die Kunst einbezogen. Die Grenzen zwischen E-Musik und U-Musik verfließen ebenso wie zwischen »High« und »Low« in der bildenden Kunst. Jean Dubuffet stellt schon sehr früh (1949) seine Sammlung der »Art brut« aus, worunter er eine Kunst verstand, die »unberührt von der kulturellen Kunst« geblieben ist. Hans Belting macht auf den Wandel im Verständnis von Kitsch aufmerksam.[102] Während noch 1939 Clement Greenberg den Kitsch als Gegenbild der Avantgarde definierte, bemächtigt sich die Kunst seit den späten 50er Jahren des Kitsches, imitiert ihn und vermischt ihn mit überlieferten Formen der Hochkunst. Belting bemerkt, Kitsch sei »eine Sprachregelung, die nur von einer gesicherten Position der Kultur aus möglich« sei.[103] Offensichtlich ist diese gesicherte Position in den letzten Jahrzehnten verlassen worden.

Zwei der führenden deutschen Künstler der Gegenwart stellen seit ihrem ersten Auftreten 1962 Kunst und Kitsch zur Disposition: Sigmar Polke und Gerhard Richter. In ihren frühen Werken knüpfen sie bei der amerikanischen Pop Art an, gehen aber bald ihre eigenen Wege. Polke (geb. 1941) erfindet das »Rasterbild«, das auf den Raster von Klischees zurückgreift, die im Zeitungs- und Illustriertendruck verwendet werden. Der Raster verfremdet die trivialen Motive und überzieht das Bild mit einer abstrakten ornamentalen Ordnung. So werden ein inhaltliches und ein rein formales Prinzip in Spannung gesetzt. Diese Kontrastierung der Gegensätze ist ein Grundprinzip vieler Arbeiten von Polke. Er erreicht damit eine Verfremdung und ironische Distanzierung. In der Folge experimentiert Polke mit verschiedenen bildnerischen Verfahren, Materialien und Farben. Seit den 80er Jahren nimmt er auch politische Themen auf, sei es aus der Geschichte oder der Gegenwart. Aus der Geschichte z.B. die Zwiegesichtigkeit der Französischen Revolution, wo hehre Schlagworte mit der brutalen Praxis kontrastiert werden. Aus der Gegenwart: Die Problematik von Terror

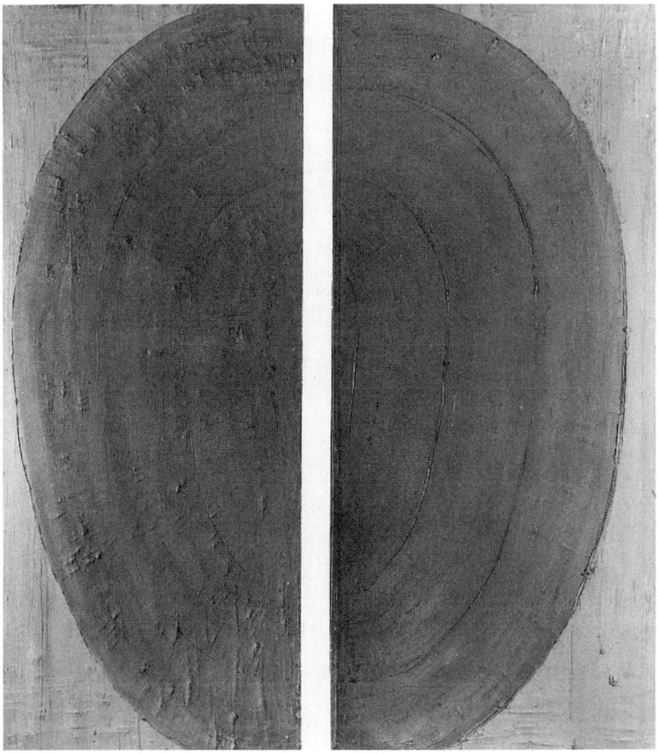

40 Ákos Birkás, Kopf, 1990

und Antiterror oder von Aufschwung und Abschwung der Wiedervereinigung. Das Spielerische geht in Ernst über, wenn Polke sich mit Goyas Bild »Die Alten« auseinandersetzt. Alles begegnet bei Polke: das Hohe und das Niedrige, das Große und das Kleine, Ernst und Ironie. Diese unglaubliche Vielseitigkeit wurde sichtbar in der Bonner Retrospektive 1997. Besonders eindrucksvoll wurde sie in den Bildern seiner »Laterna magica« demonstriert. Auf diesen Transparenten wechseln »Nähe und Ferne, Sichtbarkeit und Illusion unter dem Spiel zwischen Opazität und Luzidität, Verflüssigung und Verdichtung der Farbmaterie. Und dieses Wechselspiel potenziert sich nochmals dadurch, daß wir es bei der Laterna magica mit einem Wandschirm von vielen Bildern zu tun haben, deren Perspektivität von Motiv zu Motiv jeweils neuen Bedingungen gehorcht.«[104]

Das Werk von Gerhard Richter (geb. 1932) ist nicht minder vielseitig. Sein Ausgangsmaterial ist die Photographie. Er hat ein Archiv von bislang 5000 Photographien angelegt, das stets weiterwächst, mit den verschiedensten Motiven. Auf der documenta X wurde eine Auswahl davon gezeigt – leider nicht zum Vergleich einige Bilder, die aufgrund dieser Vorlagen entstanden sind. Zuweilen hat Richter sogar die Unschärfe der Photos auf die Bilder übertragen. Daneben gibt es abstrakte Bilder, die scheinbar im Gegensatz zu den gegenständlichen Bildern stehen, der sich aber relativiert, wenn man sieht, wie konsequent auch diese formal durchgestaltet sind. Jedenfalls ist das Motiv nicht die Hauptsache.

Der Einbruch des Trivialen in die Kunst hat sich in den letzten Jahren verstärkt. Dafür ist einerseits die zunehmende Bedeutung der Neuen Medien bis hin zur Computerkunst verantwortlich, andererseits der Trend weg vom »Elitären« hin zur Massenkultur mit dem Wunsch, möglichst viele Menschen zu erreichen. Es gibt auch Versuche, neue Bevölkerungsschichten mit einem trivialen Jesusbild anzusprechen oder das »elitäre« Jesusbild durch eine Trivialisierung zu verändern. Man hat das Leben Jesu als Comic Strip erzählt oder auf Volkskunst wie die alten Andachtsbilder in den Gebetbüchern oder die Votivbilder in den Wallfahrtsorten zurückgegriffen, die man heute mit anderen Augen anschaut wie früher. Auch hier zeigt sich, wie sehr sich die Sicht ändert. Bezeichnend ist, wie Joseph Beuys Andachtsbilder einbezogen hat. Er hat 1971 bei einem Aufenthalt in Neapel von einer Bettlerin mehrere Herz-Jesu-Bildchen erworben. Jedes dieser Devotionalienbildchen versah er oberhalb des Christuskopfes mit einem Text und einem Pfeil, der auf Christus hinweist:

SACRO CUORE DI JESU
der Erfinder der Stickstoffsynthese
der Erfinder der Gravitationskonstante
der Erfinder des 3. thermodynamischen Hauptsatzes
der Erfinder der Dampfmaschine
der Erfinder der Elektrizität.

Darunter setzte er seine Signatur.

Friedhelm Mennekes, in dessen Besitz sich heute diese Bildchen befinden und der sie auch publiziert hat, schreibt dazu: »In dieser Bildbehandlung greift Beuys einerseits auf ein in den Kitsch verkommenes und mißverstandenes, erstarrtes, bäuerliches Christentum zurück, das für ihn allerdings auch einige echte und wesentliche Elemente enthält. Der christliche Glaube sei weithin innerhalb seines mythologischen Rahmens steckengeblieben.«[105] Auf der anderen Seite markiert Christus einen emanzipatorischen Ursprung, den Beginn einer Befreiungsbewegung; das Christentum hat das Denken und die Wissenschaft befördert, womit allerdings auch Gefahren verbunden sind. Beuys selbst sagt dazu: »Denn mit diesem Text dazu ist das kein Kitschbild. Mit diesem Textbild ist das ein ganz wichtiges Bild innerhalb der Kunstgeschichte ... denn hier wird etwas polar auseinandergerissen, daß dieser Text fast diese Form braucht.«[106]

Das triviale Christusbild ist auch eines der Motive von Jiři Georg Dokoupil (geb. 1954 in Bruntal, ČSSR). Er gehörte zusammen mit Bömmels, Dahn, Adamski, Naschberger und Kerer zur Künstlergruppe »Mülheimer Freiheit« bis zu deren Auflösung im Jahre 1982. Es handelte sich um ganz verschiedene Persönlichkeiten, die aber vom gemeinsamen Willen zur Erneuerung der figuralen Malerei erfüllt waren. Auch wenn innerhalb dieser Künstlergemeinschaft viel diskutiert wurde, hat Dokoupil kein so durchkonstruiertes Gedankengebäude geschaffen wie Beuys. Vielmehr ist gerade das Mißtrauen allen vorbestimmten Programmen gegenüber für ihn charakteristisch. Man hat bei ihm von einem »Stil Vielfalt« gesprochen, der sich in einzelnen Werkgruppen äußert, die sich thematisch und stilistisch stark voneinander unterscheiden. Triviale Themen dominieren, so etwa in den »Schnuller-Bildern«. Unübersehbar ist seine Neigung zu Ironie und Satire, die sich z.B. im Spiel mit Firmennamen äußert, die verformt werden. Er macht Anleihen bei Comics (»Bilder aus der Innenwelt«), produziert aber auch abstrakte Werke (»Grünspan-Bilder«).

1983 entsteht ein mit Teetusche gemaltes, in braunen Tönen gehaltenes »Bild als heilige Schuheinlage«, das den von Strahlen umgebenen Christuskopf mit einem Anzug und Schuhen darunter kombiniert. Dies erinnert an die Einlegesohlenbilder des an Dementia praecox leidenden Patienten Carl Lange, die in die Prinzhornsammlung aufgenommen wurden. 1986 folgen einige Christusköpfe in punktierender Manier. Am interessantesten in unserem Zusammenhang ist jedoch »Der kleine Christus von Santa Cruz« (1987), eine Farbradierung mit Aquatinta, die wir abbilden. Dokoupil, der zeitenweise in Santa Cruz de Tenerife lebt, ist dort offenbar einem Herz-Jesu-Andachtsbild begegnet, das von ihm aufgenommen und verfremdet wurde. Der frontal wiedergegebene Christus sieht den Betrachter mit großen Augen an und weist auf sein von einer Dornenkrone umschlungenes Herz. Das Bild hat eine dunkle und eine helle Seite. Die dunkle Seite zeigt den Mond und einen von Sternenpünktchen übersäten nächtlichen Himmel, der sich übergangslos im Gewand Christi fortsetzt. Die helle Seite läßt die Sonne aufstrahlen und ihren Glanz ausbreiten. Dem leuchtenden Gelb dieses oberen Teiles entspricht darunter der rote Umhang Christi. – Der Kitsch, der dem Volk gefällt, ist eine Realität, die nicht hinwegzudisputieren ist. Darauf macht Dokoupil aufmerksam. Das Problem des Trivialen wird erneut zur Disposition gestellt; die Frage nach dem Stellenwert von Kitsch ist neu zu verhandeln.

Wir haben einige der wichtigsten ästhetischen Kategorien genannt, die für die Gegenwartskunst prägend sind: das Erhabene, das Lächerliche und Ironische, das Häßliche, das Primitive, das Absurde und das Triviale. Das Schöne ist nur noch eine Kategorie neben anderen; die Aufzählung bezeugt, wie weit sich die Kunst von der Schönheitlichkeit des Klassizismus, aber auch von allen idealistischen Schönheitsvorstellungen seit der Renaissance wegentwickelt hat. Wohin sind die Zeiten entschwunden, wo Winckelmann noch von der »edlen Einfalt und stillen Größe« der antiken Kunst schwärmen konnte?

Wir sind uns bewußt, daß man an die Kunst unseres Jahrhunderts auch von anderen Gesichtspunkten herangehen kann. Man kann die großen Themen untersuchen, die im Vordergrund standen. In der klassischen Moderne war das vor allem das Menschenbild, mit dem das Christusbild in engem Zusammenhang steht, aber auch die Natur. Daneben wird die Sozial- und Gesellschaftskritik wichtig, nicht zu vergessen die »Kunstkritik«, die von der Frage bewegt wird, was denn Kunst überhaupt sei. In der Gegenwartskunst werden etwa jene Themen relevant, die die Grazer Ausstellung 1997 betont hat: »Gedächtnis« und »Körper«.[107] Vor allem die Frauen, denen man jahrhundertelang den Zugang zu den Akademien verwehrt hatte, und die jetzt auch diesen Bereich erobern, setzen sich intensiv mit dem eigenen, dem weiblichen Körper auseinander. Das sollen nur einige Hinweise sein, denen man näher nachgehen müßte.

Ebenso könnte man die Erweiterung der alten Kunstgattungen (Architektur, Malerei, Bildhauerei, Literatur und Musik) um neue Gattungen untersuchen, so die neuen Medien: Fotografie, Film, Video, Computer usw. Doch wir wollten uns hier bewußt auf die Ästhetik und ihre Kategorien beschränken.

Wo steht die Kunst heute?

Der erste Satz der »Ästhetischen Theorie« von Adorno lautet: »Zur Selbstverständlichkeit wurde, daß nichts, was die Kunst betrifft, mehr selbstverständlich ist, weder in ihr noch in ihrem Verhältnis zum Ganzen, nicht einmal ihr Existenzrecht.«[108] Schon in der Frage, was Kunst überhaupt sei, gehen die Meinungen weit auseinander. Zwei Eckdaten gilt es festzuhalten. Einerseits ist es unsinnig, zu sagen: »Alles ist Kunst«, denn wenn alles Kunst ist, ist nichts Kunst, weil Kunst ununterscheidbar wird. Andererseits ist es eitel, Kunst definieren zu wollen, weil sie ein komplexes Phänomen darstellt. Innerhalb dieser Grenzen läßt sich sicher einiges sagen, wobei aber verschiedene Auffassungen einander gegenüberstehen. Friedrich Schlegel hat gesagt: »Kunst ist das Vermögen der Form.«[109] Lange Zeit dominierte eine rein formale Ästhetik. Einen weiteren Begriff von Kunst haben jene, die Kunst als »Gestaltung« begreifen, wobei wieder umstritten ist, welcher Art sie sein soll. Viele betonen den Aspekt der Erkenntnis, die freilich – im Unterschied zur Wissenschaft – begrifflos ist: »Und weil Kunst Erkenntnis ist, ist sie Form, und darum gehört sie nicht dem Gefühl und der psychischen Materie an« (Benedetto Croce).[110] Weil Kunst Erkenntnis ist, ist sie Deutung der menschlichen Existenz und der Welt. Kunst ist Sprache und damit Kommunikationsmittel, sie hat eine soziale Funktion (Gerhart Hauptmann). In den letzten beiden Jahrhunderten ist die Autonomie der Kunst betont und darum Kunst als Selbstzweck bezeichnet worden. Gewiß stehen alle diese Versuche, das Wesen der Kunst zu erfassen, nicht in einem unauflöslichen Widerspruch zueinander, doch wird es schwer fallen, sie auf einen einheitlichen Nenner zu bringen.

Nun läßt sich allerdings nicht verkennen, daß in den letzten Jahren das Wesen der Kunst fragwürdiger denn je geworden ist. Niemand hat das so provokant formuliert wie Hans Belting, der nicht nur vom »Ende der Kunstgeschichte« gesprochen, sondern auch den Verlust eines verbindlichen Kunstbegriffs festgestellt hat.[111] Daher fordert er eine »Änderung im Diskurs«. Auf welche Fakten beruft sich Belting bei seiner Diagnose? Zunächst einmal auf die Intellektualisierung der Kunst, auf die »Transformation der Kunst zum Kunstkommentar«.[112] Sodann auf die Zweifel an der Autonomie sowohl der Kunst als auch der Kunstgeschichte. Dies wiederum hänge zusammen mit der dominierenden Rolle des Marktes, »der entscheidet, was Kunstgeschichte wird«.[113] Damit geht der Bruch mit der rein formalen Ästhetik Hand in Hand. Belting meint, uns werde bewußt, wie wenig wir wissen. Viele Fragen stellen sich. Ist es nicht Arroganz, wenn wir von einer »Weltkunst« sprechen? Ist diese bislang nicht einfach »Western Art«? Gibt es nicht neben der »Westkunst« eine »Ostkunst«, die auf ganz anderen gesellschaftlichen Voraussetzungen basiert? Haben wir nicht die

Kunst der außereuropäischen Kulturen bisher übersehen? Gibt es nicht eine Kunst von Minoritäten? Was ist mit der Medienkunst? Ist nicht der starre Rahmen der Kunstgattungen überholt? War nicht die Kunstgeschichte bisher ein Ort kultureller und nationaler Identität? War sie nicht ein Produkt der historischen Kultur, die im bürgerlichen Zeitalter ihr Profil bekommen hat? Ist es nicht so, daß wir zwar noch eine bürgerliche Kultur verehren, ohne daß wir noch eine bürgerliche Gesellschaft sind?

Fragen über Fragen! Eines scheint gewiß: wir leben in einer Zeit fundamentaler Umbrüche, gerade im Bereich von Kultur und Kunst. Die Zeit der sogenannten Moderne scheint sich dem Ende zuzuneigen. Nach unseren Beobachtungen hat dieser Übergang – oder soll man ihn eine Krise nennen? – Ende der 50er, Anfang der 60er Jahre begonnen. Ein deutliches Signal war die jüngste documenta X, deren Konzept Catherine David erarbeitet hat. Ihr ging es darum, die heutigen Positionen mit einem kritischen Blick zu betrachten. Darum hat sie Künstler ausgewählt, deren kritische Haltung sich »in einer radikalen Infragestellung der Kategorie der ›Schönen Künste‹ und der anthropologischen Grundlagen der westlichen Zivilisation« äußert.[114] Sie wählte nicht nur Werke der letzten Jahre aus, sondern auch solche der »Vorläufer« aus den 60er Jahren. In besonderer Weise kam es ihr auf die politischen, ökonomischen und kulturellen Zusammenhänge an. Malerei und Skulptur im traditionellen Sinn ließ sie links liegen und konzentrierte sich auf Architektur und Städtebau, auf Fotoserien und Videos. Es entstand eine Ausstellung, die sich weniger an die Augen, viel mehr jedoch an den Intellekt wandte. Viele Werke waren ohne Kommentar unverständlich. Dementsprechend war die Reaktion des Publikums, das sich teilweise überfordert fühlte. Sicher war die Auswahl einseitig und man brauchte nur andere Ausstellungen desselben Sommers in Venedig, Münster oder Berlin anzuschauen, um Zweifel an der These zu bekommen, es gebe heute keine gute Malerei oder Plastik mehr. Dennoch muß man sagen, daß die documenta X auf unübersehbare Tendenzen in der heutigen Kunst hingewiesen hat, die zu einer Revision des bisherigen Kunstbegriffs zwingen, zumindestens seine Ausweitung fordern.

Die documenta X scheint auch die These von Belting zu untermauern, daß die heutige Museums- und Ausstellungspraxis auf einen grundlegenden Wandel hinweist (den Belting durchaus kritisch beurteilt). Museen sind heute keine »Kunsttempel« mehr, in denen man andächtig Meisterwerke bewundert. Damit reagieren sie »auf eine Krise der ›Kunstreligion‹, die den Willen zu einer Säkularisierung, die längst überfällig war, verstärkt.«[115] Bedeutet das, so möchte ich anschließen, daß nicht nur die »Kunstreligion« nicht mehr nachvollziehbar ist, sondern daß auch alle Bande, die es zwischen Kunst und Religion so lange gegeben hat, zerschnitten werden? »Religiöses« im weitesten Sinne des Wortes hätte man auf der documenta X vergeblich gesucht. Bedeutet das, daß in Zukunft auch das Jesus- oder Christusbild in der Kunst, sofern sie von Belang ist, keine Rolle mehr spielen wird? Darauf möchten wir die Antwort verweigern. Es ist mißlich, in der Kunst den Propheten zu spielen. Die Gurus der Kunst (z.B. Werner Haftmann) waren in den 50er Jahren überzeugt, daß nun die Zeit der abstrakten Kunst anhebe. Was kam? Die Pop Art! Nur eines erscheint sicher: Wir müssen in der Kunst auf große Überraschungen gefaßt sein.

ANMERKUNGEN

Bilder

1 Hans Belting, 1990, 457
2 ebd., 13
3 ebd., 7
4 Christoph Dohmen, 1985
5 Christoph Schönborn, 1984 (Lit.)
6 Johannes Damascenus, 2. Bilderrede, Nr. 5, PG 94, 1287/88
7 Hans Belting, 1990, 195
8 Johannes Panagopoulos, 1994, 48
9 ebd., 57
10 Hans Belting, 1981, 92
11 ebd., 90
12 Martin Luther, Invokavit-Predigt 1922, W.A. 10, III, 35
13 Werner Hofmann, 1983, 47
14 ebd., 46
15 ebd., 50
16 Leonardo, zit. nach Tatarkiewicz, III, 1987, 157
17 Leo Steinberg, 1983, 3, Übersetzung vom Autor
18 ebd., 8, Übersetzung vom Autor
19 Denzinger, 1821–25
20 Dagobert Frey, 1946, 139
21 Robert Rosenblum, 1975, 16
22 Adolf Smitmans, 1980
23 Wolfgang Schöne, 1954, 21
24 Hans Jantzen, 1947, 115
25 Wolfgang Schöne, 1954, 167
26 ebd., 219
27 Claude Roulet, zit. nach Pierre Courthion, 1962, 249
28 Georges Rouault, 1926, zit. nach Stephan Koja, 1993, 9
29 Georges Rouault, 1931, zit. nach Pierre Courthion, 1962, 290
30 Emil Nolde, 1934, 104
31 ebd., 169
32 ebd., 170
33 ebd., 107
34 Jawlensky, zit. nach Clemens Weiler, 1959, 102 f
35 ebd., 134
36 ebd., 107
37 Horst Schwebel, in: Rombold/Schwebel, 1983, 15–18
38 zit. ebd., 16
39 Günter Rombold, 1995, 83–100
40 Christoph Brockhaus, 1977, 84
41 Annegret Hoberg, 1990, Abb. 77
42 Fritz von Herzmanovsky-Orlando, Werke VII, 1983, 30 f
43 Annegret Hoberg, 1990, 222
44 ebd., 219
45 Abb. in Wieland Schmied, 1980, 256
46 Otto Julius Bierbaum, 1911, 22
47 Hermann Esswein, 1911, Abb. 81
48 Alfred Kubin, 1911, 3
49 Abbildung in Günter Romnold, 1988, 188
50 Lovis Corinth, 1926, 108
51 Abb. in Horst Uhr, 1990, 98
52 ebd., 164
53 ebd., XXI
54 Lovis Corinth, 1926, 185
55 Horst Uhr, 284–286
56 Wolf Dieter Dube, 1981, 33–40
57 Horst Schwebel, in: Rombold/Schwebel, 1981, 21, dort auch Abb.
58 Horst Uhr, 1990, 219
59 Charlotte Behrend Corinth, in: Lovis Corinth, 1926, III

60 Karl und Faber, 1990, Nr. 613
61 ebd., 188
62 ebd., 142
63 Walter Muschg, zit. nach Naomi J. Groves, 1972, 5
64 Lempertz, 1995, 24
65 ebd., Farbtafel 65
66 Ernst Piper, 1987
67 Horst Schwebel, in: Rombold/Schwebel, 1983, 28
68 zit. nach Lempertz, 1995, 24
69 Ernst Barlach, 1968
70 Ernst Barlach, zit. nach Naomi Jackson Groves, 110
71 Max Beckmann, Briefe im Kriege, 1955, 10
72 ebd., 37
73 Wolfdieter Dube, 1982, 67–72
74 zit. nach Friedhelm Fischer, 1972, 17
75 ebd., 162
76 ebd., 162
77 Horst Schwebel, 1980, 23 und 33
78 Max Beckmann, 1955, 384
79 Hans-Martin Rotermund, 1970, 26
80 Marc Chagall, 1959, 6
81 ebd., 38 f
82 Martin Buber, 1963, 754
83 zit. nach Hans-Martin Rotermund, 139
84 Hans-Martin Rotermund, 1970, 140
85 Franz Meyer, 1964
86 Franz Meyer, 1968, 492
87 ebd., 574
88 Albert Camus, 1961, 19
89 Theodor W. Adorno, 1970, 342
90 Gerhard Kittel (Hg.), 1933, 620–624
91 Leo Steinberg, 1983
92 Max Ernst, 1979, 123
93 ebd., 139
94 Umberto Eco, 1973
95 Max Ernst, 1979, 135
96 ausführlicher in: Günter Rombold, 1988, 193–204
97 Ruth Kaufmann, 1984, 97
98 Ulrich Weisner, 1984, 36
99 Ruth Kaufmann, 1984, 96, dort Abb. der Kreuzigung von 1930
100 Sylvia Lecoq-Ramond, 1993, 27
101 zit. nach Ruth Kaufmann, 1984, 30
102 zit. nach Bernhard Buderath, 1984, 36
103 Alfred Hrdlicka, im Gespräch mit Friedhelm Mennekes, 1987, 15
104 ebd., 12
105 ebd., 16
106 vgl. dazu Günter Rombold, 1988, 166–177, dort auch Abb.
107 Alfred Hrdlicka, im Gespräch mit Friedhelm Mennekes, 1987, 16
108 Salvador Dali, zit. in Dali, 1980, 95
109 ebd., Abb. Nr. 98
110 ebd., 376
111 ebd., 372
112 ebd., 379
113 ebd., 328
114 Sigmund Freud, 1943, 187 f
115 Arnulf Rainer, in: F. J. van der Grinten und F. Mennekes, 1984, 51
116 Arnulf Rainer, Kreuz und Nacht, 1980, zit. nach: Monika Leisch-Kiesl, 1996, 77
117 Dieter Honisch (Hg.), 1980, 46
118 Günter Rombold, 1989, 201–205; Friedhelm Mennekes, 1993
119 Dieter Honisch (Hg.), 1980, 130
120 Günter Rombold, 1978, 167 ff

121 Monika Leisch-Kiesl, 1996, 114
122 Arnulf Rainer, 1977, nach Dieter Honisch (Hg.), 1980, 118
123 vgl. dazu: Monika Leisch-Kiesl, 1996, 203 ff
124 Arnulf Rainer, zit. nach Dieter Honisch (Hg.), 1980, 118
125 Arnulf Rainer, 1952, zit. nach Otto Breicha (Hg.), 1980, 47
126 Arnulf Rainer, Das Kreuz als Kleid, 1992, zit. nach Monika Leisch-Kiesl, 1996, 78
127 Wieland Schmied, 1989, 140
128 Georg Baselitz, 1997, 280
129 Hans Belting, 1990, 235 ff
130 Georg Baselitz, 1997, 259
131 zit. nach Andreas Mertin, 1994, 228
132 Francis Bacon im Gespräch mit David Sylvester, in: Münchner Katalog, 1996, 84
133 Wieland Schmied, 1985, 12
134 ebd., 17
135 ebd., 64
136 Hervé Vanel, in: Münchner Katalog, 98
137 Francis Bacon im Gespräch mit David Sylvester, zit. nach Wieland Schmied, 1980, 196
138 ebd., 195
139 Francis Bacon, zit. nach dem Münchner Katalog, 1996, 28
140 Franz Joseph van der Grinten und Friedhelm Mennekes, 1985, 87
141 Antonio Saura, in: Mennekes/Röhrig, 1994, 54
142 ebd., 58
143 ebd., 55
144 Dieter Honisch, in: Ákos Birkás, 1996, 78
145 Dorothee vonWindheim, 1989, 80
146 zit. nach Werner Hofmann, 1983, 640
147 Dorothee vonWindheim, in: Kai-Uwe Hemken (Hg.), 1996, 287 bzw. 290
148 Dorothee vonWindheim, 1989, 285
149 Friedhelm Mennekes, 1995, 127–130

Rituale

1 Lucy Lippard, 1968, 110
2 Jürgen Becker und Wolf Vostell, 1965, 46
3 ebd., 399 ff
4 ebd., 403
5 ebd., 385
6 Karin Thomas, 1979, 114
7 Johannes Paul II., 1980, AAS 73, 1981, 112–121
8 Gerard van der Leeuw, 1957, 23
9 Emile Durkheim, 1984, 555
10 Mircea Eliade, 1954, 406
11 Gerard van der Leeuw, 1957, 87
12 ebd., 119
13 Gerard van der Leeuw, 1956, 400
14 Kurt Goldammer, 1960, 336
15 ebd., 379
16 Martin Noth, 1966, 133
17 Gerard van der Leeuw, 1957, 63
18 C. Andresen, 1961, 217–262
19 Gerard van der Leeuw, 1957, 107
20 Hubert Klocker (Hg.), 1989
21 Konrad Oberhuber, 1989, 20
22 Hermann Nitsch, 1990, 142
23 ebd., 148
24 Hubert Klocker (Hg.), 1989, 267
25 ebd., 269
26 ebd., 271
27 Hermann Nitsch, 1964, o.S.
28 Hermann Nitsch, 1969, 54
29 Hermann Nitsch, 1974, 207
30 Hermann Nitsch, 1990, 152

31 Günter Rombold, 1990, 413–419
32 Hermann Nitsch, 1969, 40
33 Richard Wagner, GA (1911) Bd. 12, 270
34 Odo Marquard, 1983, 40–50
35 ebd., 43
36 Friedrich Nietzsche, ed. Schlechta, 1962, Bd. I, 14, 40 u. 131
37 Harald Szeemann (Hg.), 1983
38 Günter Rombold, 1988/2, 213–219
39 Peter Gorsen, in: Hermann Nitsch, 1969, 27
40 Werner Hofmann, 1983, 643
41 ebd., 645
42 Ulrich Conrads, 1964, 174
43 Hans Hollein, 1968, 370 f
44 Otto Mauer, 1970, 370 f
45 Max Peintner, 1973, 12
46 Franz Joseph van der Grinten, 1982, 73–79
47 Karin von Maur, 1988, 48, Abb. S.49
48 Franz Joseph van der Grinten, 1982, 73
49 zit. nach Heiner Stachelhaus, 1988, 69
50 Joseph Beuys im Gespräch mit Friedhelm Mennekes, 1984, 104
51 Heiner Stachelhaus, 1988, 73
52 zit. nach Heiner Stachelhaus, 1988, 88
53 Verzeichnis in: Joseph Beuys-Tagung, 1991, 292-295
54 Rudolf Steiner, 1921/1982, 34
55 ebd., 66
56 Rudolf Steiner, 1910/1993, 292
57 Rudolf Steiner, 1921/1982, 63
58 ebd.
59 ebd., 139
60 ebd., 141
61 Rudolf Steiner, 1912/1988, 32
62 Rudolf Steiner, 1921/1982, 95
63 Rudolf Steiner, 1912/1988, 210
64 Rudolf Steiner, 1916/1969
65 Joseph Beuys im Gespräch mit Horst Schwebel, 1979, 16
66 ebd., 31
67 ebd., 38
68 ebd., 22
69 Joseph Beuys im Gespräch mit Friedhelm Mennekes, 115
70 ebd., 108
71 ebd., 112
72 Uwe M. Schneede, 1994, 8
73 Joseph Beuys im Gespräch mit Friedhelm Mennekes, 1984, 105
74 Uwe M. Schneede, 1994, 28
75 ebd., 25
76 ebd., 27 bzw. 29
77 Rudolf Steiner, 1912/1988, 210
78 Uwe M. Schneede, 1994, 226
79 Joseph Beuys, zit. nach Uwe M. Schneede, 1994, 70
80 Joseph Beuys, zit. nach Uwe M. Schneede, 1994, 71
81 Rudolf Steiner, zit. nach Uwe M. Schneede, 1994, 129
82 Friedhelm Mennekes, 1992
83 Friedhelm Mennekes, 1990, 604 f
84 Uwe M. Schneede, 1994, 171
85 Antje von Graevenitz, 1987
86 vgl. dazu: Friedhelm Mennekes, 1996, 162–93
87 Rudolf Steiner, 1912/1988, 210
88 Götz Adriani, 1973, 156
89 Karin von Maur, 1988, 45
90 Friedhelm Mennekes, 1984, 115
91 Teilhard de Chardin, 1966, 71 ff
92 Teilhard de Chardin, 1970, 90
93 Dieter Ronte, 1987, 13

Theorien

1 Theodor W. Adorno, 195
2 Karl Jaspers, 1973, I, 38

3 Wolfgang Stegmüller, Bd. I, 1978, 234
4 Günter Rombold, 1988, 264
5 Kurt Goldammer, 1960, 9
6 Rudolf Otto, 1917
7 Bohrer, Mythos und Moderne, Frankfurt 1983; Erika Billeter, Mythos und Ritual in der Kunst der siebziger Jahre, Zürich 1981; Annelie Pohlen (Hg.), Zeichen und Mythen, Köln 1982; Peter Lüchau (Hg.), Märchen, Mythen, Monster, Köln 1984
8 Harald Szeemann, 1981, 87ff
9 Roland Barthes, 1974
10 Kurt Hübner, 1985, 357–362
11 ebd., 127
12 ebd., 399
13 Friedhelm Mennekes, 1985, 329
14 Arnulf Rainer, in: Friedhelm Mennekes, 1984, 48
15 Gottfried Boehm, 1988, 72
16 Dionysius Areopagita, De divinis nominibus IX, 7, vgl. dazu Hans Urs von Balthasar, 1962, II, 147-214
17 ebd., II, 487
18 Rainer Volp, 1988, 69
19 Gottfried Boehm, 1988, 73, dort auch die folgenden Zitate
20 Historisches Wörterbuch der Philosophie I, 1971, 707
21 Peter Handke, 1969, 263–272
22 Theodor W. Adorno, 1970, 375
23 ebd., 17
24 Max Beckmann, 1955, 9
25 Karl Ruhrberg, 1972, 162
26 Alexander Mitscherlich, [8]1969,9
27 Leo Navratil, 1978, 15
28 Umberto Eco, 1971, 11
29 zit. ebd., 33
30 Friedrich Nietzsche, ed. Schlechta, 1960, III, 705
31 ebd., I, 40
32 Umberto Eco, 1973, 37
33 zit. ebd., 38
34 Vincent van Gogh, 1938, Bd. III, 404 f
35 zit. nach Friedhelm Mennekes, 1994, 109
36 Abb. in Friedhelm Mennekes, 1994, 112
37 Umberto Ecco, 1972, 162
38 Umberto Eco, 1973, 165
39 ebd., 38
40 Ernesto Grassi, 1962, 61
41 ebd., 77
42 ebd., 136
43 zit. nach Erwin Panofsky, 1960, 32
44 Edmund Burke, 1989, 91
45 François Lyotard, 1989, 175
46 Edmund Burke, 1989, 176
47 Theodor W. Adorno, 1970, 295
48 ebd., 292
49 ebd., 174
50 ebd., 106
51 ebd., 40
52 ebd., 232
53 ebd., 234
54 François Lyotard, 1987, 31
55 François Lyotard, 1994, 10
56 Christine Pries, 1995; Wolfgang Welsch und Christine Pries, 1991
57 François Lyotard, 1989, 235
58 François Lyotard, 1987, 22
59 ebd., 24
60 ebd., 29
61 Rainer Volp, 1978, 71-76
62 Werner Hofmann, 1962, 50–52
63 zit. nach Wilson, 1979, 29
64 ebd., 77
65 Max Imdahl, 1971, 11
66 zit. nach Max Imdahl, 1971, 17
67 Barnett Newman, 1990, 173
68 ebd., Übersetzung vom Autor

69 Harold Rosenberg, 1978 und Franz Meyer, 1982, 60–66
70 Barnett Newman, 1990, 188, Übersetzung vom Autor
71 Diane Waldman, 1978
72 Marc Rothko, zit. nach Wieland Schmied, 1980, 284
73 Jean Paul, 1975, Bd. 9, 102
74 ebd., 105
75 ebd., 114
76 ebd., 125
77 Karl Kraus, 1955, 9
78 zit. nach Wieland Schmied (Hg.), 1980, 242 f
79 Karl Rosenkranz, 1990, 36
80 ebd., 40
81 Theodor W. Adorno, 1970, 74
82 zit. nach Rombold/Schwebel, 1983, 148
83 Christine Hopfengart, 1993, 43
84 vgl. dazu Jakob Taubes, 1968, 169–185
85 Augustinus, Sermo XXVII, 8, PL 38, 181
86 Hans Robert Jauss, 1968, 157
87 Theodor W. Adorno, 1970, 76
88 Hans Prinzhorn, 1922, 185–203
89 Leo Navratil, 1983, 335
90 Leo Navratil, 1988, 145
91 ebd., 123
92 ebd., 122
93 Theodor W. Adorno, 1990, 194
94 ebd., 235
95 ebd., 230
96 Friedrich Nietzsche, ed. Schlechta, ^{3}1962, Bd. I, 59
97 Albert Camus, 1959, 9
98 ebd., 34
99 Günter Rombold, 1972, 452–460
100 Albert Camus, 1959, 101
101 Karl Rosenkranz, 1990, 164 ff
102 Hans Belting, 1995, 82
103 ebd., 83
104 Martin Hentschel, 1997, 63
105 Friedhelm Mennekes, 1996, 13
106 zit. nach Friedhelm Mennekes, 1996, 13f
107 Alois Kölbl u.a., 1997
108 Theodor W. Adorno, 1970, 9
109 Friedrich Schlegel, GA, Bd. XVIII, 1963, 106
110 Benedetto Croce, 1930, 19
111 Hans Belting, 1995, 19
112 ebd., 36
113 ebd., 26
114 Catherine David, 1997, 9 f
115 Hans Belting, 1995, 107

LITERATURVERZEICHNIS

Adorno, Theodor W., Ästhetische Theorie, Frankfurt 1970
Adriani, Götz, Konnertz, Winfried und Thomas, Karin, Joseph Beuys, Köln 1973
Andresen, C., Altchristliche Kritik am Tanz, in: ZKG, 1961, 217–262
Assmann, Peter (Hg.), Alfred Kubin, Salzburg 1995

Bacon, Francis, Katalog Haus der Kunst, München 1996
Balthasar, Hans Urs von, Herrlichkeit, Bd. II, Einsiedeln 1962
Barlach, Ernst, Das dichterische Werk, Die Dramen, München [3]1968
Barthes, Roland, Mythen des Alltags, Frankfurt [3]1974
Baselitz, Georg, in: KI Nr. 136, Ruppichteroth 1997
Baum, Peter und Rombold, Günter, Christusbild im 20. Jahrhundert, Linz 1981
Becker, Jürgen und Vostell Wolf, Happenings – Fluxus, Pop Art, Nouveau Realisme, Reinbek 1965
Beckmann, Max, Briefe im Kriege, München 1955
Beckmann, Max, Tagebücher 1940–1950, München 1955
Belting, Hans, Das Bild und sein Publikum im Mittelalter, Berlin 1981
Belting, Hans, Bild und Kult, München 1990
Belting, Hans, Das Ende der Kunst, München 1995
Bierbaum, Otto Julius, Samalio Pardulus, München 1911
Birkás Ákos, Im Kopf, Katalog Museum moderner Kunst, Stiftung Ludwig Wien, Wien 1996
Boehm, Gottfried, Wege der Entgrenzung, in: KuK 51, 1988, 72f
Breicha, Otto (Hg.), Arnulf Rainer – Hirndrang, Salzburg 1980
Brockhaus, Christoph, Alfred Kubin, Baden-Baden 1977
Buber, Martin, Werke, Bd. III, München 1963
Buderath, Bernhard, Alfred Hrdlicka – Anatomien des Leids, Stuttgart 1984
Burke, Edmund, Philosophische Untersuchungen über den Ursprung unserer Ideen vom Erhabenen und Schönen, Hamburg [2]1989

Camus, Albert, Der Mythos von Sisyphos. Ein Versuch über das Absurde, Reinbek 1959
Camus, Albert, Kleine Prosa, Reinbek 1961
Chagall, Marc, Mein Leben, Stuttgart 1959
Corinth, Lovis, Selbstbiographie, Leipzig 1926
Courthion, Pierre, Georges Rouault, Köln 1962
Conrads, Ulrich, Programme und Manifeste zur Architektur des 20. Jahrhunderts, Gütersloh 1964
Croce, Benedetto, Ästhetik, Tübingen 1930

Dalí, Salvador, München 1980
David, Catherine, documenta X, Kurzführer, Vorwort, Kassel 1997

Denzinger, Kompendium der Glaubensbekenntnisse und kirchlichen Lehrentscheidungen, Freiburg [37]1991
Dohmen Christoph, Das Bilderverbot, Königstein/Bonn 1985
Dube, Wolf-Dieter, Der rote Christus von Lovis Corinth, in: Peter Baum und Günter Rombold, Christusbild im 20. Jahrhundert, Linz 1981, o.S.
Dube, Wolf-Dieter, Auferstehung im Werke Max Beckmanns, in: KuK 45, 1982, 67–72
Durkheim, Emile, Die elementaren Formen des religiösen Lebens, Frankfurt 1984

Eco, Umberto, Einführung in die Semiotik, München 1972
Eco, Umberto, Das offene Kunstwerk, Frankfurt 1973
Eliade, Mircea, Die Religionen und das Heilige, Salzburg 1954
Ernst, Max, Biographische Notizen, zit. nach: Spies Werner, Max Ernst, München 1979
Esswein, Hermann, Alfred Kubin. Der Künstler und sein Werk, München 1911

Fischer, Friedhelm, Max Beckmann, München 1972
Franzke, Andreas, Georg Baselitz, München 1988
Freud, Sigmund, Eine Kindheitserinnerung des Leonardo da Vinci, in: Werke, London 1943, Bd. VIII, 128–211
Frey, Dagobert, Kunstwissenschaftliche Grundfragen, Wien 1946

Gogh, Vincent van, Briefe an seinen Bruder, Berlin 1938, Bd. III
Goldammer, Kurt, Formenwelt des Religiösen, Stuttgart 1960
Graevenitz, Antje von, Der Eurasienstab von Joseph Beuys, in: Joseph Beuys, Eurasienstab, Antwerpen 1987
Grassi, Ernesto, Die Theorie des Schönen in der Antike, Köln 1962
Groves Naomi Jackson, Ernst Barlach. Leben im Werk, Königstein im Taunus [3]1980

Handke, Peter, Ich bin ein Bewohner des Elfenbeinturms, 1967, in: Prosa, Gedichte, Theaterstücke, Hörspiel, Aufsätze, Frankfurt 1969
Hentschel, Martin, Solve et Coagula. Zum Werk Sigmar Polkes, in: Sigmar Polke, Die drei Lügen der Malerei, Bonn 1997
Hemken Kai-Uwe (Hg.), Gedächtnisbilder, Leipzig 1996
Herzmanovsky-Orlando, Fritz von, Der Briefwechsel mit Alfred Kubin, 1903 bis 1952, Werke, Bd. VII, Salzburg 1983
Hoberg, Annegret (Hg.), Alfred Kubin, München 1990
Hofmann, Werner, Bemerkungen zum Tetschener Altar von C.D. Friedrich, in: Ckbl, 1962, 50–52
Hofmann, Werner (Hg.), Luther und die Folgen für die Kunst, Hamburg/München 1983
Hollein, Hans, Neue Medien der Architektur. Fragmentarische Anmerkungen zu neuen Entdeckungen und Möglichkeiten, in: WuW 23, 1968, 174–177

Honisch, Dieter (Hg.), Katalog Arnulf Rainer, Nationalgalerie Berlin 1980
Honisch, Dieter, Ein Bergungsvorgang, in: Ákos Birkás – Im Kopf, Wien 1996
Hopfengart, Christine, Der Ausbruch der Farbe. Zu den Pastellen von Dieter Knaupp seit 1987, in: Werner Knaupp, Katalog der Kunsthalle Nürnberg 1993
Hübner, Kurt, Die Wahrheit des Mythos, München 1985

Imdahl, Max, Barnett Newman. Who's afraid of red, yellow and blue III, Stuttgart 1971

Jantzen Hans, Ottonische Kunst, München 1947
Jaspers Karl, Philosophie, 3 Bde, Berlin [4]1973
Jauss, Hans Robert, Die klassische und die christliche Rechtfertigung des Häßlichen in mittelalterlicher Literatur, in: Jauss Hans Robert (Hg.), Die nicht mehr schönen Künste, München 1968

Kant, Immanuel, Kritik der Urteilskraft, in: Theorie-Werkausgabe, Bd. IX und X, Frankfurt 1957
Karl und Faber, Auktion 179, München 1990
Kaufmann, Ruth, Picassos »Kreuzigung« von 1930, in: Picasso – Todesthemen, Katalog Bielefeld 1984
Kittel, Gerhard, Theologisches Wörterbuch zum Neuen Testament, Bd. I, Stuttgart 1933
Klocker, Hubert (Hg.), Wiener Aktionismus 1960–71, Klagenfurt 1969
Koja, Stephan, Georges Rouault, München 1993
Kölbl, Alois, Larcher Gerhard, Rauchenberger Johannes, Entgegen. Religion Gedächtnis Körper in Gegenwartskunst, Ostfildern 1997
Kraus, Karl, Die dritte Walpurgisnacht, München [2]1955
Kubin, Alfred, Lebensbeschreibung. Einleitung zu »Sansara«, München 1911

Lecoq-Ramond, Sylvia, Grünewald, un des notres, in: Variations autour de la crucifixion, Musée d'Unterlinden, Colmar 1993
Leiris, Michel, Francis Bacon, New York 1987
Leisch-Kiesl, Monika, Verbergen und Entdecken – Arnulf Rainer im Diskurs von Moderne und Postmoderne, Wien 1996
Lempertz, Kunsthaus, Auktion 718, Köln 1995
Lippard, Lucy, Pop Art, München/Zürich 1968
Lyotard, François, Postmoderne für Kinder, Wien 1987
Lyotard, François, Das Inhumane, Wien 1989
Lyotard, François, Die Analytik des Erhabenen. Kant-Lektionen, München 1994
Mäckler, Andreas (Hg.), Was ist Kunst ...?, Köln 1987
Marquard, Odo, Gesamtkunstwerk und Identitätssystem, in: Harald

Szeemann (Hg.), Der Hang zum Gesamtkunstwerk, Aarau/Frankfurt 1983, 40-50

Mauer, Otto, Absurde Technik. Walter Pichler, in: WuW 25, 1970, 370 f

Maur, Karin von, Joseph Beuys und der »Christusimpuls«, in: Heiner Bastian (Hg.), Joseph Beuys – Skulpturen und Objekte, München 1988, 45–56

Mennekes, Friedhelm, Kein schlechtes Opium (Hrdlicka), Stuttgart 1987

Mennekes, Friedhelm, Ignatius von Loyola und Joseph Beuys in Manresa, in: Michael Sievernich und Günter Switek (Hg.), Ignatianisch, Eigenart und Methode der Gesellschaft Jesu, Freiburg 1990

Mennekes, Friedhelm, Joseph Beuys. Manresa, Frankfurt 1992

Mennekes, Friedhelm, Arnulf Rainer. Weinkreuz, Frankfurt 1993

Mennekes, Friedhelm und Röhrig Johannes, Crucifixus, Freiburg 1994

Mennekes, Friedhelm, Joseph Beuys. Christus denken – Thinking Christ, Stuttgart 1996

Mertin, Andreas, Perspektivenwechsel. Der Streit um die Kunst in Luttrum, in: KuK 57, 1994, 226–228

Meyer, Franz, Marc Chagall. Der Engelssturz, Stuttgart 1964

Meyer, Franz, Marc Chagall, Köln 21968

Meyer, Franz, Zur Gültigkeit des Christusbildes in der ungegenständlichen Malerei (Barnett Newman), in: KuK 45, 1982, 60–66

Mitscherlich, Alexander, Die Unwirtlichkeit unserer Städte, Frankfurt ^{8}1969

Navratil, Leo, Gespräche mit Schizophrenen, München 1978

Navratil, Leo, Die Künstler aus Gugging, Wien 1983

Navratil, Leo, August Walla, Nördlingen 1988

Newman, Barnett, Selected Writings and Interviews, Berkeley 1990

Nitsch, Hermann, Manifest Das Lamm, hg. zur Aktion und Ausstellung in der Galerie Junge Generation, Wien 1964

Nitsch, Hermann, Orgien-Mysterien Theater, Darmstadt 1969

Nitsch, Hermann, Die Eroberung von Jerusalem, Berlin 1974

Nitsch, Hermann, Das Orgien Mysterien Theater. Manifeste, Aufsätze, Vorträge, Salzburg 1990

Nolde, Emil, Jahre der Kämpfe, Berlin 1934

Noth, Martin, Geschichte Israels, Göttingen ^{6}1966

Oberhuber, Konrad, Gedanken zum Wiener Aktionismus, in: Klocker Hubert (Hg.), Wiener Aktionismus 1960–71, Klagenfurt 1989

Otto, Rudolf, Das Heilige, 1917 u.ö.

Panagopoulos, Johannes, Legitimation und Eigenart der christlichen Ikone, in: Barth Hans-Martin und Elsas, Christoph (Hg.), Bild und Bildlosigkeit, Hamburg 1994, 47–61

Panofsky, Erwin, Idea, Berlin 1960

Paul, Jean, Vorschule der Ästhetik, in: Werke, Bd. 9, München 1975

Peintner, Max, Walter Pichler, Salzburg 1973

Piper, Ernst, Nationalsozialistische Kunstpolitik. Ernst Barlach und die »entartete Kunst«, Frankfurt 1987
Prinzhorn, Hans, Bildnerei der Geisteskranken, Berlin/Heidelberg [2]1922
Pries, Christine, Übergänge ohne Brücken. Kants Erhabenes zwischen Kritik und Metaphysik, Berlin 1995

Rombold, Günter, Wider Gott, den Vater des Todes. Zur Gottesfrage bei Albert Camus, in: WuW 27, 1972, 452–460
Rombold, Günter, »... meine eigene Verwandlung und Auflösung« (Arnulf Rainer), in: KuK 41, 1978, 167–170
Rombold, Günter und Schwebel Horst, Christus in der Kunst des 20. Jahrhunderts, Freiburg 1983
Rombold, Günter, Der Streit um das Bild, Stuttgart 1988
Rombold, Günter, Kunst als Kompensation der Religion, in: KuK 51, 1988, 213–219
Rombold, Günter, Von der Kapelle ins Museum (Arnulf Rainer), in: KuK 52, 1989, 201–203
Rombold, Günter, Kunst und Ethik, in: Rotter Hans und Virt Günter (Hg.), Neues Lexikon der Moraltheologie, Innsbruck 1990, 413–419
Rombold, Günter, Angst im Werk von Kubin, in: Peter Assmann (Hg.), Alfred Kubin, Salzburg 1995, 83–100
Ronte, Dieter, Joseph Beuys, Kölner Mappe, 64 Arbeiten auf Papier 1945–1973, Graz 1987
Rosenblum, Robert, Die moderne Malerei und die Tradition der Romantik, München 1981
Rosenberg, Harold, Barnett Newman, New York 1978
Ruhrberg, Karl, Ist Kunst überflüssig?, in: KuK 35, 1972, 161–165

Schlegel, Friedrich, Kritische Ausgabe, Bd. XVIII, Paderborn 1963
Schmied, Wieland (Hg.), Zeichen des Glaubens – Geist der Avantgarde, Stuttgart 1980
Schmied, Wieland, Francis Bacon, Berlin 1985
Schmied, Wieland (Hg.), GegenwartEwigkeit, Berlin 1990
Schmied, Wieland, Geschundenes Fleisch, mystisches Feuer. Über religiöse Motive im Werk von Georg Baselitz, in: KuK 52, 1989, 140–145
Schneede, Uwe, Joseph Beuys. Die Aktionen, Stuttgart 1994
Schönborn, Christoph, Die Christus-Ikone, Schaffhausen 1984
Schöne, Wolfgang, Über das Licht in der Malerei, Berlin 1954
Schöne, Wolfgang u.a., Das Gottesbild im Abendland, Witten [2]1959
Schwebel, Horst, Glaubwürdig. Fünf Gespräche über heutige Kunst, München 1979
Schwebel, Horst, Das Christusbild in der bildenden Kunst der Gegenwart, Gießen 1980
Smitmans, Adolf, Die christliche Malerei im Ausgang des 19. Jahrhunderts. Theorie und Praxis, St. Augustin 1980
Stachelhaus, Heiner, Joseph Beuys, Düsseldorf [2]1988

Stegmüller, Wolfgang, Hauptströmungen der Gegenwartsphilosophie, Bd. I, Stuttgart 1978
Steinberg, Leo, The Sexuality of Christ in Renaissance Art and in Modern Oblivion, New York 1983
Steiner, Rudolf, Die Geheimwissenschaft im Umriß, 1910, zit. nach der Taschenbuchausgabe, Dornach 1993
Steiner, Rudolf, Der Christusimpuls und die Entwicklung des Ichbewußtseins, Vorträge 1909/10, Berlin 1921, Rudolf Steiner GA 116, Dornach 1982
Steiner, Rudolf, Von Jesus zu Christus, Vorträge 1911, Berlin 1912, Rudolf Steiner GA 131, Dornach [7]1988
Steiner, Rudolf, Die geistige Vereinigung der Menschheit durch den Christusimpuls, Vorträge 1916, Dornach 1969
Stock, Alex, Zwischen Tempel und Museum, Paderborn 1991
Szeemann, Harald (Hg.), Der Hang zum Gesamtkunstwerk, Aarau und Frankfurt 1983

Taubes, Jacob, Die Rechtfertigung des Häßlichen in urchristlicher Tradition, in: Hans Robert Jauss (Hg.), Die nicht mehr schönen Künste, München 1988
Tatarkiewicz, Wladyslaw, Geschichte der Ästhetik, Bd. III, Basel 1987
Teilhard de Chardin, Pierre, Die menschliche Energie, Olten 1966
Teilhard de Chardin, Pierre, Wissenschaft und Christus, Olten 1970
Thomas, Karin, Bis heute. Stilgeschichte der bildenden Kunst im 20. Jahrhundert, Köln 1979

Uhr, Horst, Lovis Corinth, New York 1990

Van der Grinten, Franz Joseph, Religiöse Motive im Werk von Joseph Beuys, in: KuK 15, 1982, 73-79
Van der Grinten, Franz Joseph und Mennekes Friedhelm, Menschenbild – Christusbild, Stuttgart 1984
Van der Grinten, Franz Joseph und Mennekes Friedhelm, Mythos und Bibel, Stuttgart 1985
Van der Leeuw, Gerard, Phänomenologie der Religion, Tübingen [2]1956
Van der Leeuw, Gerard, Vom Heiligen in der Kunst, Gütersloh 1957
Volp, Rainer, Das Kunstwerk als Symbol, Gütersloh 1966
Volp, Rainer, Transzendenz als Prüfstein, in: KuK 41, 1978, 71–76
Volp, Rainer, Spuren des Mystischen in der Kunst, in: KuK 51, 1988, 69 f
Wagner, Richard, Das Künstlertum der Zukunft, in: Sämtliche Schriften und Dichtungen, Leipzig [6]1911, Bd. 12
Waldmann, Diane, Marc Rothko, A Retrospective, New York 1978
Weiler, Clemens, Alexej Jawlensky, Köln 1959
Welsch, Wolfgang und Pries Christine (Hg.), Ästhetik im Widerstreit, Weinheim 1991

Wilson, Andrew, William Turner. Leben und Werk, München 1979
Windheim, Dorothee von, Katalog Museum Wiesbaden, Wiesbaden 1989
Weisner, Ulrich, Picassos Todesthemen als Themen des Lebens, in: Picasso – Todesthemen, Katalog Bielefeld 1984

Abkürzungen:

AAS Acta Apostolicae Sedis, 1909 ff
CKbl Christliche Kunstblätter, Linz 1860–1970
KI Kunstforum international, Mainz, später Ruppichteroth 1972 ff
KuK Kunst und Kirche, Darmstadt 1924 ff
PG Migne, Patres ecclesiae graecae
PL Migne, Patres ecclesiae latinae
WA Martin Luther, Weimarer Ausgabe
WuW Wort und Wahrheit, Wien 1946–1973
ZKG Zeitschrift für Kirchengeschichte, Vierte Folge, Stuttgart 1950 ff

Bildnachweis:

Abb. 1: Alfred Kubin, Gekreuzigter Schlangenmann, 1899, Federzeichnung, laviert Lenbachhaus München, © VG Bild-Kunst, Bonn 1998, (Foto: Lenbachhaus)
Abb. 2: Alfred Kubin, Der Gekrönte, 1903, Federzeichnung, gespritzt, Lenbachhaus München, © VG Bild-Kunst, Bonn 1998, (Foto: Lenbachhaus)
Abb. 3: Alfred Kubin, Dein armer gekreuzigter Alf, Zeichnung in einem Brief an Fritz von Herzmanovsky-Orlando vom 6. 8. 1909, © VG Bild-Kunst, Bonn 1998
Abb. 4: Emil Nolde, Abendmahl, 1909, Öl auf Leinwand, 86 x 108 cm, Kopenhagen, Statensmuseum for Kunst, © Stiftung Seebüll, Ada und Emil Nolde, (Foto: Kleinhempel, Kunsthalle Hamburg)
Abb. 5: Max Beckmann, Die Bergpredigt, 1911, Lithographie, 26,3 x 24 cm, Sammlung Günter Rombold, © VG Bild-Kunst, Bonn 1998, (Foto: Diözesanbildstelle Linz)
Abb. 6: Karl Schmidt-Rottluff, Christus verflucht den Feigenbaum, 1918, Holzschnitt, 50 x 39,2 cm, Sammlung Günter Rombold, © VG Bild-Kunst, Bonn 1998, (Foto: Schepe, Linz)
Abb. 7: Georges Rouault, Seigneur c'est vous, 1918/27, Aquatintaradierung aus dem »Miserere«, Sammlung Günter Rombold, © VG Bild-Kunst, Bonn 1998, (Foto: Diözesanbildstelle Linz)
Abb. 8: Ernst Barlach, Christus in Gethsemane, 1919, Holzschnitt, 20,2 x 25 cm, Sammlung Günter Rombold, © Ernst und Hans Barlach Lizenzverwaltung Ratzeburg, (Foto: Schepe, Linz)
Abb. 9: Lovis Corinth, Pietà, 1920, Kaltnadelradierung, 26,5 x 32,7 cm, Sammlung Günter Rombold, © Thomas Corinth, New York, (Foto: Diözesanbildstelle Linz)

Abb. 10: Alexej Jawlensky, Stilles Leuchten, 1921, Öl auf Malpapier auf Karton, 35,7 x 27 cm, Saarland-Museum Saarbrücken, © VG Bild–Kunst, Bonn 1998, (Foto: Staatliche Bildstelle für das Saarland)

Abb. 11: Marc Chagall, Der Engelssturz, 1923–33–47, Öl auf Leinwand, 148 x 189 cm, Kunstmuseum, Basel, © VG Bild–Kunst, Bonn 1998

Abb. 12: Lovis Corinth, Der Gekreuzigte, 1925, Farbstiftzeichnung, 29,5 x 22 cm, Karl und Faber, Auktion 179, © Thomas Corinth, New York (Foto: Karl und Faber)

Abb. 13: Pablo Picasso, Kreuzigung (Crucifixion), 19 Sept. 1932, Encre de Chine, 34 x 51 cm, Paris, Musée Picasso Inv. M.P. 1074, © VG Bild–Kunst, Bonn 1998 (Foto: Agence photographique de la reunion des musées nationaux, Paris)

Abb. 14: Pablo Picasso, Crucifixion, 4 octobre 1932, Plume et encre de Chine, Musée Picasso, Inv. M.P. 1079, © VG Bild–Kunst, Bonn 1998 (Foto: Agence photographique de la reunion des musées nationaux, Paris)

Abb. 15: Max Ernst, „O Schöpfer des Weltalls ...“ 1933, Collage © VG Bild–Kunst, Bonn 1998, (Foto: Diözesanmuseum Linz)

Abb. 16: George Grosz, Maul halten und weiter dienen, 1935/36, Fotolithographie, 28,8 x 21 cm, © VG Bild–Kunst, Bonn 1998

Abb. 17: Alexej Jawlensky, Meditation, 1937, Öl auf Pappe, 25 x 17,5 cm, Erzabtei Beuron, © VG Bild–Kunst, Bonn 1998 (Foto Diözesanbildstelle Linz)

Abb. 18: Louis Soutter, Un chant d'espoir (Auferstehung), 1938, Gouache, Schwarze Tinte, 68 x 51 cm, Sammlung Rivoire, Genf, (Foto: Schweiz. Institut für Kunstwissenschaft Zürich)

Abb. 19: Max Beckmann, Christus und Pilatus, 1946, Lithographie aus der Folge »Day and Dream«, 40 x 30 cm, Sammlung Günter Rombold, © VG Bild–Kunst, Bonn 1998 (Foto: Schepe, Linz)

Abb. 20: Joseph Beuys, Symbol der Erlösung, 1949/50, Eichenholz, 97,5 x 68 cm, Sammlung Hans und Joseph van der Grinten, Kranenburg, Niederrhein, © VG Bild–Kunst, Bonn 1998 (Foto: Inter nationes)

Abb. 21: Salvador Dalí, Christus des Heiligen Johannes vom Kreuz, 1951, 205 x 116 cm, Öl auf Leinwand, Glasgow Art Gallery, Glasgow, (Foto: ARTOTHEK, Peissenberg)

Abb. 22: Barnett Newman, Kreuzweg, 1958–66, 14 Tafeln, je 198 x 152 cm, Öl bzw. Acryl auf Leinwand, © VG Bild–Kunst, Bonn 1998 (Pressefoto: Ausstellung Berlin 1980)

Abb. 23: Alfred Hrdlicka, Gekreuzigter (Torso), 1959, Marmor, 157 x 49 x 40 cm, Museum des 20. Jahrhunderts, Wien, © Alfred Hrdlicka, Wien (Foto des Museums)

Abb. 24: Antonio Saura, Kreuzigung, 1959, Öl auf Leinwand 131 x 163 cm, Centre Julio Gonzalez, Valencia, © VG Bild–Kunst, Bonn 1998 (Foto: Galerie Stadler, Paris)

Abb. 25: Arnulf Rainer, Strahlenkreuz, 1960/69, Mischtechnik auf Ultraphan, 44,5 x 31,5 cm, Sammlung Günter Rombold, © Arnulf Rainer, Wien (Foto: Diözesanbildstelle Linz)

Abb. 26: Francis Bacon, Three Studies for a Crucifixion, rechte Tafel, 1962, Öl auf Leinwand, 198 x 145 cm, Salomon Guggenheim Museum, New York, (Foto des Museums)

Abb. 27: Joseph Beuys, Kreuzigung, 1962/65, Holz, Zeitungspapier, Nagel, Draht, Nähgarn und Flasche, 42 x 15 x 25 cm, Staatsgalerie Stuttgart, © VG Bild-Kunst, Bonn 1998 (Foto des Museums)

Abb. 28: Salvador Dalí, La gare de Perpignan, 1965, Öl auf Leinwand, 295 x 406 cm, Museum Ludwig, Köln, (Foto: Rheinisches Bildarchiv, Köln)

Abb. 29: Joseph Beuys, Aktion Eurasia, Kopenhagen 1966, Bild in: Uwe Schneede, Joseph Beuys, Die Aktionen, Verlag Gerd Hatje, Stuttgart 1994, S. 137, © VG Bild-Kunst, Bonn 1998

Abb. 30: August Walla, Heilige Statue, Jesus Christus, um 1970, Zeichnung, ca. 40 x 30 cm

Abb. 31: Walter Pichler, Gehängter, 1974, Aquarell, 40,5 x 30,2 cm, Sammlung Günter Rombold, Walter Pichler, St. Martin im Burgenland (Foto: Schepe Linz)

Abb. 32: Hermann Nitsch, Fünfzigste Aktion, 1975, © VG Bild-Kunst, Bonn 1998

Abb. 33: Werner Knaupp, Nervenkrankenhaus Bayreuth, 24. 11. 77, Kohle auf Papier, 105 x 75 cm, © Werner Knaupp, Leinburg

Abb. 34: Arnulf Rainer, Kruzifikation, 1979, Öl auf Foto, 27 x 21,7 cm, Sammlung Günter Rombold, © Arnulf Rainer, Wien (Foto: Schepe, Linz)

Abb. 35: Dorothee von Windheim, Salve Santa Facies, 1980, 72 Gesichtstücher, Liquid Light auf Gaze je 35 x 50 cm, © VG Bild-Kunst, Bonn 1998 (Detailaufnahme, Foto: Windheim)

Abb. 36: Antoni Tàpies, Stèle en forme de T, 1983, Terre chamottée, 173 x 125 x 25 cm, © VG Bild-Kunst, Bonn 1998 (Foto: Galerie Maeght Lelong, Zürich)

Abb. 37: Georg Baselitz, Der Abgarkopf, 23. 3. 1984, Öl auf Leinwand, 125 x 100 cm, Galerie Michael Werner, Köln, © Georg Baselitz, Holle (Foto: Galerie Michael Werner, Köln)

Abb. 38: Jiři Georg Dokoupil, Der kleine Christus von Santa Cruz, 1987, Radierung, 21,5 x 17 cm, Sammlung Günter Rombold, © VG Bild-Kunst, Bonn 1998 (Foto: Schepe, Linz)

Abb. 39: Marlene Dumas, Männeransichten, 1989, Altarinstallation mit 21 Bildern, Mischtechnik auf Papier, je 62 x 50 cm, © Marlene Dumas, Amsterdam (Foto: Kunst-Station St. Peter, Köln)

Abb. 40: Ákos Birkás, Kopf, 1990, Öl auf Leinwand, zweiteilig, je 250 x 110 cm, © Galerie Knoll, Wien (Foto: Juhasz Imre, Budapest)

Cover: Mark Rothko, Untitled, 1949, Öl auf Leinwand, 56 x 48 cm, The Pace Gallery, New York, © VG Bild-Kunst, Bonn 1998